據國家圖書館藏清乾隆嘉慶間段氏經韵樓刻本影印原書版框高十九厘米寬十三點九厘米

說文解字注

一

（清）段玉裁　撰

國家圖書館出版社

圖書在版編目(CIP)數據

説文解字注:全六册/(清)段玉裁撰. —北京:國家圖書館出版社,2022.5
ISBN 978-7-5013-7392-5

Ⅰ. ①説… Ⅱ. ①段… Ⅲ. ①漢字-古文字學②《説文》-注釋 Ⅳ. ①H161

中國版本圖書館 CIP 數據核字(2021)第 215797 號

書　　名　説文解字注(全六册)
著　　者　(清)段玉裁　撰
責任編輯　南江濤　潘雲俠
封面設計　翁涌

出版發行　國家圖書館出版社(北京市西城區文津街 7 號　100034)
(原書目文獻出版社　北京圖書館出版社)
010-66114536　63802249　nlcpress@nlc.cn(郵購)
網　　址　http://www.nlcpress.com
印　　裝　河北三河弘翰印務有限公司
版次印次　2022 年 5 月第 1 版　2022 年 5 月第 1 次印刷

開　　本　710×1000(毫米)　1/16
印　　張　225

書　　號　ISBN 978-7-5013-7392-5
定　　價　980.00 圓

出版説明

清代説文學著作，以段玉裁《説文解字注》影響最深、傳播最廣，被王念孫稱爲『蓋千七百年來無此作矣』。段玉裁初爲《説文解字讀》，後在此基礎上撰成《説文解字注》。段《注》歷時三十餘年，於嘉慶二十年（1815）刊刻完工，是爲經韵樓本。經韵樓本爲段氏自刻，并延請名家校勘，故學界一般認爲它是最善之本。歷來治《説文》者，多以此書爲必讀之作。

此前，段《注》雖以不同形式影印過，既有四拼縮印者，也有仿真再現原貌者。前者閱讀體驗不佳，後者價格高昂。近年來，段《注》雖陸續有標點整理本問世，然而作爲專業研究者必備的案頭書，影印本有其不可替代的作用。因此，出版一套便於閱讀且價格適中的新影印本是非常必要的。爲了滿足讀者當下的使用需求，今以國家圖書館藏經韵樓本爲底本，重印此書。此次影印開本選擇十六開，内文采用單頁製版。原書中有清人張文虎、唐仁壽的大量批校，張氏以簽條出之，唐氏多批於書眉，内容爲訂正段氏之誤，價值極大。本書在處理張氏簽條時，將其移至該頁的空白處，同時保留掀起的痕迹。一頁中有多張簽條時，按照從右至左、自上而下的順序排列；有簽條較大且文字繁密者，在不影響内容的前提下從中間切開，上下排放。

此外，爲了讓讀者更加方便地檢索和利用本書，我們還編製了詳細的部首目録和音序、筆畫索引。其中，部首目録隨同全書目録放置於首册，音序和筆畫索引則附於書末。

國家圖書館出版社

二〇二二年五月

前言

《説文解字》是東漢許慎所編寫的一部字書，爲我國古代第一本字典，也是漢字研究的要籍。許慎博學經籍，時人稱爲『五經無雙許叔重』（許慎字叔重），可惜他的著作衹有《説文解字》保留下來。《説文解字》影響深遠，甚至可以説此後兩千年的中國文字學，基本就是《説文》之學。《説文》開創的『部首』體例沿襲至今，時至今日大部分的字典還是按部首編次的。

文字的發展，到漢代已通行隸書，用隸書説解文字也是漢人的風氣。許慎認爲這種説字解經『皆不合孔氏古文，謬於史籀』，於是『今叙篆文，合以古籀，博采通人，至於小大，信而有證，稽撰其説』。這便是許慎撰作《説文解字》的背景。

許慎撰寫《説文解字》起始於東漢和帝永元八年（96），至十二年（100）完成。到安帝建光元年（121）纔由其子許冲上表，將書獻予朝廷。

説文之學經魏晉六朝，已漸趨衰微，到了唐代，通習的人更少，所論文字多無依據。於是有李陽冰刊定《説文》，以秦篆爲準，論定筆法，別立新解，刊正形聲，至於『學者師慕，籀篆中興』。《宣和書譜》説『有唐三百年以篆稱者，唯陽冰獨步』。李陽冰説解文字，往往有合於古文字形者，學者稱其已爲古文字學研究導夫先路。可惜李陽冰所刊定的《説文》現已失傳，我們祇能從他留下的書作，以及徐鉉、徐鍇兄弟的批評中去瞭解李陽冰對文字的解釋。尤其徐鍇《説文解字繫傳》，專有一篇《祛妄》，就是要祛李陽冰之妄，謂其『頗排斥許氏，自爲臆説』。但李陽冰的一些好的意見，反而憑藉它保存下來了。

李陽冰刊定的《説文》已不傳，現在存世最早的《説文》是中唐寫本，也祇有木部殘卷和三種口部殘紙，雖然總數不過二百餘字，却是現存最早的《説文》版本。

現在能看到的《説文》全本，是徐鍇的《説文解字繫傳》和徐鉉校訂的《説文解字》。徐鍇是徐鉉的弟弟，故徐鍇的《繫傳》世稱小徐本，成書於南唐，是今傳《説文》最早的全本。其著述目的爲注釋原書、疏證許説，徵引浩繁。

入宋以後，徐鉉奉太宗詔校定《説文解字》，即所謂大徐本《説文》。徐鉉除參照各本校定原書外，還收録了《説文》未載之字四百餘個，附於相關部之末，謂之『新附』。大徐本《説文》是傳習《説文》最重要的本子，後來學者引用《説文》，主要就是根據大徐本。

大徐本《説文》的宋本主要有數種小字本，各本的關係似頗爲複雜。其實這幾個小字本都出於同一版，即宋刻元補本，且元代修補不止一次，各本間的不同多爲元以後修版導致。刷印之後，還有在書上用墨筆填改的，乍看起來又像另一個版本。

爲學界熟知的王昶藏本，今在日本静嘉堂文庫，《四部叢刊》和《續古逸叢書》都曾選印。印刷過程中二者又都作了某種程度的修改，已不再是王昶藏本的原貌，而《續古逸叢書》改得更多。

明末毛氏汲古閣刊印的《説文》，以明代趙均的影鈔宋大字本爲底本，後屢經剜改，已與宋本頗有出入。

清代翻宋本主要有三家：清嘉慶間孫星衍重刻宋本即平津館本；額勒布藤花榭本；丁少山覆宋監本。

這幾個翻刻的宋本《説文》，所根據的底本是什麽，翻刻者都没有明説，以致後來頗有争議。根據版本收藏的經過及内容的比對，他們所據的底本應該就是現藏國家圖書館的汪中藏本，也可能參了其他本子，但其實都是同一版的某種修改本。

平津館的覆宋刻本頗爲精善，但密行小字連貫而下，閲讀不便。清同治十二年（1873）陳昌治據孫本改刻一篆一行本，眉目清爽，便於閲讀。

以上就是《説文》版本流傳的大概。

至於《説文》的注解，前面提到的小徐本《説文解字繫傳》（以清道光年間祁寯藻刻本最佳）以注釋原書爲主，然學者病其解説字義不確。

清代《説文》之學大盛，治《説文》最著者有段玉裁、桂馥、朱駿聲、王筠四大家。其中又以段玉裁《説文解字注》最重要。

段玉裁（1735—1815），字若膺，號懋堂，江蘇金壇人。清代文字訓詁學家、經學家。《清史稿》

有傳。他曾述及寫作《説文解字注》的背景：『向來治《説文解字》者，多不能通其條貫，考其文理，因悉心校其訛字爲之注。凡三十卷。……始爲《説文解字讀》五百四十卷，既乃隱栝之成此注。發軔於乾隆丙申（1776），落成於嘉慶丁卯（1807）。』經韵樓本《説文解字注》至嘉慶二十年（1815）五月刊成，同年九月段玉裁去世。

段注以大徐本《説文》爲本，參考徐鍇《繫傳》以及《爾雅》《玉篇》《古今韵會舉要》《太平御覽》等書進行校勘，先後達三十一年之久。是書創獲極多，而其主要成就在校訂《説文》傳本訛誤，隨文發明許書通例，博引群書訓詁解釋許説，比較其异同，闡發音義關係以及説明古今字與假借字、本義與引申義等。但有時不免自信太過，失之武斷。勇於改字，却時有可議；發明許氏意旨，亦多有可商。解釋訓詁時有錯誤；其説轉注、假借也與許氏原意不甚相合。段氏此書雖有瑕疵，但公認是體大思精之作，王念孫《説文解字注序》謂『千七百年來無此作矣』。刊行之後，備受推崇，成爲研讀《説文解字》之必讀書。經韵樓本之後，又有幾種翻刻本，如同治六年（1867）蘇州保息局本、同治十一年（1872）湖北崇文書局重鐫本。

近百餘年來，出土文字材料日多，古文字學大興，進而訂正了《説文》的許多錯誤，但《説文》的價值仍絲毫未減，除爲傳統文字學所必讀，更是上探古文字學的階梯。而研讀《説文》，經韵樓本《説文解字注》無疑是最重要的版本，故近年有多家出版社據以影印出版。遺憾的是，不少出版者爲了節省成本，都將原兩葉四面縮印爲上下兩欄一面，大小約爲原書的四分之一或更小，雖然節省了印製成本，對於閲讀却極其不利。隨著經濟發達，國力日盛，讀者不再以『節衣縮食』的印本爲滿足。二十一世紀伊始，《中華再造善本》選入《説文解字注》，原大印刷，大大改善了坊間印本字太小的問題。但由於印製豪華，售價非一般學子所能負擔，且購求亦不易。

有鑒於此，今國家圖書館出版社以國家圖書館所藏經韵樓初刻本爲底本，高精掃描，灰度影印此段氏《説文解字注》。限於開本，成書之版框雖仍較原書略有縮小，但已基本達到傳遞原書神韵、滿足讀者之需的現實要求，這不啻爲使用段注或點讀段注讀者的莫大福音。此本先後經清代張文虎、唐仁壽遞藏。張氏批校以簽條出之，唐氏則批於書眉。内容爲訂正段氏引書篇名之誤、説解訛誤等。此次影印將此簽條、眉批亦同時印出，以供讀者參考。

李宗焜

二〇二二年三月

目録

第一册

説文解字注序（三）
説文解字注分卷目録（七）
説文解字注第一篇上
一（一五）　丄（一八）　示（二一）　三（四八）　王（四九）　玉（五一）　玨（九〇）　氣（气）（九一）
士（九二）　丨（九四）
説文解字注第一篇下
屮（九七）　艸（一〇〇）　蓐（二〇二）　茻（二〇二）
説文解字注第二篇上
小（二〇五）　八（二〇六）　釆（二一一）　半（二一二）　牛（二一三）　犛（二二四）　告（二二六）
口（二二七）　凵（二六一）　吅（二六二）　哭（二六四）　走（二六五）　止（二八一）　癶（二八四）
步（二八五）　此（二八六）

說文解字注第二篇下
正（二八九） 是（二八九） 辵（二九一） 彳（三一五） 廴（三二一） 㢟（三二二） 行（三二三）
齒（三二五） 牙（三三四） 足（三三五） 疋（三五〇） 品（三五二） 龠（三五二） 冊（三五四）
說文解字注第三篇上
㗊（三五七） 舌（三五八） 干（三五九） 𧮫（三六〇） 只（三六二） 㕯（三六三） 句（三六三）
丩（三六五） 古（三六六） 十（三六六） 卅（三六九） 言（三六九） 誩（四一九） 音（四二〇）
䇂（四二二） 丵（四二三） 菐（四二五） 廾（四二六） 𠬜（四三〇） 共（四三一） 異（四三二）
舁（四三三） 𦥑（四三四） 晨（四三四） 爨（四三五）
說文解字注第三篇下
革（四三九） 鬲（四五五） 䰜（四五九） 爪（四六四） 丮（四六五） 鬥（四六七） 又（四七〇）
𠂇（四七八） 史（四七八） 支（四七九） 𦘒（四八〇） 聿（四八〇） 畫（四八二） 隶（四八二）
臤（四八四） 臣（四八五） 殳（四八六） 殺（四九三） 几（四九四） 寸（四九五） 皮（四九九）
㼱（五〇〇） 攴（五〇一） 教（五一九） 卜（五二〇） 用（五二四） 爻（五二五） 㸚（五二六）

第二冊

說文解字注第四篇上
夐（五二九） 目（五三〇） 䀠（五五四） 眉（五五五） 盾（五五六） 自（五五七） 白（五五八）
鼻（五六一） 皕（五六二） 習（五六三） 羽（五六三） 隹（五七五） 奞（五八八） 萑（五八八）
𦫳（五九〇） 苜（五九一） 羊（五九二） 羴（六〇一） 瞿（六〇一） 雔（六〇二） 雥（六〇三）

烏（六〇三） 烏（六三九）

說文解字注第四篇下

華（六四三） 冓（六四五） 幺（六四六） 丝（六四六） 叀（六四七） 玄（六四九） 予（六五〇）
放（六五一） 𠬪（六五二） 𣦼（六五五） 歺（六五七） 死（六六八） 冎（六六九） 骨（六七〇）
肉（六八〇） 筋（七二三） 刀（七二三） 刃（七四四） 㓞（七四四） 丯（七四五） 耒（七四六）
角（七五〇）

說文解字注第五篇上

竹（七六七） 箕（八〇八） 丌（八〇九） 左（八一三） 工（八一五） 㠭（八一七） 巫（八一七）
甘（八一九） 旨（八二一） 曰（八二一） 乃（八二四） 丂（八二五） 可（八二七） 兮（八二七）
号（八二九） 亏（八二九） 喜（八三一） 壴（八三二） 鼓（八三五） 豈（八三八） 豆（八四〇）
豊（八四三） 豐（八四四） 䖒（八四六） 虍（八四七） 虎（八五二） 虤（八五七） 皿（八五七）
𠙴（八六五） 去（八六五） 血（八六六） 丶（八七〇）

說文解字注第五篇下

丹（八七三） 青（八七四） 井（八七五） 皀（八七七） 鬯（八七九） 食（八八四） 亼（九〇二）
會（九〇四） 倉（九〇六） 入（九〇七） 缶（九〇九） 矢（九一五） 高（九二一） 冂（九二三）
𩫏（九二五） 京（九二七） 亯（九二七） 㫗（九三〇） 畗（九三一） 㐭（九三二） 嗇（九三四）
來（九三五） 麥（九三七） 夊（九四一） 舛（九四七） 舜（九四八） 韋（九四九） 弟（九五七）
夂（九五九） 久（九六〇） 桀（九六一）

說文解字注第六篇上
木（九六五） 東（一〇九六） 林（一〇九六） 才（一一〇〇）

第三册

說文解字注第六篇下
叒（一一〇一） 之（一一〇二） 帀（一一〇三） 出（一一〇四） 米（一一〇五） 生（一一〇七）
乇（一一〇九） 𠂹（一一〇九） 𢎘（一一一〇） 華（一一一一） 禾（一一一一） 稽（一一一三）
巢（一一一四） 桼（一一一五） 束（一一一六） 橐（一一一七） 囗（一一一八） 員（一一二七）
貝（一一二八） 邑（一一四三） 𨛜（一二一四）

說文解字注第七篇上
日（一二一九） 旦（一二四五） 倝（一二四六） 㫃（一二四六） 冥（一二六一） 晶（一二六二）
月（一二六四） 有（一二六七） 明（一二六八） 囧（一二七〇） 夕（一二七二） 多（一二七五）
毌（一二七六） 马（一二七七） 東（一二七九） 卤（一二八〇） 齊（一二八二） 朿（一二八三）
片（一二八四） 鼎（一二八七） 克（一二九一） 录（一二九二） 禾（一二九二） 秝（一三二八）
黍（一三二九） 香（一三三二） 米（一三三三） 毇（一三四七） 臼（一三四八） 凶（一三五〇）

說文解字注第七篇下
朩（一三五三） 𣏟（一三五四） 麻（一三五五） 尗（一三五六） 耑（一三五七） 韭（一三五八）
瓜（一三五九） 瓠（一三六一） 宀（一三六二） 宮（一三八二） 呂（一三八三） 穴（一三八五）
㝱（一四〇〇） 疒（一四〇三） 冖（一四二三） 冃（一四二五） 㒳（一四二六） 网（一四二九）

网（一四三一） 襾（一四三九） 巾（一四四〇） 市（一四六一） 帛（一四六五） 白（一四六六）
㡀（一四六八） 黹（一四六八）

說文解字注第八篇上

人（一四七一） 匕（一五四八） 匕（一五五〇） 从（一五五五） 比（一五五六） 北（一五五七）
丘（一五五七） 㐺（一五六〇） 𡈼（一五六一） 重（一五六三） 臥（一五六三） 身（一五六四）
㐆（一五六五） 衣（一五六六） 裘（一六〇三） 老（一六〇三） 毛（一六〇六） 毳（一六〇九）
尸（一六〇九）

說文解字注第八篇下

尺（一六一七） 尾（一六一九） 履（一六二一） 舟（一六二三） 方（一六二八） 儿（一六三〇）
兄（一六三三） 先（一六三四） 皃（一六三五） 兂（一六三八） 先（一六三八） 禿（一六三九）
見（一六四一） 覞（一六五一） 欠（一六五二） 㱃（一六六七） 次（一六六八） 旡（一六六九）

第四册

說文解字注第九篇上

頁（一六七三） 百（一七〇〇） 面（一七〇一） 丏（一七〇三） 首（一七〇三） 県（一七〇六）
須（一七〇七） 彡（一七〇八） 彣（一七一一） 文（一七一二） 髟（一七一四） 后（一七二九）
司（一七三〇） 卮（一七三二） 卩（一七三三） 印（一七三七） 色（一七三八） 卯（一七四〇）
辟（一七四一） 勹（一七四二） 包（一七四七） 茍（一七四九） 鬼（一七五〇） 甶（一七五七）
厶（一七五八） 嵬（一七五九）

説文解字注第九篇下

山（一七六一）　屾（一七七七）　屵（一七七九）　广（一七八一）　厂（一七九六）　丸（一八〇四）
危（一八〇五）　石（一八〇六）　長（一八二四）　勿（一八二六）　冄（一八二七）　而（一八二八）
豕（一八二九）　㣇（一八三六）　彑（一八三八）　豚（一八三九）　豸（一八四〇）　𤉡（一八四六）
昜（一八四七）　象（一八四九）

説文解字注第十篇上

馬（一八五三）　廌（一八八九）　鹿（一八九一）　麤（一九〇〇）　㲋（一九〇〇）　兔（一九〇一）
萈（一九〇三）　犬（一九〇四）　㹜（一九二四）　鼠（一九二五）　能（一九二九）　熊（一九三〇）
火（一九三一）　炎（一九五九）　黑（一九六二）

説文解字注第十篇下

囱（一九七三）　焱（一九七四）　炙（一九七五）　赤（一九七七）　大（一九八〇）　亦（一九八六）
夨（一九八七）　夭（一九八八）　交（一九九〇）　尣（一九九一）　壺（一九九四）　壹（一九九五）
㚔（一九九六）　奢（一九九九）　亢（二〇〇〇）　夲（二〇〇二）　夰（二〇〇五）　亣（二〇〇六）
夫（二〇〇九）　立（二〇一一）　並（竝）（二〇一五）　囟（二〇一六）　思（二〇一七）　心（二〇一八）
惢（二〇七三）

説文解字注第十一篇上

水（二〇七五）

説文解字注第十一篇下

林（二二八一） 瀕（二二八二） 𡿨（二二八三） 巜（二二八四） 川（二二八五） 泉（二二八九）
灥（二二九〇） 永（二二九〇） 𠂢（二二九一） 谷（二二九二） 仌（二二九四） 雨（二二九八）
雲（二三一一） 魚（二三一二） 𩺰（二三三九） 燕（二三四〇） 龍（二三四一） 飛（二三四二）
非（二三四三） 卂（二三四四）

第五册

説文解字注第十二篇上

乙（二三四七） 不（二三四九） 至（二三五〇） 西（㢴）（二三五三） 鹵（二三五五） 鹽（二三五六）
戶（二三五八） 門（二三六〇） 耳（二三七五） 𦣞（二三八四） 手（二三八六） 乖（二四五六）

説文解字注第十二篇下

女（二四五九） 毋（二五一七） 民（二五一九） 丿（二五二〇） 厂（二五二一） 乀（二五二二）
氏（二五二三） 氐（二五二五） 戈（二五二六） 戉（二五四一） 我（二五四二） 亅（二五四五）
琴（二五四六） 乚（二五四七） 亡（二五四八） 匸（二五五一） 匚（二五五四） 曲（二五六〇）
甾（二五六一） 瓦（二五六三） 弓（二五七〇） 弜（二五七九） 弦（二五八〇） 系（二五八一）

説文解字注第十三篇上

糸（二五八五） 素（二六六一） 絲（二六六三） 率（二六六四） 虫（二六六四）

説文解字注第十三篇下

䖵（二七〇九） 蟲（二七一六） 風（二七二〇） 它（二七二四） 龜（二七二五） 黽（二七二七）
卵（二七三二） 二（二七三五） 土（二七三九） 垚（二七八七） 堇（二七八八） 里（二七八九）

田（二七九〇） 畕（二八〇三） 黄（二八〇四） 男（二八〇五） 力（二八〇七） 劦（二八一七）

說文解字注第十四篇上

金（二八一九） 幵（二八七一） 勺（二八七二） 几（二八七三） 且（二八七五） 斤（二八七八）
斗（二八八一） 矛（二八八九） 車（二八九一） 𠂤（二九三三）

第六册

說文解字注第十四篇下

𠂤（二九三五） 𨸏（二九五九） 厽（二九六〇） 四（二九六一） 宁（二九六二） 叕（二九六三）
亞（二九六四） 五（二九六四） 六（二九六五） 七（二九六五） 九（二九六六） 内（二九六七）
嘼（二九七〇） 甲（二九七一） 乙（二九七二） 丙（二九七四） 丁（二九七四） 戊（二九七五）
己（二九七五） 巴（二九七七） 庚（二九七七） 辛（二九七八） 辡（二九八〇） 壬（二九八〇）
癸（二九八一） 子（二九八二） 了（二九八六） 孨（二九八七） 𠫓（二九八八） 丑（二九九〇）
寅（二九九一） 卯（二九九二） 辰（二九九三） 巳（二九九四） 午（二九九六） 未（二九九七）
申（二九九七） 酉（二九九九） 酋（三〇一九） 戌（三〇二〇） 亥（三〇二一）
說文解字注第十五篇上（三〇二五）
說文解字注第十五篇下（三一三七）
說文解字注後叙（三一六五）
說文部目分韵（三一七五）

六書音均表序（三二一三）
六書音均表目録（三二二三）
六書音均表一（三二三五）
六書音均表二（三二八一）
六書音均表三（三三二七）
六書音均表四（三三四五）
六書音均表五（三四四一）
音序檢字表（三四八一）
筆畫檢字表（三五二三）

說文解字注

附六書音均表

經韵樓
藏版

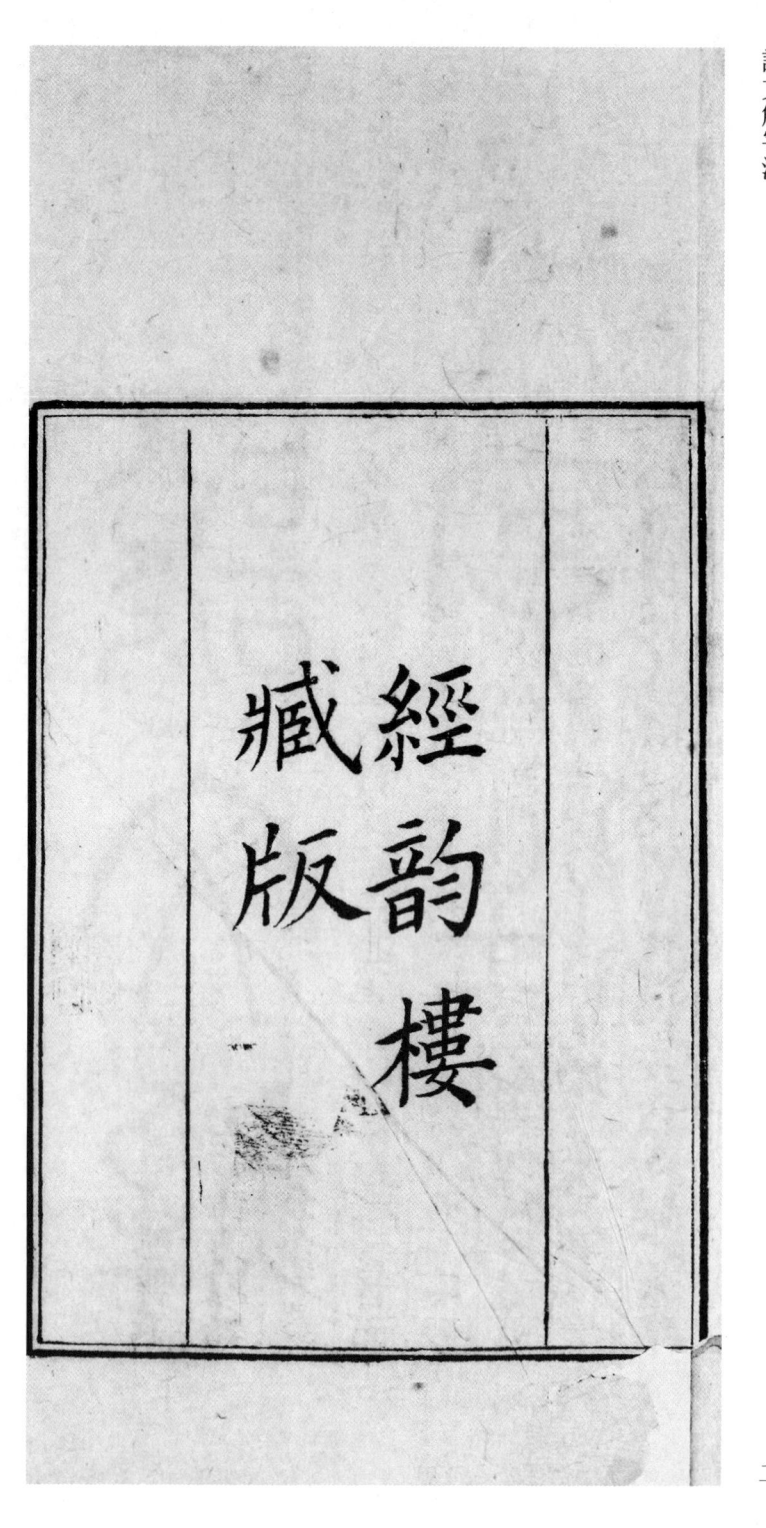

說文解字注序

說文之爲書以文字而兼聲音訓詁者也凡許氏形聲讀若皆與古音相準或爲古之正音或爲古之合音方以類聚物以羣分循而攷之各有條理不得其遠近分合之故則或執今音以疑古音或執古之正音以疑古之合音而聲音之學晦矣說文之訓首列製字之本意而亦不廢假借凡言一曰及所引經類多有之葢以廣異聞備多識而不限於一隅也不明乎假借之指則或據說文本字以改書傳假借之字或據說文引經假借之字以改經之本字

而訓詁之學晦矣吾友段氏若膺於古音之條理察之精
剖之密嘗爲六書音均表立十七部以綜核之因是爲說
文注形聲讀若一以十七部之遠近分合求之而聲音之
道大明於許氏之說正義俗義知其典要觀其會通而引
經與今本異者不以本字廢俗字不以俗字易本字揆諸
經義例以本書若合符節而訓詁之道大明訓詁聲音明
而小學明小學明而經學明葢千七百年來無此作矣若
夫辨點畫之正俗察篆隸之緐省沾沾自謂得之而於轉
注假借之通例茫乎未之有聞是知有文字而不知有聲

音訓詁也其視若膺之學淺深相去爲何如邪余交若膺
久知若膺深而又皆從事於小學故敢舉其犖犖大者以
告綴學之士云嘉慶戊辰五月高郵王念孫序

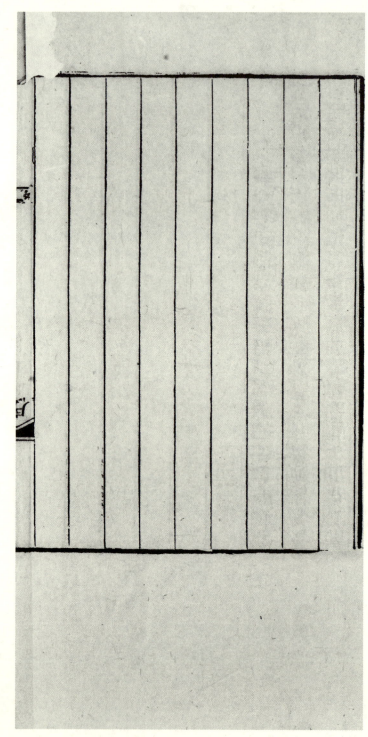

說文解字注分卷目錄

弟一卷
說文解字弟一篇注上
弟二卷
說文解字弟一篇注下
弟三卷
說文解字弟二篇注上
弟四卷
說文解字弟二篇注下

弟五卷
説文解字弟三篇注上
弟六卷
説文解字弟三篇注下
弟七卷
説文解字弟四篇注上
弟八卷
説文解字弟四篇注下
弟九卷

說文解字弟五篇注上
弟十卷
說文解字弟五篇注下
弟十一卷
說文解字弟六篇注上
弟十二卷
說文解字弟六篇注下
弟十三卷
說文解字弟七篇注上

弟十四卷
說文解字弟七篇注下
弟十五卷
說文解字弟八篇注上
說文解字弟八篇注下
弟十六卷
說文解字弟九篇注上
弟十七卷
說文解字弟九篇注下

弟十八卷
說文解字弟十篇注上
弟十九卷
說文解字弟十篇注下
弟二十卷
說文解字弟十一篇注上之一
弟二十一卷
說文解字弟十一篇注上之二
弟二十二卷

說文解字弟十一篇注下
弟二十三卷
說文解字弟十二篇注上
弟二十四卷
說文解字弟十二篇注下
弟二十五卷
說文解字弟十三篇注上
弟二十六卷
說文解字弟十三篇注下

弟二十七卷
說文解字弟十四篇注上
弟二十八卷
說文解字弟十四篇注下
弟二十九卷
說文解字弟十五卷注上
弟三十卷
說文解字弟十五卷注下
後序　跋　說文解字讀序　附部目分韵

說文注目　四

弟三十一卷
六書音均表一
六書音均表二
六書音均表三
弟三十二卷
六書音均表四
六書音均表五

目錄終

說文解字第一篇上

金壇段玉裁注

一　惟初大極道立於一造分天地化成萬物漢書曰元元本本數始於一凡一之屬皆从一一之形於六書爲指事凡云凡某之屬皆从某者自序所謂分別部居不相襍廁也爾雅方言所以發明轉注假借倉頡訓纂滂熹及凡將急就元尚飛龍聖皇諸篇僅以四言七言成文皆不言字形原委以字形爲書俾學者因形以考音與義實始於許功莫大焉於悉切古音第十二部○凡注言一部二部以至十七部者謂古韵也玉裁作六書音均表識古韵凡十七部自倉頡造字時至唐虞三代秦漢以及許叔重造說文曰某聲曰讀若某者皆條理合一不紊故既用徐鉉切音矣而又某字志之曰古音第幾部又恐學者未見六書音均之書不知其所謂乃於說文十五篇之後附六書音均表五篇俾形聲相表裏因耑推究於古形

古音古義可互求焉。**弌** 古文一。凡言古文者謂倉頡所作古文也此書法後王尊漢制以小篆爲質而兼錄古文籀文所謂今敘篆文合以古籀也小篆之於古籀或仍之或省改之仍者十之八九省改者十之一二而已仍則小篆皆古籀也故不更出古籀省改則古籀非小篆也故更出之一二三之本古文明矣何以更出弌弍弎也蓋所謂卽古文而異者當謂之古文奇字

元 始也 見爾雅釋詁九家易曰元者氣之始也 **从一兀聲** 徐氏鍇云不當有聲字以髡从兀聲転从元聲例之徐說非古音元兀相爲平入也凡言从某某聲者謂於六書爲形聲也凡文字有義有形有音爾雅已下義書也聲類已下音書也說文形書也凡篆一字先訓其義若始也顚也是次釋其形若从某某聲是次釋其音若某聲及讀若某是合三者以完一篆故曰形書也愚袁切古音第十四部

天 顚也 此以同部疊韵爲訓也凡門聞也戶護也尾微也髮拔也皆此例凡言元始也天顚也丕大也吏治人者也皆於六書爲轉注而微有差別元始可互言之天顚不可倒言之蓋求義則轉移皆是

舉物則定名難假然其爲訓詁則一也顛者人之頂也以爲凡高之偁始者女之初也以爲凡起之偁然則天亦可爲凡顛之偁臣於君子於父妻於夫民於食皆曰天是也 **至高無上从一大** 至高無上是其大無有二也故从一大於六書爲會意凡會意合二字以成語如一大人言止戈皆是他前切十二部

丕 大也 見釋詁 **从一不聲** 敷悲切古音在第一部鋪怡切丕與不音同故古多用不爲丕如不顯卽丕顯之類於六書爲假借凡假借必同部同音○丕隸書中直引長故云丕之字不十漢石經作丕可證非與丕殊字也

吏 治人者也 治與吏同在第一部此亦以同部疊韵爲訓也 **从一从史** 此亦會意也天下曰从一大此不曰从一史者吏必以一爲體以史爲用一與史二事故異其詞也史者記事者也 **史亦聲** 凡言亦聲者會意兼形聲也凡字有用六書之一者有兼六書之二者力置切一部

文五　重一 此蓋許所記也每部記之以得其凡若干字也凡部之先後以形之相近

爲次凡每部中字之先後以義之相引爲次顔氏家訓所謂隱栝有條例也說文每部自首至尾次弟井井如一篇文字如一而元元始也始而後有天天莫大焉故次以丕而吏之从一終焉是也雍熙校刊部首某字說解爲大字已下說解皆爲夾行小字絕非舊式

二　高也此古文丄古文上作二故帝下旁下示下皆云从古文上可以證古文本作二篆作丄各本誤以丄爲古文則不得不改篆文之上爲𠄞而用上爲部首使下文从二之字皆無所統示次於二之恉亦晦矣今正丄爲二𠄞爲丄觀者勿疑怪可也凡說文一書以小篆爲質必先舉小篆後言古文作某此獨先舉古文後言小篆作某變例也以其屬皆从古文上不从小篆上故出變例而別自言之**指事也**凡指事之文絕少故顯白言之不於一下言之者一之爲指事不待言也象形者實有其物日月是也指事者不泥其物而言其事丄丅是也天地爲形天在上地在下地在上天在下則皆爲事**凡二之屬皆从二**時掌時亮二切

古音第十部

丄　篆文上。謂李斯小篆也。今各本篆作丄，後人所改。

帝　諦也。見春秋元命苞、春秋運斗樞、毛詩故訓傳。曰審諦如帝。王天下之號。从二，朿聲。都計切。古音第十六部。

𢂇　古文帝。古文諸丄字皆从一，篆文皆从二。二，古文上字。古文从一，小篆从古文上者，古今體異。必云二古上字者，明非二字也。徐鍇曰：古文上兩畫上短下長，一二之二則兩畫齊等。䇂俗本䇂下有言，非也。言从䇂，舉䇂可以包言。示辰龍童音章皆从古文上。古文示作𥘅，古文禮作𠃞，古文辰作𠨋，此古文从一小篆从二之證。然則古文以一爲二，六書之假借也。

旁　溥也。司馬相如封禪文曰：旁魄四塞。張揖曰：旁，衍也。廣雅曰：旁，大也。按旁讀如滂，與溥雙聲。後人訓側，其義偏矣。从二，闕。闕謂从冂之說未聞也。李陽冰曰：冂象旁達之形也。按自序云：其於所不知，蓋闕如也。凡言闕者，或謂形，或謂音，或謂義，分別讀之。方聲。凡徐氏鉉鍇二本不同，各从其長者。如此處鍇作方聲闕闕字在方聲下於未聞从冂之說不瞭故不从之是也後不悉注步光切十部𠄢古文旁以許說推之亦小篆从二古文从一也𠄢亦古文旁李斯改一爲二則爲小篆𩂣籒文詩雨雪其雱故訓傳曰雱盛皃即此字也籒文从雨衆多如雨意也毛云盛與許云滂正合今人不知旁雱同字音讀各殊古形古音古義皆廢矣

一　一底也一曰下也許氏解字多用轉注底當作氐广部曰底者山尻也轉注者互訓也底云下也故下云底也此之謂轉注全書皆當以此求之抑此底字當作氐广部一曰下也四字疑後人所竄何者許書無低字日部昏下曰从氐省氐者下也正與此下者氐也爲轉注上高也下氐也高氐亦正相反相對今本氐篆解云至也亦當本作下也如是正之乃見許氏發揮轉注之恉有好學深思者當能心知其意也从反二爲二有物在一之下也此古文下本如此如丙字從古文下是也後人改二爲丅謂之古文則不得不改丅爲下謂之小篆文矣胡雅胡駕二切古音在第五部

丅篆文下今各本篆文作下後

人所改

文四　重六

示天𠕋象見吉凶見周易毄辭所㠯示人也从二古文上三𠕋
謂川日月星也觀乎天文㠯察時變見周易賁彖傳示神事也言天縣象
著明以示人聖人因以神道設教凡示之屬皆从示神至切古音第十五部中庸小雅以示爲
寘𠕋古文示所謂古文諸丄字皆从一也祜上諱言上諱者五禾部秀漢世祖名
也艸部莊顯宗名也火部炟肅宗名也戈部肇孝和帝名
也祜恭宗名也殤帝名隆不與焉伏侯古今注曰隆之字
曰盛亦當言上諱明矣而五經異義云漢幼小諸帝皆不
廟祭而祭於陵既不廟祭矣則不諱可知此許沖奏上時
於隆字不曰上諱所由也諱止於世祖者記曰既卒哭宰
夫執木鐸以徇於宮曰舍故而諱新故謂高祖祖之父當

一篇上　四

遷者杜預亦言自父至高祖皆不敢斥言計許君卒於恭宗已後自恭宗至世祖適五世世祖已上雖高帝不諱葢漢制也此書之例當是不書其字但書上諱二字書其字則非諱也今本有篆文者後人補之不書故其詁訓形聲俱不言假令補之則曰祜福也从示古聲祜訓福則當與祿褫等爲類而列於首者尊君也古音第五部

禮履也見禮記祭義周易序卦傳履足所依也引伸之凡所依皆曰履此假借之法屨履也禮履也履同而義不同所吕事神致福也从示从豐禮有五經莫重於祭故禮字从示豐者行禮之器豐亦聲靈啓切十五部

𠃞古文禮

禧禮吉也行禮獲吉也釋詁曰禧福也从示喜聲許其切一部

禛吕眞受福也从示眞聲此亦當云从示从眞眞亦聲不言者省也聲與義同原故龤聲之偏旁多與字義相近此會意形聲兩兼之字致多也說文或偁其會意略其形聲或偁其形聲略其會意雖則省文實欲互見不知此則聲與義隔又或如宋人字說衹有會意別無形聲

其失均誣矣側鄰切十二部

禄　福也。詩言福禄多不別商頌五篇兩言福三言禄大恉不殊釋詁毛詩傳皆曰禄福也此古義也鄭既醉箋始爲分別之詞　从示彔聲。盧谷切三部

褫　福也。見釋詁張衡東京賦曰祈褫禳災　从示虒聲。息移切字林弋爾反十六部

禎　祥也。从示貞聲。陟盈切十一部

祥　福也。凡統言則災亦謂之祥析言則善者謂之祥　从示羊聲。似羊切十部鉉本此下有一云善三字淺人所增一書中此類不少

祉　福也。見釋詁　从示止聲。敕里切一部

福　備也。祭統曰賢者之祭也必受其福非世所謂福也福者備也備者百順之名也無所不順者之謂備按福備古音皆在第一部疊韵也鉉本作祜也非祜正世所謂福也　从示畐聲。方六切古音在一部

祐　助也。古祇作右　从示右聲。于救切古音在一部

祺　吉也。周頌曰維周之祺釋言曰祺祥也祺吉也　从示其聲。渠之切一部

禥　籀文从基

基聲也古其基通用如尚書丕丕基伏生作丕丕其是也祗敬也見釋詁从示氏聲旨夷切古音凡氏聲字在第十五部凡氏聲字在第十六部此廣韵祗入五支祇入六脂所由分也鉉所據唐韵祗旨移切是孫愐祗入五支祇入五支遠遜於宋廣韵所改定矣經典釋文於商頌上帝是祗諸時反則又闖入七之於孔子閒居諸夷反則固不誤此等學者所當審定畫一也禔安也本安下有福今依李善文選注从示是聲司馬貞引說文市支反此說文音隱所載也唐韵切同十六部易曰禔既平周易坎九五祗既平釋文曰祇京作禔按許自序所偁易孟氏京房受易焦延壽延壽嘗從孟喜問易虞翻自言臣高祖光曾祖成祖鳳父歆皆治孟氏易至臣五世翻注此亦云祇安也然則孟易作禔訓安甚明翻本作祇謂祇即禔之假借與何人斯鄭箋正同氏是同在第十六部得相假借神天神引出萬物者也天神引三字同在古音第十二部从示申聲食鄰切祇地祇提出萬物者也地祇提三字同

在古音第十六部地本在十七部而多轉入十六部用从示氏聲巨支切古音十六部凡假借必取諸同部如周易无祇悔釋文云祇辭也馬同音之是反此讀祇爲語辭適也五經文字廣韵作衹者是也又云鄭云病也此讀祇爲疧與何人斯同也又云王肅作禔時支反云安也九家本作敍字音支韓伯祁支反云大也音讀皆陸在第十六部通志堂刻作无祇悔則誤○又祇旣平唐石經作祇釋文云京作禔說文同音支又上支反安也其讀亦皆在十六部又云鄭云當爲坻小丘也此則改爲第十五部字古人云當爲者皆是改其形誤之字云當爲者以音近之字易之云讀如者以同音之字擬之此云當爲則鄭謂祇爲字之誤也○五經文字衣部曰衹止移切適也廣韵五支曰衹章移切適也唐石經衹旣平左傳衹見疏也詩衹攪我心詩論語亦衹以異字皆从衣正用張參字揉而張參以前顏師古注竇嬰傳曰衹適也音支其字衣豈師古太宗朝刊定經籍皆用此說歟宋類篇則祇衹皆云適也不畫一韵會則从示之祇訓適也近日經典訓適者皆不从衣與唐不合

祇神也魯頌閟宮

有洫箋曰閟神也此謂假借閟爲祕也从示必聲兵媚切古音在第十二部質櫛韵

齋　戒絜也祭統曰齋之爲言齊也齊不齊以致齊者也齋戒或析言如七日戒三日齋是此以戒訓齋者統言則不別也从示齊省聲謂減齊之二畫使其字不緐重也凡字有不知省聲則昧其形聲者如融蠅之類是側皆切十五部

𥜽　籀文齋从𩱧省凡籀文多緐重

禋　絜祀也韋昭注周語同釋詁禋祭也孫炎曰潔敬之祭也各本作潔依玉篇作絜一曰精意㠯享爲禋凡義有兩岐者出一曰之例山海經韓非子故訓傳皆然但說文多有淺人疑其不備而竄入者周語內史過曰精意以享禋也絜祀二字已苞之何必更端傳引乎舉此可以隅反从示垔聲於眞切古音在十三部尙書大傳以湮爲禋

𡨕　籀文从宀

祭　祭祀也統言則祭祀不別也从示㠯手持肉此合三字會意也子例切十五部

祀　祭無巳也析言則祭無巳曰祀从巳而釋爲無巳此如治

祀祭無巳也　康按：宣八年公羊傳何休注：祀者無巳長久之辭。蓋謂子孫世祀不絕，故年亦謂之祀

張文虎曰定八年公羊傳注祀者無已長久之辭蓋謂子孫世祀不絕故年謂之祀

曰亂徂曰存終則有始之義也釋詁曰祀祭也**从示巳聲**詳里切一部**禩 祀或从異**周禮大宗伯小祝注皆云故書祀作禩按禩字見於故書是古文也篆隸有祀無禩是以漢儒杜子春鄭司農不識但云當爲祀讀爲祀而不敢直言古文祀蓋其愼也至許乃定爲一字至魏時乃入三體石經古文巳聲異聲同在一部故異形而同字也

祡 燒柴尞祭天也此從爾雅音義尞各本作燎非也火部曰尞柴祭天也此曰祡尞祭天也是爲轉注㝡較然者柴與祡同此聲故燒柴祭曰祡釋天曰祭天曰燔柴祭法曰燔柴於泰壇祭天也孝經說曰封乎泰山考績祡尞郊特牲曰天子適四方先祡注所到必先燔柴有事於上帝**从示此聲**仕皆切十五部凡此聲亦多轉入十六部**虞書曰**虞書當爲唐書說見七篇禾部**至于岱宗祡**許自序偁書孔氏知古文尚書作祡不从木作柴也王制郊特牲大傳同

𥛛 古文祡从隋省此蓋壁中尚書作𥛛也既偁古文尚書作祡矣何以云壁中作𥛛也凡漢人云古文尚書者猶言古本尚

書以別於夏侯歐陽尚書非其字皆倉頡古文也儀禮有古文今文亦猶言古本今本非一皆倉頡古文一皆隸書也如此字壁中簡作禱孔安國以今文讀之知禱卽小篆祟字改从小篆作祟是孔氏古文尚書出於壁中云爾不必皆仍壁中字形也綴禱於祟下者猶周禮旣从杜子春易字乃綴之云故書作某也隋聲古音在十七部此聲古音在十六部音轉冣近禱之爲祟猶玼瑳䂓傞皆同字

禷　㠯事類祭天神

五經異義曰今尚書夏侯歐陽說禷祭天名也以禷祭天者以事類祭之以事類祭之何天位在南方就南郊祭之是也古尚書說非時祭天謂之禷言以事類告也肆禷于上帝時舜告攝非常祭也許君謹按周禮郊天無言禷者知禷非常祭從古尚書說玉裁按郊天不言禷而肆師類造上帝王制天子將出類於上帝皆主軍旅言凡經傳言禷者皆謂因事爲兆依郊禮而爲之說文亦从古尚書說

从示類聲

此當曰从示類類亦聲省文也力遂切十五部禮以類爲禷

祪　祔祪祖也

見釋詁祔謂新廟祪謂毀廟皆祖也說文併祔字連引之故次之以祔

从示危聲 過委切十六部 祔 後死者合食於先祖 士虞禮卒哭明日以其班祔春秋左氏傳曰凡君薨卒哭而祔祔而作主特祀於主烝嘗禘於廟春秋穀梁傳曰作主壞廟有時日於練焉士虞禮注與穀梁同 从示付聲 符遇切古音在第四部 祖 始廟也 始兼兩義新廟爲始遠廟亦爲始故祔祪皆曰祖也釋詁曰祖始也詩毛傳曰祖爲也皆引伸之義如初爲衣始引伸爲凡始也 从示且聲 則古切五部 鬃 門內祭先祖所旁皇也 舊所下有以今依詩爾雅音義旁或作徬傍彷皇或作偟皆俗詩毛傳曰祊門內也郊特牲曰索祭祝於祊不知神之所在於彼乎於此乎或諸遠人乎祭於祊尚曰求諸遠者與此旁皇之說也鬃旁皇三字疊韻 从示彭聲 補盲切古音在十部 詩曰祝祭于鬃 小雅楚茨文今作于祊 祊 鬃或从方 彭聲方聲同部 祰 告祭也 自祪以下六字皆主言祖廟故知告祭謂王制天子諸侯將出造乎禰曾子問諸侯適天子必告於

祖奠於禰諸侯相見必告於禰反必親告於祖禰伏生尚書歸假於祖禰皆是也周禮六祈二曰造杜子春云造祭於祖也當許時禮家造字容有作祰者 **从示告聲**苦浩切古音在第三部

祏　宗廟主也五經異義今春秋公羊說祭有主者孝子以主繫心夏后氏以松殷人以柏周人以栗今論語說哀公問主於宰我宰我對曰夏后氏以松夏人都河東河東宜松也殷人以柏殷人都亳亳宜柏也周人以栗周人都豐鎬豐鎬宜栗也古周禮說虞主用桑練主用栗無夏后氏以松爲主之事許君謹按從周禮說論語所云謂社主也鄭君無駁五經要義曰木主之狀四方穿中央以達四方天子長尺二寸諸侯長尺皆刻謚於其背春秋左氏傳典司宗祏又曰使祝史徙主祏於周廟又曰反祏於西圃皆謂木主也主當同宀部作宔宔字下曰宗廟宔祏也祏字下曰宗廟宔也是爲轉注蓺文類聚引作宗廟之木主曰祏 **周禮有郊宗石室**五經異義古春秋左氏說古者日祭於祖考月薦於高曾時享及二祧歲祫及壇墠終禘及郊宗石室終者謂孝子三年喪終則禘於大廟以

致新死者也又春秋左氏曰徙石主於周廟言宗廟有郊宗石室所以藏䙴主也玉裁按郊宗石室蓋謂天子有之郊宗蓋謂郊鯀宗禹郊冥宗湯郊稷宗武王之類遠祖之室爲石室藏之至祭上帝於南郊祭五帝於明堂則奉其室以配食故謂之郊宗石室祭法周語皆言禘郊祖宗此舉郊宗以包禘祖也其餘毀廟之主亦附藏焉至禘祫而升合食於大祖故曰禘及郊宗石室云周禮者說左氏家謂成周之禮非謂周官經有此也

一曰大夫㠯石爲主

五經異義今春秋公羊說卿大夫士非有土子民之君不得祫享序昭穆故無木主大夫東帛依神士結茅爲菆許君謹按春秋左氏傳曰衞孔悝反祏於西圃祏石主也言大夫以石爲主今山陽民俗祭皆以石爲主鄭君駁之曰大夫士無昭穆不得有主少牢饋食大夫禮也東帛依神特牲饋食士祭禮也結茅爲菆大夫以石爲主禮無明文孔悝之反祏有主者祭其所出之君爲之主耳玉裁按異義先出說文晚成多所叜定故說文之說多有異於異義同於鄭駁者祏以宗廟主爲本義以大夫石主爲或義是也

从示石

許言周禮有石

室言大夫以石爲主皆證明从石會意之恉玉裁謂宗廟本木主而字从石者葢取如石不可轉意石室自別是一事春秋之末大夫僭侈作主不可知云反祏者猶言反主耳不必以石爲之也摯虞決疑注曰凡廟之主藏於戸外北牖下有石函故名宗祏**石亦聲**常隻切古音在五部

𥘸以豚祠司命也鄭注周禮曰求福曰禱得求曰祠此祠與春祭之祠異祭法注曰司命小神居人之閒司察小過作譴告者主督察三命今時民家或春秋祀司命風俗通義曰周禮司命文昌也今民閒祀司命刻木長尺二寸爲人像行者擔篋中居者別作小屋齊地大尊重之汝南餘郡亦多有皆祠以腊率以春秋之月按腊同豬許所謂豚也應說司命爲文昌鄭說人閒小神未知許同意何居也許君竈字下說周禮以竈祀祝融用賈逵句芒祀於戸祝融祀於竈蓐收祀於門元冥祀於井后土祀於中霤之說鄭則云老婦之祭報先炊之義斷非祝融然則許不必同鄭也**从示比聲**卑履切初學記引傳利反十五部

漢律曰祠𥘸司命高帝時蕭何攈摭秦法取其宜於時者作律九

章至孝武時律令凡三百五十九章

祠　春祭曰祠。品物少多文辭也。上言祠司命，故次以祠。辭與祠疊韵。周禮以祠春享先王。公羊傳曰：春曰祠。注：祠猶食也，猶繼嗣也。春物始生，孝子思親，繼嗣而食之，故曰祠。許與何異。**从示司聲。**似兹切。一部。**仲春之月祠不用犧牲，用圭璧及皮幣。**此引月令證品物少多文辭也。禮記祠作祀，呂覽同。淮南作祭。及，禮記、呂覽、淮南皆作更。鄭曰：更猶易也。高誘曰：更，代也。以圭璧皮幣代犧牲也。說文祠及二字疑皆字之誤。或曰：漢時月令，鄭君謂之今月令，或與記不同。說文霝雨觞人皆今月令也。○江沅曰：言用不用，代義已瞭，或更字卽及字。義許據本作及也。鄭訓易，高訓代，實圭璧皮幣中間似未妥。

礿　夏祭也。周禮以禴夏享先王。公羊傳曰：夏曰礿。注：始熟可汋，故曰礿。釋天曰：春祭曰祠，夏祭曰礿，秋祭曰嘗，冬祭曰蒸。孫炎曰：祠之言食，礿新菜可汋，嘗嘗新穀，蒸進品物也。汋與礿疊韵，汋卽說文瀹字。王制：春曰礿，夏曰禘，與周禮異。**从示勺聲。**以灼切。古音在第二部。礿亦作禴。勺

龠同部

禘　諦祭也

言部曰諦者審也諦祭者祭之審諦者也何言乎審諦自來說者皆云審諦昭穆也諦有三有時諦有殷禘有大禘時禘者王制春曰礿夏曰禘秋曰嘗冬曰蒸是也夏商之禮也殷禘者周春祠夏禴[illegible]礿秋嘗冬蒸以禘爲殷祭殷者盛也禘與祫皆合羣廟之主祭於大祖廟也大禘者大傳小記皆曰王者禘其祖之所自出以其祖配之謂王者之先祖皆感大微五帝之精以生皆用正歲之正月郊祭之孝經郊祀后稷以配天配靈威仰也毛詩言禘者二曰雝禘大祖也大祖謂文王此言殷祭也曰長發大禘也此言商郊祭感生帝汁光紀以玄王配也云大禘者蓋謂其事大於宗廟之禘春秋經言諸侯之禮僖八年禘于太廟太廟謂周公廟魯之太祖也天子宗廟之禘亦以尊太祖此正禮也其他經言吉禘于莊公傳之禘於武公禘於襄公禘於僖公皆專祭一公僭用禘名非成王賜魯重祭周公得用禘禮之意也昭穆固有定禘曷爲審諦而定之也禘必羣廟之主皆合食恐有如夏父弗忌之逆祀亂昭穆者則順祀之也天子諸侯之禮兄弟或相爲後諸父諸子或相爲後祖行孫行或

相爲後必後之者與所後者爲昭穆所後者昭則後之者穆所後者穆則後之者昭而不與族人同昭穆以重器授受爲昭穆不以世系蟬聯爲昭穆也故曰宗廟之禮所以序昭穆也宗廟之禮謂禘祭也禘之說大亂於唐之陸淳趙匡後儒襲之不可以不正**从示帝聲**特計切十六部**周禮曰五歲一禘**五經異義今春秋公羊說五年而再殷祭古春秋左氏說古者日祭於祖考月祀於高曾時享及二祧歲祫及壇墠終禘及郊宗石室許君謹案叔孫通宗廟有日祭月薦之禮知自古而然也三歲一祫此周禮也五歲一禘疑先王之禮也鄭君駮之曰三年一祫五年一禘百王通義以爲禮讖云殷之五年殷祭亦名禘也玉裁按此與公羊五年而再殷祭說正合今閩縣陳氏恭甫名壽祺云初學記藝文類聚引許異義文有譌脫當作三歲一祫五歲一禘此周禮也三歲一禘疑先王之禮也今脫四字譌一字陳說是也

祫　大合祭先祖親疏遠近也春秋文二年八月丁卯大事于大廟公羊傳曰大事者何大祫也大祫者何合祭也毀廟之主陳於大祖未毀廟之

主皆升句合食於大祖兼上二者五年而再殷祭鄭康成曰魯禮三年喪畢而祫於大祖明年春禘於羣廟自此之後五年而再殷祭一祫一禘春秋經書祫謂之大事書禘謂之有事商頌元鳥祀高宗也鄭云祀當爲祫高宗崩而始合祭於契之廟歌是詩焉曾子問祫祭於大祖則祝迎四廟之主許言合祭先祖親疏遠近正用公羊大事傳禘之合食蓋同而以審禘會合分別其名亦分別其歲有三年五年之殊分別其時有夏秋之殊禘即周禮之肆獻祼亯祫即周禮之饋食朝亯夏殷有時禘有時祫周禮禘祫皆爲殷祭非四時祭毛公傳曰諸侯夏禘則不禴秋祫則不嘗謂周禮諸侯禘在夏祫在秋則皆廢時祭天子則不廢時祭

从示合　會意不云合亦聲者省文重會意也矦夾切古音弟七部士虞禮今文祫爲合

周禮曰三歲一祫　所云周禮者以別於夏殷之禮所曰字皆衍文也

祼　灌祭也　詩毛傳曰祼灌鬯也周禮注曰祼之言灌灌以鬱鬯謂始獻尸求神時周人先求諸陰也

从示果聲　古玩切按此字從果爲聲古音在十七部大宗伯玉人字作果或作淉注

兩言祼之言灌凡云之言者皆通其音義以爲詁訓非如讀爲之易其字讀如之定其音如載師載之言事族師師之言帥𧝓衣襢之言亶翣柳柳之言聚副編次副之言覆禋祀禋之言煙廿人廿之言礦皆是未嘗曰禋卽讀煙副卽讀覆也以是言之祼之音本讀如果廿之音本爲卵讀如鯤與灌礦爲雙聲後人竟讀灌讀礦全失鄭意古音有不見於周人有韵之文而可意知者此類是也

禶　數祭也　廣雅釋詁曰禶謝也釋天曰禶祭也數讀數罟之數雙聲也　从示毳聲讀若舂麥爲⿱毳木之⿱毳木　凡言讀若者皆擬其音也凡傳注言讀爲者皆易其字也注經必兼茲二者故有讀爲有讀若讀爲亦言讀曰讀若亦言讀如字書但言其本字本音故有讀若無讀爲也讀爲讀若之分唐人作正義已不能知爲與若兩字注中時有譌亂爲⿱毳木之⿱毳木字从木各本譌从示不可解廣雅⿱毳木舂也楚芮反說文無⿱毳木字卽臼部舂去麥皮曰臿也江氏聲云說文解說內或用方言俗字篆文則仍不載⿱毳木此芮切十五部

祝　祭主贊詞者从示从儿口　此以三字會意

謂以人口交神也。一曰从兌省。易曰兌爲口爲巫。此字形之別說也。凡一曰有言義者，有言形者，有言聲者。引易者，說卦文。兌爲口舌、爲巫，故祝从兌省。此可證虙羲先倉頡製字矣。凡引經傳有證義者，有證形者，有證聲者。此引易證形也。之六切。三部。

福　祝福也。惠氏士奇曰：素問黃帝曰古之治病可祝由而已。祝由卽祝福也。已，止也。玉裁按：玉篇曰古文作䄂。从示畱聲。力救切。玉篇除霤切。三部。

祓　除惡祭也。从示犮聲。敷勿切。十五部。

祈　求福也。祈求雙聲。从示斤聲。渠希切。古音在十三部。音芹。此如旂字古今音異。

禱　告事求福也。禱告求三字疊韵。从示壽聲。都浩切。古音在三部。

𥜊　禱或省。

𥛜　籀文禱。以眞致福意疑下從夊非從文也。夊，陟侈切。

禜　設緜蕝爲營，以禳風雨雪霜水旱厲疫于日月星辰山川也。史記、漢書叔孫通傳皆云爲緜蕞野外習之。韋昭云：引繩爲緜，立表爲蕞蕞蕝也詳艸部凡環帀爲營禜營疊韵左氏傳子產曰山川之神則水旱癘疫之災於是乎禜之日月星辰之神則雪霜風雨之不時於是乎禜之許與鄭司農周禮注引皆先日月星辰與今本不同也从示从營省聲下从字度他字下皆當有後人刪之爲命切十一部一曰禜逗衞使災不生此字義之別說也上言禳之於已至此言禦之於未來鉉本此下引禮記雩禜祭水旱誤用鍇語爲正文也

禳磔禳逗祀除厲殃也厲殃謂厲鬼凶害各本作癘誤月令三月命國難九門磔禳以畢春氣注此月之中日行歷昴昴有大陵積尸氣佚則厲鬼隨而出行命方相氏毆疫又磔牲以禳於四方之神所以畢止其災又十二月命有司大難旁磔注此月之中日歷虛危虛危有墳墓四司之氣爲厲鬼將隨強陰出害人也旁磔於四方之門磔禳也按許與月令注合周禮注曰卻變異曰禳禳攘也與許異古者燧人禜子所造未聞禜子爲其子禜災也从示襄聲汝羊切十部

禬會福祭也周禮注曰除災

害曰禬禬刮去也與許異从示會聲此等皆舉形聲包會意古外切十五部周禮曰禬之祝號周禮詛祝文禪祭天也从示單聲凡封土爲壇除地爲墠古封禪字葢祇作墠項威曰除地爲墠後改墠曰禪神之矣服虔曰封者增天之高歸功於天禪者廣土地應劭亦云封爲增高禪爲祀地惟張晏云天高不可及於泰山上立封又禪而祭之冀近神靈也元鼎二年紀云望見泰一修天文襢襢即古禪字是可證禪亦祭天之名但禪訓祭天似當與祡爲伍不當廁此時戰切十四部禦祀也从示御聲後人用此爲禁禦字疑舉切五部古只用御字𥛩祀也从示昏聲古末切周禮注禬刮去也疑𥛩乃禬字之或體也十五部已上三篆疑後人所增禖祭也謂祭名也商頌傳曰春分玄鳥降湯之先祖有娀氏女簡狄配高辛氏帝帝率與之祈於郊禖而生契故本其爲天所命以玄鳥至而生焉大雅傳曰古者必立郊禖焉玄鳥至之日以大牢祀於郊禖天子親往后妃率九嬪御乃禮天子所御帶以弓韣授以

弓矢於郊禖之前玉裁按據此則禖神之祀不始於高辛明矣鄭注月令云元鳥媒氏之官以爲候高辛氏之世元鳥遺卵娀簡吞之而生契後王以爲媒官嘉祥而立其祠焉變媒言禖神之也注禮記時未專信毛詩故說鉏鋙爾鄭志焦喬之荅同護鄭公孫爲詞費 从示某聲 莫桮切古音在一部

䄔 祭具也 山海經離騷經皆作糈王逸曰糈精米所以享神郭璞曰糈祭神之米名疑許君所據二書作糈 从示胥聲 私呂切五部

祳 社肉盛之以蜃故謂之祳 五經異義曰古左氏說脤祭社之肉盛之以蜃鄭注掌蜃杜注左傳皆同蜃祳疊韵經典祳多从肉作脤詩緜箋掌蜃注徑用蜃爲祳字 天子所以親遺同姓 大宗伯以脤膰之禮親兄弟之國大行人歸脤以交諸侯之福 从示辰聲 時忍切古音在十三部 春秋傳曰石尚來歸祳 春秋經定公十四年文凡說文引春秋經皆毄諸傳謂左氏春秋有此文也

祴 宗廟奏祴樂 宗廟中賓醉而出奏祴夏故字從示 从示戒

聲古哀切一部

禡　師行所止恐有慢其神下而祀之曰禡釋天曰是類是禡師祭也王制注云爲兵禱周禮肆師甸祝皆作貉杜鄭讀貉爲十百之百云爲師祭造軍法者禱氣勢之十百增倍許說不同者許時古今說具在五經異義今已亡又賈氏周禮解詁亦亡不詳其所本也　从示馬聲莫駕切古音在五部　周禮禡於所征之地王制文

禂　禱牲馬祭也甸祝禂牲禂馬杜子春云禂禱也爲馬禱無疾爲田禱多獲禽牲詩云既伯既禱爾雅曰既伯既禱馬祭也玉裁按此許說所本杜引詩者以證禱馬毛傳云伯馬祖也重物愼微將用馬力必先爲之禱其祖此周禮之禂馬也又云禱禱獲也此釋既禱周禮之禂牲也杜本毛說鄭君易杜說云禂讀如伏誅之誅今侏大字也爲牲祭求肥充爲馬祭求肥健鄭以上文既有表貉釋爲禱氣勢之十百而多獲不當禂牲又云禱多獲禽牲故必易爲侏大而後安今本爾雅周禮注馬祭之上皆脫伯字　从示周聲都皓切五經文字直由反又音誅古音在三部

鍇引詩曰既禡既禂詩無此語鉉又誤入正文

𩣒 鉉本作騳 **或从馬壽省聲** 此字从馬則不該云𠷎聲足矣不當取省聲

社　地主也 五經異義今孝經說曰社者土地之主土地廣博不可偏敬封五土以爲社古左氏說共工爲后土爲社許君謹案曰春秋稱公社今人謂社神爲社公故知社是上公非地祇鄭駁之云社祭土而主陰氣又云社者神地之道謂社神但言上公失之矣人亦謂雷曰雷公天曰天公豈上公也宗伯以血祭祭社稷五祀五嶽社稷之神若是句龍柱棄不得先五嶽而食又引司徒五土名又引大司樂五變而致介物及土示土示五土之總神即謂社也六樂於五地無原隰而有土祇則土祇與原隰同用樂也玉裁按許訓社爲地主此用今孝經說而以地主也从示土之云先於左氏傳則與異義从左氏說者不符蓋許君異義先成說文晚定往往有說文之說早同於鄭君之駁者如社稷昊天聖人感天而生三愙等皆是也 **从示土** 鍇土下本無聲字韻會所引是也地主爲社故字从示土 **春秋傳曰共工之子句龍**

爲社神左氏傳昭公廿九年史墨曰共工氏有子曰句龍爲后土后土爲社許旣从今孝經說矣又引古左氏說者此與心字云土藏也象形博士說以爲火藏一例兼存異說也鄭駁異義以爲社者五土之神能生萬物者以古之有大功者配之然則句龍配五土之神祭於社**周禮二十五家爲社**風俗通義曰周禮說二十五家爲社但爲田祖報求許云周禮者周禮說也賈逵杜預注左傳高誘注呂覽薛瓚注五行志皆同晏子春秋桓公以書社五百里封管仲呂覽越以書社三百里封墨子史記將以書社七百里封孔子皆謂二十五家爲里里有社故云書社若干里鄭駁異義引州長職曰以歲時祭祀州社是二千五百家爲社也祭法大夫以下成羣立社曰置社注云大夫以下謂下至庶人也大夫不得特立社與民族居百家以上則共立一社今時里社是也引郊特牲唯爲社事單出里是鄭不用周禮說與許異**各樹其土所宜木**大司徒設其社稷之壝而樹之田主各以其野之所宜木遂以名其社與其野注所宜木謂若松柏栗也若以松爲社者則名松社五經

異義許君謹案論語所云謂社主也鄭無駁注周禮從許義按莊周書之櫟社高祖所禱之枌榆社皆以木名社之遺韓非子云社木者樹木而塗之鼠穿其閒掘穴託其中熏之則恐焚木灌之則恐塗阤此可見樹木爲主之制○社爲地主而尊天親地二十五家得立之故字不與柴顧爲伍常者切古音在五部

䄯 古文社各本從示非古文也今依夏氏竦古文四聲韵所引從木者各樹其土所宜木也

禓 道上祭史游急就篇曰謁禓塞王伯厚曰周禮注行祭禓之道中如今祭殤从示昜聲與章切十部按郊特牲鄉人禓孔子朝服立於阼即論語鄉人難朝服而立於阼階也注禓或爲獻或爲儺凡云或爲者必此彼音讀有相通之理昜聲與獻儺音理遠隔記當本是禓字從示易聲則與獻儺差近徐仙民音禓爲儺當由本是禓字相傳讀儺也

祲 精气感祥气氣古今字周禮眡祲注祲陰陽氣相侵漸成祥者魏志高堂隆傳孔子曰祲者修類應行精祲相感从示侵省聲子林切七部春秋傳曰見赤黑之祲是

左氏傳昭公十五年梓慎知爲喪氛**禍　害也**禍害雙聲**神不福也从示咼聲**胡果
切十七部**祟　神禍也**釋元應衆經音義曰謂鬼神作災禍也**从示出**按出亦聲雖遂切十
五部**𥜼　籒文祟从䙴省**祟讀於鬼神則致祟故从䙴省**祅　地反物爲祅**
也左氏傳伯宗曰天反時爲災地反物爲妖民反德爲亂亂則妖災生釋例曰此傳地反物惟言妖耳洪範五行
傳則妖孽禍痾眚祥六者以積漸爲義按虫部云衣服歌謠艸木之怪謂之祅禽獸蟲蝗之怪謂之蠥此葢統言皆
謂之祅祅析言則祅蠥異也祅省作祆經傳通作妖**从示芺聲**於喬切二部**祘　明視目**
筭之从二示示與視筭與祘皆疊韵也明視故从二示**逸周書曰**藝文志周書七十一篇周
史記也劉向曰葢孔子所論百篇之餘故許君謂之逸周書亦以別於僃尚書之周書免學者惑也**士分民**
之祘今逸周書無此語當在亾篇內**均分目祘之也**此釋逸周書語或曰本典解均分以利之

則民安卽此句也讀若筭蘇貫切十四部禁示吉凶之忌也禁忌雙聲忌古亦讀如記也曲禮曰入竟而問禁从示林聲居蔭切七部禁當次祘之前二禫除服祭也士虞禮記曰中月而禫注中猶閒也禫祭名也與大祥閒一月自喪至此凡二十七月禫之言澹澹然平安意也从示覃聲徒感切古音在七部玉裁按說文一書三言讀若三年導服之導考士虞禮注曰古文禫或爲導喪大記注曰禫或皆作道許君蓋從古文不錄今文禫字且祘字重示當居部末如顛玥聶驫猋皆居部末是也祘字下出禫字疑是後人增益鄭君从禫許君从導各有所受之也

文六十三　重十三六十三錯本作六十五禫下有禰[illegible]二字云禰秋畋也从示爾聲[illegible]祀也从示虘聲卽犬部之獮言部之詛也用此知說文多爲淺人增竄部末凡數多非原文示部鉉六十三錯六十五可證又鉉新附有禰祧祆祚四字禰訓親廟泥米切據五經文字序若祧禰逍遙

張云三屬祇有弎即三之重文何以不系一部而別立部首
此類皆不可解

之類說文漏略今得之於字林禰廟之字許意葢欲以爾邇槩之周禮故書祧作濯鄭司農濯讀爲祧或許君意在別裁謂祧字不古當從故書祆則後人杜撰祚則胙之俗也然則今可用乎曰祆於經無所用之祚則用胙祧則鄭時禮經固爾吕忱巳補入字林禰字自今文堯典早有此字何休云父死稱考入廟稱禰禰舊說云雖入廟而猶取近於己故从示旁爾行之久遠安可不用也

三　數名天地人之道也　陳煥曰數者易數也三兼陰陽之數言一下曰道立於一二下曰地之數王下曰三者天地人也老子曰一生二二生三三生萬物此釋三之義下釋三之形故以於文二字別言之　於文一耦二爲三成數也　此依韵會所引韵會多據鍇本今鍇本又非舊矣耦各本作偶今正二下曰从一耦一以一儷一也此曰一耦二爲三以一儷二也今又皆脫一字三畫而三才之道在焉故謂之成數又字下曰手之列多略不過三　凡三之屬皆从三　穌甘切古音在七部

弎　古

文三

文一　重一

王　天下所歸往也。見白虎通。王往疊韵。董仲舒曰：古之造文者，三畫而連其中謂之王。三者，天地人也；而參通之者，王也。見春秋緐露。引之說字形也。韋昭注國語曰：參，三也。孔子曰：一貫三爲王。又引孔子說證董說。凡王之屬皆从王。雨方切。十部。

𤣪　古文王。

閏　餘分之月，五歲再閏也。戴先生原象曰：日循黃道右旋，邪絡乎赤道而南北。凡三百六十五日小餘不滿四分日之一，日發斂一終。月道邪交乎黃道，凡二十七日小餘過日之半，月遼其道一終。日月之會，凡二十九日小餘過日之半，以起朔。十二朔凡三百五十四日有奇，分而近歲終，積其差數置閏月，然後時序之從乎日行發斂者以正。故堯典曰：朞三百有六旬有六日以閏月正四時成歲言六日者舉成數玉裁按五歲再閏而無餘日告朔之禮天子居宗廟閏月居門中从王在門中周禮閏月王居門中終月也此說字形也周禮大史閏月詔王居門終月注謂路寢門也鄭司農云月令十二月分在青陽明堂總章玄堂左右之位惟閏月無所居居於門故於文王在門謂之閏玉藻天子玄端而朝日於東門之外聽朔於南門之外閏月則闔門左扉立於其中玉裁按古路寢明堂大廟異名而實一也當云告朔之禮天子居明堂如順切十三部

王大也見詩毛傳从自王依韵會補王字自始也始王者三皇王各本譌皇今正先鄭注周禮云四類三皇五帝九皇六十四民咸祀之尚書大傳燧人爲燧皇伏羲爲羲皇神農爲農皇譙周說同白虎通曰三皇者何伏羲神農燧人則改燧人居第三恐非舊也鄭依春秋緯伏羲女媧神農爲三皇皇甫謐說同大君也始王天下是大君也故號之曰皇因以爲凡大之稱此說字形會意之恉什字

義訓大之所由來也皇本大君因之凡大皆曰皇假借之法準此矣自讀若鼻自下曰鼻也則自鼻二字爲轉注此曰自讀若鼻言皇字所从之自讀若鼻其音同也今俗㠯作始生子爲鼻子是楊氏雄方言曰鼻始也獸之初生謂之鼻人之初生謂之首許謂始生子爲鼻子字亦作鼻今俗乃以自字爲之俓作自子此可知自與鼻不但義同而且音同相假借也今俗謂漢時也鉉本無作字誤鍇本有新刻刪之胡光切十部

文三　重一

玉石之美有五德者者字新補潤澤㠯溫仁之方也䚡理自外可㠯知中義之方也其聲舒揚尃㠯遠聞尃鍇作專音敷布也玉裁按汲古閣毛氏刊鉉本初作專後改作尃非也管子曰叩之其音清搏徹遠純而不殺搏古專壹字今本作搏蓋非

此專謂專壹也上云舒揚矣則不必更云專　智之方也不撓而折謂雖折而不撓管子孫卿皆作折而不撓　勇之方也銳廉而不忮忮很也　絜之方也絜取圍轉之義凡度直曰度圍度曰絜管子孫卿皆作廉而不劌行也已上禮記聘義管子水地孫卿法行辭皆不同　象三玉之連也　謂三　丨其貫也　貫謂如璧有紐襍佩有組聘圭有繫瑬有五采絲繩荀偃以朱絲係玉二瑴之類　凡玉之屬皆从玉　魚欲切三部

𤣩　古文玉

璙　玉也　謂玉名也如毛傳梟山也繹山也之例不言山名也古傳注多不言名　从王尞聲　洛蕭切二部

瓘　玉也　左氏傳齊有陳瓘字子玉　从王雚聲　工玩切十四部　春秋傳曰瓘斝　左氏傳昭公十七年裨竈曰我用瓘斝玉瓚鄭必不火

璥　玉也从王敬聲　居領切十一部

琠　玉也从王典聲　多殄切古音在十三部玉篇曰古文作壂

[illegible]　玉也从王夒聲

讀若柔耳尤切三部璬玉也从王毄聲讀若鬲郎擊切十六部璠璠與逗與各本作璵鉉本有篆文璵字云說文闕載依注釋文曰璵本又作與音餘此可證古本左傳說文皆不从玉後人輒加篆文之璵可勿補也又各本作璵璠今依太平御覽所引作璠璵法言亦作璠璵魯之寶玉左氏傳定公五年季平子卒陽虎將以璵璠斂今本左傳上與下璠許君所據不同从王番聲附袁切十四部孔子曰美哉璠與遠而望之奐若也文采之皃御覽作煥近而視之瑟若也瑟同璱一則理勝謂奐若二則孚勝謂瑟若此蓋出逸論語御覽引正作逸論語瑾瑾瑜逗美玉也左氏傳曰瑾瑜匿瑕山海經黃帝乃取密山之玉榮而投之鍾山之陽瑾瑜之玉爲良王逸注九章云瑾瑜美玉也从王堇聲居隱切十三部瑜瑾瑜也凡合二字成文如瑾瑜玫瑰之類其義旣舉於上字

則下字例不復舉俗本多亂之此也字之上有美玉二字是　从王兪聲羊朱切古音在四部

玒　玉也从王工聲戶工切九部

琜　瓄逗玉也廣雅玉類有琜瓄按說解有瓄而無篆文瓄者蓋古祇用賣後人加偏旁許君書或本从說解內作賣或說解內不妨從俗而篆文則不錄也　从王來聲落哀切一部瓄曹憲音瀆

瓊　亦玉也亦各本作赤非說文時有言亦者如李賢所引診亦視也鳥部鸞亦神靈之精也之類此上下文皆云玉也則瓊亦當爲玉名倘是赤玉當廁璊瑕二篆閒矣離騷曰折瓊枝以爲羞廣雅玉類首瓊支此瓊爲玉名之證也唐人陸德明張守節皆引作赤玉則其誤已久詩瓊琚瓊瑤瓊華瓊瑩瓊英瓊瑰毛傳云瓊玉之美者也蓋瓊支爲玉之最美者故廣雅言玉首瓊支因而引伸凡玉石之美皆謂之瓊應劭曰瓊玉之華也是其理也　从王夐聲渠營切古音在十四部招䰟瓊與姦安軒山連寒湲蘭筳韻

璚　瓊或从矞巂聲也矞爲夐之入聲角部觼或作鐍此十四部與十五部合音之理

巂字涉下注而誤當作矞

一上　二十頁末行　巂聲也當作矞聲也

瓗 瓊或从瓗 巂聲也此十四部與十六部合音之理虫部蠵亦作[illegible] 珦 玉也从王向聲 許亮切十部 㻝 玉也从王剌聲 盧達切十五部 珣 醫無閭之珣玗琪 爾雅曰東北之美者有醫無閭之珣玗琪焉璂琪同醫無閭山名在今盛京錦州府廣寧縣西十里屈原賦謂之於微閭珣玗璂合三字爲玉名玗璂二字又各有本義故不連舉其篆也𦾓醫無閭珣玗璂皆東夷語 周書所謂夷玉也 夷玉顧命文鄭注云東北之珣玗琪也 从王旬聲 相倫切十二部 一曰玉器 此字義別說也周禮玉瑞玉器注曰禮神曰器爾雅璧大六寸謂之宣郊祀志有司奉瑄玉訓楚文毀用吉玉寳璧皆卽珣字 讀若宣 謂訓器則讀若宣也音轉入十四部如毛詩于嗟洵兮韓詩洵作夐之比 璐 玉也 九章被明月兮佩寶璐王逸注寶璐美玉也 从王路聲 洛故切五部 瓚 三玉二石也从王贊聲 徂贊切十四部 禮天子用全純玉也

上公用駹四玉一石侯用瓚伯用埒玉石半相埒也攷工記玉
人曰天子用全上公用龍侯用瓚伯用將注鄭司農云全
純色也龍當爲尨尨謂雜色元謂全純玉也瓚讀如餈屭
之屭龍瓚將皆雜名也卑者下尊以輕重爲差玉多則重
石多則輕公矦四玉一石伯子男三玉二石按許君龍作
駹從先鄭易字也埒許鄭同皆不作將倘是將字鄭不得
釋爲雜鄭已後傳寫失之鄭云公矦四玉一石則記文不
當公矦分別異名許說爲長戴先生曰此葢泛記用玉爲
飾之等玉裁謂此與祼圭之瓚異義許不言祼圭之瓚者
葢其字古祇作贊黃金爲勺不用玉也瑛玉光也山海
詩謂之玉瓚圭瓚者以瓚助祼圭也經言
玉榮離騷孝經援神契緯書皆言玉英淮
南鴻烈曰龍淵有玉英高注英精光也从王英聲於京切古
音在璑三采玉也周禮故書璑玉三采注曰璑惡玉名
十部江沅曰惡玉者亞次之玉也古惡亞
字通廣雅玉類有璑玉裁按天子純玉公四玉一石侯三
玉二石故書作璑新書作琨皆謂石之次玉者諸公之冕

璑玉三采謂以璑雜玉備三采下於天子純玉備五采也許云三采玉謂之璑誤矣从王無聲武無切徐堅引說文音舞五部

玊朽玉也从王有點讀若畜牧之畜各本篆文作珛解云从玉有聲今訂正史記公玉帶索隱曰三輔決錄注云杜陵有玉氏音肅說文以爲从王音畜牧之畜此可證唐本但作玉不作珛廣韻一屋云玉音肅朽玉此說文本字四十九宥云珛音齅此從俗字玉篇玉欣救思六二切此說文本字珛許救切引說文朽玉也此後人據俗本說文所增佩觿曰玉有欣救魚錄息足相逐四翻俗別爲王郭云別爲王者謂玉石字點在三畫之側欣救息足相逐三切點在二畫之側也葢後人以朽玉字爲玉石字以別於帝王字後高其點爲朽玉玉姓字以別於玉石字又或改說文从王加點爲从王有聲作珛亦以別於玉石字也朽玉者謂玉有瑕玷故从玉加點以象形淮南書云夏后之璜不能無考考朽古音同史記藺相如曰璧有瑕請指示王从王加點謂可指示也畜牧字依說文本作嘼許救許六二切玉音同之杜陵玉姓音肅雙聲也三部

璿 美玉也山海經西王母之山有璿瑰瑤碧郭傳璿瑰玉名竹書穆天子傳重𨏥氏之所守曰枝斯璿瑰郭注璿瑰玉名引左傳贈我以璿瑰按左傳成公十八年今本作瓊瑰僖公廿八年璿弁今本作瓊弁張守節史記璿璣作瓊璣璿與瓊古書多相亂璿瑰郭音旋 从王同合二字爲美玉名山海經單言琁者亦美玉也 睿聲似沿切十四部 春秋傳曰璿弁玉纓見上張衡西京賦璿弁玉纓薛敬文解弁馬冠也又髦以璿玉作之纓馬鞅也以玉飾之鍇本弁作冠諱李昇嫌名也 琁 璿或从旋省各本廁瓊璚瓗三字之下解云瓊或从旋省考文選陶徵士誄璿玉致美李善注曰山海經云升山黃酸之水出焉其中多琁玉說文云琁亦璿字李氏以琁注璿引說文爲證然則李所據說文不同今本今據以訂正楊倞注孫卿引說文琁赤玉音瓊則同今本矣中山經海內西經言琁者皆美玉也郭云琁石次玉者也又云琁玉類又云璿瑰亦玉名是未知璿琁同字矣 璿 籀文璿叡部曰壡籀文叡疑此籀當作壡壡聲小篆叡字省大篆爲之

璇　張揖玉篇璇似宣切　琁同上又徐宣切　与瓊別

瑗　人君上除陛以相引　強曰人君疑即召人之誤倒

也　瑢古文璿疑當古文作璿小篆作瑢　球玉也鉉本玉磬也非爾雅釋器曰璆美玉也禹貢禮器鄭注同商頌小球大球傳曰球玉也按磬以球爲之故名球非球之本訓爲玉磬　从王求聲巨鳩切三部　璆球或从翏求翏丩聲同三部　琳美玉也高注淮南王注楚辭李孫郭注爾雅皆曰琳美玉名某氏注尚書曰琳玉名　从王林聲力尋切七部　璧瑞玉圜也瑞以玉爲信也釋器肉倍好謂之璧邊大孔小也鄭注周禮曰璧圜象天　从王辟聲比激切十六部　瑗大孔璧釋器曰好倍肉謂之瑗孔大於邊也　人君上除陛以相引未聞瑗引雙聲孫卿曰聘人以珪召人以瑗　爾雅曰好倍肉謂之瑗肉倍好謂之璧釋器文好謂孔肉謂邊也　从王爰聲王眷切十四部　環璧肉好若一謂之環亦見釋器古者還人以環亦瑞玉也鄭注經解曰環取其無窮止肉上舊衍也字　从王睘聲戶關

切十四部環引伸爲圜繞無端之義古祇用還

璜　半璧也　鄭注周禮高注淮南同按大戴禮佩玉下有雙璜皆半規似璜而小古者天子辟廱築土雝水之外圜如璧諸侯泮宮泮之言半也葢東西門以南通水北無也鄭箋詩云爾然則辟廱似璧泮宮似璜此黌字之所由製歟　从王黃聲　戶光切十部

琮　瑞玉大八寸似車釭　鄭注周禮曰琮八方象地玉人曰大琮尺二寸射四寸注射其外鉏牙疏云角各出二寸兩相并四寸也玉裁按除去射四寸則大琮八方之徑八寸許云瑞玉大八寸者謂大琮也其他琮不言射惟瑑琮大八寸如車釭者葢車轂空中不正圜爲八觚形琮似之琮釭曡韻　从王宗聲　藏宗切九部

琥　發兵瑞玉　周禮牙璋以起軍旅以治兵守不以琥也漢與郡國守相爲銅虎符銅虎符從第一至第五國家當發兵遣使者至郡國合符符合乃聽受之葢以代牙璋也許所云未聞　爲虎文　瑑虎爲文也鄭注周禮琥猛象秋嚴　从王虎聲　呼古切五部　春秋傳曰賜子家子雙琥

琥　張云大宗伯以玉作六器禮南方以白琥

是昭公卅二年左傳文

瓏　禱旱玉也未聞爲龍文琢龍爲文也左傳昭公使公衍獻龍輔於齊侯正義引說文爲說从王龍聲力鍾切九部

琬　圭有琬者此當作圭首宛宛者轉寫譌脫也琬宛疊韻先鄭云琬圭無鋒芒故以治德結好後鄭云琬猶圜也王使之瑞節也戴先生曰凡圭剡上寸半直剡之倨句中矩琬圭穹隆而起宛然上見玉裁謂圜剡之故曰圭首宛宛者與圭上有圭爲宛圭同義爾雅又云宛中宛圭此與毛傳四方高中央下曰宛圭釋名圭宛宛如偃器正同謂窊其中宛宛然也二義相反俱得云宛爾雅兼采異說郭說宛中失之从王宛聲於阮切十四部

璋　剡上爲圭聘禮記曰圭剡上寸半雜記曰剡上左右各半寸半圭爲璋見詩毛傳及公羊傳注周禮注从王章聲諸良切十部禮六幣圭以馬璋以皮璧以帛琮以錦琥以繡璜以黼見周禮小行人注六幣所以享也享天子用璧享后用琮皆有庭實以馬若皮皮虎豹皮也用圭璋

者二王之後也二王後尊故享用圭璋而特之其於諸侯
亦用璧琮耳子男於諸侯則享用琥璜下其瑞也按六玉
皆見上文圭見璋字下故
引禮總言其所用之幣

琰　璧上起美色也　璧當爲圭也當爲者

周禮注云凡圭剡上寸半琰圭剡半以上又半爲瑑飾許
云起美色葢與鄭意同或當作圭剡上起美飾者若高注
淮南顏注司馬相如傳皆云琬琰美玉名此當合二字爲
一名別是一物尙書玉五重琬琰亦是一物非周禮之二
圭也　从王炎聲　以冄切古音第八部

玠　大圭也　攷工記天子鎮圭諸侯命圭戴先生曰二
者皆謂之介圭爾雅圭大尺二寸爲玠據鎮圭言也詩錫
爾介圭以作爾寶據命圭言也介者大也禮器大圭不瑑
以素爲貴亦謂此也　从王介聲　古拜切十五部　周書曰稱奉介圭　顧命曰大保承介圭
又曰賓稱奉圭兼幣葢許君偶誤合二爲一如
或簸或舀竷竷舞我之類韻會引介圭作玠玉

瑒　圭尺二寸有瓚以祠宗廟者也　玉人曰祼圭尺有二寸有瓚以祀廟祼圭謂之瑒圭瑒讀如暢

魯語謂之鬯圭用以灌鬯者也祠玉篇作祀从王昜聲丑亮切十部瓛桓圭公所執大宗伯曰公執桓圭注公二王之後及王之上公雙植謂之桓桓宮室之象所以安其上桓圭蓋亦以桓爲瑑飾玉裁按鍇本作三公韻會引亦無三从王獻聲胡官切十四部珽大圭長三尺抒上終葵首見玉人注曰王所搢大圭也或謂之珽終葵椎也爲椎於其杼上明無所屈也杼殺也按玉藻謂之珽注云此亦笏也珽之言挺然無所屈也典瑞曰王晉大圭以朝日魯語曰天子大采朝日管子曰天子執玉笏以朝日皆謂此司馬相如賦有晁采晁古朝字朝采即朝日之大采也長三尺博三寸蓋自其中已上殺之其殺六分而去一至其首則仍博三寸而方之鄭云方如椎頭是也珽玉逸引相玉書作珵抒今周禮作杼玉藻注同杼是也从王廷聲他鼎切十一部瑁諸侯執圭朝天子天子執玉以冒之似犂冠周禮曰天子執瑁四寸玉人曰天子執冒四寸以朝諸侯注

名玉曰冒者言德能覆蓋天下也四寸者方以尊接卑以小爲貴尚書大傳曰古者圭必有冒不敢專達也天子執冒以朝諸侯見則覆之故冒圭者天子所與諸侯爲瑞也諸侯執所受圭以朝於天子瑞也者屬也犂冠爾雅注作犂錧謂耜也周禮匠人耜廣五寸二耜之伐廣尺耜刃方瑁上下方似之 从王冒冒亦聲莫報切古古在三部考工記以冒爲瑁

玥 古文从冃各本篆作⿰王目云古文从目惟玉篇不誤此葢壁中顧命字

瑞 以玉爲信也典瑞掌玉瑞玉器之藏注云人執以見曰瑞禮神曰器又云瑞節信也說文卩下云瑞信也是瑞卩二字爲轉注禮神之器亦瑞也瑞爲圭璧璋琮之總偁自璧至瑁十五字皆瑞也故總言之引伸爲祥瑞者亦謂感召若符節也 从王耑聲耑聲在十四部而瑞揣圖字音轉入十五部唐韻是僞切又入十六部

璬 玉佩璬珩玦三字葢本在瑁下端上錯本則珩玦又綴於部末皆非舊次凡一書內舊次可考者訂正之此自璬至瑤九篆皆飾之類古者雜佩謂之佩玉見周禮玉府大戴禮保傳篇禮記玉藻

亦謂之玉佩見詩秦風璬之言皦也玉石之白曰皦**从王敫聲**古了切二部

珩 佩上玉也詩毛傳曰雜佩者珩璜琚瑀衝牙之類韓傳曰佩玉上有蔥衡下有雙璜衝牙蠙珠以納其間按衡即珩字晉語白玉之珩六雙注珩佩上飾楚語楚之白珩注珩佩上之横者玉藻曰一命再命幽衡三命蔥衡注衡佩上之衡也其制珩上横爲組三繫於珩繫於中組者曰衝牙繫於左右組者曰璜皆以玉璜似半璧而小亦謂之牙繫於中者觸牙而成聲故曰衝牙蠙珠琚瑀貫於珩之下璜衝牙之上故毛韓大戴皆曰以納其閒六佩上玉者謂此乃玉佩最上之玉也統言曰佩玉析言則珩居首以玉爲之依玉藻所言則當天子白玉珩公侯山元玉珩大夫水蒼玉珩所謂三命蔥珩士瓀玟則以石月令春倉玉夏赤玉中央黄玉秋白玉冬元玉注凡所服玉謂冠飾及所佩之珩璜則又隨時異色矣**从王行所以節行止也**依韻會所引訂从玉行者會意所以節行止也者謂珩所以節行止故字从玉行發明會意之恉也周語改玉改行注玉佩玉所以節行步也此字行亦聲戶庚切

一篇上　長

古音在十部

玦　玉佩也　九歌注曰玦玉佩也先王所以命臣之瑞故與環卽還與玦卽去也白虎通曰君子能決斷則佩玦韋昭曰玦如環而缺　从王夬聲　古穴切古音在十五部

珥　瑱也　戰國策孟嘗君進五珥以請立后李斯上書曰宛珠之簪傅璣之珥　从王耳耳亦聲　仍吏切一部

瑱　以玉充耳也　詩毛傳曰瑱塞耳也又曰充耳謂之瑱天子玉瑱諸侯以石按瑱不皆以玉許專云以玉者爲其字之从玉也凡字从某爲某之屬許君必言其故　从王眞聲　他甸切十二部　詩曰玉之瑱兮　鄘君子偕老文今詩兮作也女部又引邦之媛兮可知此篇也字古皆作兮孫毓詩評亦引玉之瑱兮

䡵　瑱或从耳　攷工記注引左傳縛一如瑱釋文曰瑱本或作䡵耳形眞聲不入耳部者爲其同字異處且難定其正體或體凡附見之例眡此

琫　佩刀上飾也　小雅鞞琫有珌傳鞞容刀鞞也琫上飾珌下飾大雅鞞琫容刀傳下曰鞞上曰琫戴先生疑瞻彼洛矣之珌下飾當爲鞞下飾珌文飾皃

有珌與首章有奭句法同說文訓鞞爲刀室誤也玉裁按鞞之言裨也刀室所以裨護刀者漢人曰削俗作鞘琫之言奉也奉俗作捧刀本曰環人所捧握也其飾曰琫珌之言畢也刀室之末其飾曰珌古文作畢傳云鞞容刀鞞也謂刀削其云琫上飾珌下飾者上下自全刀言之琫在鞞上鞞在琫下珌在鞞末公劉詩不言珌故云下曰鞞舉鞞以該珌鞞琫有珌言鞞琫而又加珌也王莽傳瑒琫瑒珌孟康曰佩刀之飾上曰琫下曰珌若劉熙釋名曰室口之飾曰琫琫捧也捧束口也下末之飾曰琕琕卑也下末之言也琕卽鞞之譌劉意自一鞘言之故雖襲毛上曰琫下曰鞞之云而大非毛意至杜預本之注左傳云鞞佩刀削上飾鞛下飾又互譌上下字矣凡訓詁必考其源流得失者舉眡此許云佩刀上飾用毛說謂一刀之上非一削之上也凡刀劍以手所執爲上刀謂之頴亦曰環書刀謂之拊劍謂之鐔

天子以玉諸矦以金毛傳曰天子玉琫而珧珌諸矦盪琫而璆珌大夫鐐琫而鏐珌士瑒琫而瑒珌天子以玉故其字从玉

从王奉聲邊孔切九部左傳作鞛音奉合音如棓字亦音

聲之比

珌佩刀下飾天子以玉毛傳云天子以珧說文珧字下亦云天子珧珌此當云天子以珧諸侯以玉淺人妄竄改之从王必聲卑吉切十二部𤨵古文珌各本無玉篇曰珌古文作蹕汗簡古文四聲韻皆曰蹕見說文今據補必畢古通用同在十二部

璏劍鼻玉也各本篆文皆誤今正王莽傳美玉可以滅瘢欲獻其璏服虔曰璏音衞蘇林曰劍鼻玉也俗本脫玉字初學記蓺文類聚引字林劍鼻謂之璏亦脫玉字从王彘聲直例切十五部

瑵車蓋玉瑵司馬彪輿服志曰乘輿金根安車立車羽蓋華蚤劉昭注徐廣云翠羽蓋黃裏所謂黃屋車也金華施橑末有二十八枚即蓋弓也又張衡東京賦羽蓋威蕤葩瑵曲莖薛綜注曰羽蓋以翠羽覆車蓋也威蕤羽貌葩瑵悉以金作華形莖皆低曲蔡邕獨斷云凡乘輿車皆羽蓋金華爪爪與瑵同又王莽傳曰造華蓋九重高八丈一尺金瑵師古曰瑵讀曰爪玉裁按瑵蚤爪三字一也皆謂蓋橑末說文指爪字作叉當云車蓋玉叉也瑵叉疊韻他家云華瑵金瑵者謂

金華飾之許云玉瑵者謂玉飾之故字从玉也**从王蚤聲**側絞切古音在三部

瑑圭璧上起兆瑑也周禮先鄭注云瑑有圻鄂瑑起也後鄭云瑑文飾也許云起兆瑑與先鄭說合兆者垗也營域之象先鄭所謂垠堮也大圭不瑑者以素爲貴也**从王彖聲**彖聲依韻會所引鍇本今鍇本亦作彖省聲又淺人改之也直戀切十四部**周禮曰瑑圭璧**典瑞曰瑑圭璋璧琮疑此有脫誤

珇琮玉之瑑玉人駔琮五寸宗后以爲權駔琮七寸天子以爲權注駔讀爲組以組繫之因名焉許作珇葢杜子春讀故書之駔爲珇鄭所不從不載其說者也記又云瑑琮八寸則駔琮非謂瑑明矣似讀駔爲珇訓琮玉之瑑失之方言曰珇好也美也許意謂兆瑑之美曰珇**从王且聲**則古切五部

璂弁飾也往往冒玉也上也字依詩音義補弁師曰王之皮弁會五采玉琪鄭司農云故書會作膾膾讀如馬會之會謂以五采束髮也琪讀如綦車轂之綦按許謂以玉飾弁曰琪與司農說同後鄭則易琪爲綦綦結也皮弁之

縫中每貫結五采玉以爲飾謂之綦蓋後鄭謂經琪字乃玉名故易爲綦字曹風其弁伊騏箋亦云騏當作綦自用其周禮說也許同先鄭說往往歷歷也鄭云皪皪而處是也从王綦聲渠之切一部璂璂或从基

璪玉飾如水藻之文謂彫飾玉之文璪藻疊韻从王喿聲子晧切二部虞書曰璪火粉米古文尚書咎繇謨文按虞書璪字衣之文也當从衣而从玉者假借也衣文玉文皆如水藻聲義皆同故相假借非衣上爲玉文也凡說文有引經言假借者例此禮經文采之訓古文多用繅字今文多用璪藻字其實三字皆假借

瑬垂玉也冕飾弁師掌王之五冕五采繅十有二就皆五采玉十有二諸侯之繅斿九就琘玉三采繅斿皆就注繅雜文之名合五采絲爲之繩垂於延之前後就成也繩之每一帀而貫五采玉十二斿則十二玉也繅不言皆有不皆者袞衣之冕十二斿則用玉二百八十八鷩衣之冕繅九斿用玉二百一十六毳衣之冕七斿用玉百六十八希衣之冕五斿用玉百二十元衣之冕三斿用玉

七十二矦當爲公字之誤也三采朱白蒼也繅斿皆就皆三采也每繅九成則九玉也公之冕用玉百六十二按弁師作斿玉藻从俗字作旒皆鎏之假借字**从王流聲**力求切三部

璹　玉器也徐鍇曰爾雅璋大八寸謂之琡說文有璹無琡宜同也**从王𠷎聲讀若淑**殊六切三部

瓃　玉器也雋不疑傳帶櫑具劍晉灼曰古長劍首以玉作井鹿盧形上刻木作山形如蓮花初生未敷時霍清治書云玫古圖有玉轆轤玉具劍古樂府所云腰閒轆轤劍也按古玉器爲鹿盧轉旋蓋不獨劍具先鄭注周禮云駔外有捷盧也捷盧亦謂鹿盧也**从王畾聲**說文無畾字而云畾聲者畾郎靁之省也靁字下曰從雨畾象回轉形木部櫑字下曰刻木作雲靁象施不窮楊雄賦曰轠轤不絕凡從畾字皆形聲兼會意魯回切十五部

玼　新玉色鮮也各本無新詩音義兩引皆作新色鮮也今補玼本新玉色引伸爲凡新色如詩玼兮玼兮言衣之鮮盛新臺有玼言臺之鮮明韻會引作玉色鮮絜也**从王此聲**詩音義音此又且禮

反十五部古此聲之字多轉入十六部十六部與十七部至近是以劉昌宗云倉我反也玼之或體作瑳楚景瑳以爲名詩君子偕老二章三章皆曰玼兮玼兮是以二章毛鄭有注三章無注或兩章皆作瑳內司服注引瑳兮瑳兮其之翟也又引瑳兮瑳兮其之展也可證自淺人分別玼屬二章瑳屬三章晝爲二字二義又於說文增瑳爲訓釋今删

詩曰新臺有玼詩邶風文今本作泚韓詩作灌云鮮皃即今璀璨字也

璱玉英華相帶如瑟弦也左思吳都賦符采彪炳劉逵注曰符采玉之橫文也郭璞引王子靈符應曰赤如雞冠黃如蒸栗白如割肪黑如純漆玉之符采也璱瑟疊韻从王瑟聲所櫛切十二部詩曰璱彼玉瓚詩大雅作瑟箋云瑟絜鮮貌孔子曰璠與近而視之瑟若也韻會引作瑟彼則引詩爲發明从瑟意

瑮玉英華羅列秩秩爾雅釋訓秩秩淸也毛傳秩秩有常也瑮列雙聲瑮秩疊韻从王㮚聲力質切十二部聘義說玉云縝密以栗逸論語曰玉粲之璱兮其瑮

上林誤作子虛

猛也藝文志曰論語漢興有齊魯之說傳齊論者惟王陽名家傳魯論者安昌侯張禹最後而行於世然則張禹魯論所無則謂之逸論語如十七篇之外爲逸禮二十九篇之外爲逸尚書也齊論多問王知道二篇王伯厚云問王疑當作問玉按說文玉瑮瑩三字下所引蓋卽問玉篇歟瑩玉色也謂玉光明之皃引伸爲磨瑩亦作鎣从王熒省聲李善引說文烏明切唐韻烏定切十一部一曰石之次玉者此蓋引證此字義之別說也齊風傳曰瑩石似玉也衞風傳曰瑩美玉也逸論語曰如玉之瑩玉色之義璊玉䞓色也毛傳曰璊赬也今本脫玉字从王㒼聲莫奔切古音在十四部禾之赤苗謂之𥝖各本从木作樠今依毛詩釋文宋槧𥝖卽艸部虋字之或體艸部不言或作𥝖而此見之亦可見或字不能悉載言璊玉色如之虋聲在十三部與十四部㒼聲最近而又雙聲此璊虋字皆於虋得義也玧璊或从允允聲在十三部瑕玉小赤也子虛

賦赤瑕駮犖張揖曰赤瑕赤玉也揚雄蜀都賦左思吳都賦皆云瑕英劉逵曰瑕玉屬也木華海賦瑕石詭暉廣雅玉屬有赤瑕若聘義瑕不揜瑜注瑕玉之病也高注淮南書曰瑕猶釁也此別一義釁同璺 从王叚聲 乎加切古音在五部

琢 治玉也 釋器玉謂之琢石謂之摩毛傳同按琢琱字謂鐫鑿之事理字謂分析之事攷工記刮摩五工玉人記玉之用楖人雕人闕楖人蓋理之如楖之疏髮雕人蓋琢之如鳥之啄物左思賦水鳥曰彫琢蔓藻是其意 从王豖聲 竹角切三部

琱 治玉也 釋器玉謂之雕按琱琢同部雙聲相轉注詩周禮之追大雅之敦弓皆與琱雙聲也 一曰石似玉 此字義之別說 从王周聲 都僚切古音在三部經傳以雕彫爲琱

理 治玉也 戰國策鄭人謂玉之未理者爲璞是理爲剖析也玉雖至堅而治之得其䚡理以成器不難謂之理凡天下一事一物必推其情至於無憾而後即安是之謂天理是之謂善治此引伸之義也戴先生孟子字義疏證曰理者察之而幾微必區以別之名也是故謂之分理在

物之質曰肌理曰腠理曰文理得其分則有條而不紊謂之條理鄭注樂記曰理者分也許叔重曰知分理之可相別異也古人之言天理何謂也曰理也者情之不爽失也未有情不得而理得者也天理云者言乎自然之分理也自然之分理以我之情絜人之情而無不得其平是也从王里聲良止切一部

珍　寶也宀部曰寶珍也是爲轉注从王㐱聲陟鄰切古音在十三部

玩　弄也廾部曰弄玩也是爲轉注周禮曰玩好之用从王元聲五換切十四部

貦　玩或从貝

玲　玉聲也甘泉賦和氏瓏玲大元以彼瓏玲皆謂玉聲法言廣雅作玲瓏从王令聲郎丁切古音在十二部

瑲　玉聲也小雅有瑲蔥珩毛傳瑲珩聲也秦風佩玉將將玉藻然後玉鏘鳴皆當作此字从王倉聲七羊切十部詩曰攸革有瑲周頌載見文攸各本作鋚今正說見鋚字下有瑲今詩作有鶬亦作鎗按鸞鈴轡飾之聲而字作瑲玉聲而字作鏘皆得謂之假借

玎　玉聲也以椽之丁丁伐

木丁丁例之葢當壘字言玎玎从王丁聲中莖當經二切十一部齊大公子伋謚曰玎公齊世家古今人表皆云師尚父之子丁公丁公之子乙公乙公之子癸公猶之魯禽父晉燮父衛康伯宋微仲皆無謚不聞謚玎也此當云讀若齊大公子伋謚曰丁公轉寫脫讀若字因改丁爲玎不直言讀若丁者古音丁公之讀當與凡丁異也丁乙癸皆非謚明矣而云謚丁公者古者以字爲謚之義也

琤玉聲也从王爭聲楚耕切十一部按此字恐系瑲之俗

瑣玉聲謂玉之小聲也周易旅瑣瑣鄭君陸績皆曰瑣瑣小也从王貨聲蘇果切十七部

瑝玉聲謂玉之大聲也从王皇聲廣韻云說文音皇十韻

瑀石之次玉者次各本譌似依詩音義正義引訂鄭風傳曰雜佩者珩璜琚瑀衝牙之類又曰佩有琚瑀所以納閒納閒者納於上珩下璜衝牙之中也韓詩傳蠙珠以納其閒保傅篇曰玭珠以納其閒琚瑀以雜之玭即蠙毛不言蠙珠韓不言琚瑀保傅篇兼言之葢蠙珠居中琚瑀皆美石又貫於

玎　張云段說是也謚法述義不克曰丁音義與爭近廣韻十三耕中莖切下重收玎字即引說解此文蓋玎字讀中莖切如丁公之丁不讀當經切也

蠙珠之上下故曰雜佩雜集也集衆美也
盧辨曰玭珠之赤者曰琚白者曰瑀誤矣
从王禹聲王矩切五部

玤石之次玉者㠯爲系璧系璧蓋爲小璧系帶間縣左右佩物也从王

丰聲讀若詩曰瓜瓞菶菶大雅生民文此引經說字音也補蠓切九部一曰若

䖫蚌今音蚌在講韻古音江講合於東董玪玪𤥎逗石之次玉者鄭本尚書璆玪

瑻玕鄭注璆美玉玪美石子虛賦瑊玏元厲張揖曰瑊玏

石之次玉者中山經葛山其下多瑊石郭傳瑊玏石似玉

廣雅瑊玏石次玉也按玪瑊同字𤥎玏同字玪𤥎合二字

爲石名亦有單言玪者如尚書中山經及穆天子傳是

从王今聲古函切古音在七部廣韻瑊音箴是𤥎玪𤥎也从王勒聲盧則切一

部琚佩玉石也各本作瓊琚也今正詩鄭風正義釋文皆引說文琚佩玉名衛風釋文又引琚

佩玉名按雜佩謂之佩玉見周禮大戴禮玉藻詩鄭風秦

風衛風尚書大傳贅以名字語不可通琚乃佩玉之一物

不得云佩玉名也毛公大戴皆云琚瑀以納閒許君以瑀字廁於石次玉之類然則名字爲石之字誤無疑佩玉石者謂佩玉納閒之石也木瓜毛傳云琚佩玉石也許君用之今毛傳石譌爲名莫能是正瑀下不言佩玉石琚下不言美石次玉互見也詩佩玉瓊琚謂佩玉之閒有美琚也瓊瑰玉佩謂美瑰在玉佩之閒也

从王居聲九魚切五部

詩曰報之以瓊琚

璓　石之次玉者衞風充耳琇瑩傳琇瑩美石也按琇瑩是二石名故都人士傳曰琇美石也者傳曰瑩石似玉也

从王莠聲陸德明引說文弌久反唐韻息救切三部按說文从莠隷从秀猶从芺之多爲夭也

詩曰充耳琇瑩

玖　石之次玉黑色者詩木瓜傳曰玖玉名丘中有麻傳曰玖石次玉者按不應同物異訓蓋木瓜傳本作玉石漢書西域傳于闐國多玉石注曰玉石石之似玉者也楊雄蜀都賦亦言玉石轉寫石譌名耳玖音近黝故訓黑色

从王久聲陸德明引說文紀又反唐韻舉友切古音在一部詩久字在一部孔子易傳久在三部

詩

錢氏斠詮　晉書義璡与瑨同

曰貽我佩玖貽當作詒王風文讀若芑此古音在一部之證或曰若人句脊之句此又一音也上句音鉤下句當作痀𤕫部曰痀曲脊也古讀如苟句聲在四部此一部三部四部合韻最近之理

⿰王𦣞石之似玉者似玉篇作次又引倉頡云五色石也从王𦣞聲讀若貽與之切一部

珢石之似玉者从王艮聲語巾切古音在十三部

𤥨石之似玉者从王曳聲余制切古音在十六部曳从申以象抴引之丿爲聲按玉篇廣韻皆兼有𤥨瑍字訓釋同瑍音臾必有一誤

璅石之似玉者从王巢聲子晧切二部

璡石之似玉者从王進聲讀若津將鄰切十二部

⿰王朁石之似玉者从王朁聲側岑切七部

璁石之似玉者从王悤聲讀若蔥倉紅切九部

⿰王號石之似玉者从王號聲讀若鎬乎到切二部

𤩎　石之似玉者。从王𡴂聲。讀若曷。（乎撥切。十五部。）𤨵　石之似玉者。从王𥃩聲。（烏貫切。十四部。）𤫩　石之玉（鍇本如此，下有言次玉者四字，葢注釋語。自瑰至玗十八字皆似玉者，鉉本作石之次玉者，與鍇本注皆非。玉篇、廣韻皆云𤫩石似玉。）从王燮聲。（穌叶切。七部。）玽　石之似玉者。（本作次，非。似，汲古原本作次，非。）从王句聲。讀若苟。（古厚切。四部。）琂　石之似玉者。从王言聲。（語軒切。十四部。）璶　石之似玉者。从王盡聲。（徐刃切。十二部。）琟　石之似玉者。从王隹聲。讀若維。（以追切。十五部。）瑦　石之似玉者。从王烏聲。（安古切。五部。）瑂　石之似玉者。从王眉聲。讀若眉。（武悲切。十五部。）璒　石之似玉者。从王登聲。（都騰切。六部。）玉厶　石之似玉者。从王厶聲。讀與私同。（凡言讀與某同

㴱當作沒

者亦卽讀若某也

玗　石之似玉者。錯釋以瑊玗琪非也瑊玗琪合三字爲玉名單言瑊者玉器也單言琪者弁飾也單言玗者美石也玗二字同于聲也齊風尚之以瓊華傳曰華美石華蓋卽玗

从王亏聲。羽俱切五部

⿰王叏　玉屬也。玉篇引穆天子傳采石之山有⿰王叏瑤凡言某屬者謂某之類

从王叏聲。讀若沒。莫悖切十五部

瑎　黑石似玉者。从王皆聲。讀若諧。戶皆切十五部

碧　石之青美者。西山經高山其下多青碧傳碧亦玉類也淮南書崑崙有碧樹注碧青石也劉逵注吳都賦曰碧玉也常璩郭璞皆曰越嶲會無縣東山出碧

从王石白聲。兵彳切古音在五部云白聲者以形聲苞會意也碧色青白金尅木之色也故从白

琨　石之美者。王肅及某氏注禹貢皆曰瑤琨皆美石劉逵注吳都賦顏師古注地理志皆曰琨美石今本轉寫石多譌玉穆天子傳天子之珤玉昆傳石似美玉今本昆譌

从王……果招魂昆蔽象棋注昆玉也當云昆同琨石似玉

昆聲古渾切十三部夏書曰夏各本譌虞楊州貢瑤琨瑻琨或从貫馬融尚書漢地理志皆作瑻貫聲在十四部與十三部昆聲合韻最近而又雙聲如昆夷亦爲串夷韋昭瑻音貫

珉石之美者弁師珉玉三采从王民聲武巾切十二部按凡民聲字在十二部凡昏聲字在十三部昏不以民爲聲也聘義注曰碈或作玟凡文聲昏聲同部瑉碈字皆玟之或體不與珉同字其譌亂久矣

瑤石之美者各本石譌玉今依詩音義正衛風報之以瓊瑤傳曰瑤美石正義不誤王肅某氏注尚書劉逵注吳都賦皆曰瑤琨皆美石也大雅曰維玉及瑤云及則瑤賤於玉周禮享先王大宰贊王玉爵內宰贊后瑤爵禮記尸飲五君洗玉爵獻卿尸飲七以瑤爵獻大夫是玉與瑤等差明證九歌注云瑤石之次玉者凡謂瑤爲玉者非是从王䍃聲余招切二部詩曰報之以瓊瑤衛風木瓜

珠蚌中陰精也蜯或蚌字中各本作之今依初學記大戴禮曰珠者陰之陽也故勝火从王朱

正當作音

行末郭字衍

聲章俱切古音在三部春秋國語曰珠足以御火災是也足字依玉篇補御各本作禦今正楚語左史倚相曰珠足以禦火災則寶之韋注珠水精故以禦火災玓玓瓅逗明珠光也光各本作色今依李善所引史記司馬相如傳曰明月珠子玓瓅江靡應卲曰靡邊也从王勺聲都歷切古音在二部瓅玓瓅也从王樂聲郎擊切古音在二部二字疊韻玭珠也謂珠名也从王比聲韋昭薄迷反十五部紕字下曰讀若玭珠宋宏曰淮水中出玭珠玭珠珠之有聲者此宋宏說伏生尚書語也宏字仲子能薦桓譚辟牟長者伏生尚書徐州之貢淮夷玭珠臮魚仲子謂淮水中出玭珠與鄭古文尚書說合玭珠珠之有聲者七字當作玭蚌之有聲者六字玭本是蚌名以爲珠名韋昭曰玭蚌也廣韻曰蠙珠母也西山經䲁䱄之魚其狀如覆銚鳥首而翼魚尾音如磬之聲是生珠玉江賦所謂文魮磬鳴郭郭傳云蚌類按玭蚌蓋類是能鳴故曰蚌之有聲者

蠙夏書玭从虫賓謂古文夏書玭字如此作从虫賓聲古音在十二部故唐韻步因切其音變爲蒲邊扶堅二切小篆从比其雙聲也玭字葢亦古文故伏生尚書作玭夏本紀地理志從之非伏生依小篆乃其壁藏本固爾也

珕蜃屬謂蜃之類其甲亦可飾物也从王劦聲郎計切十五部禮記曰記曰字依韻會所引補士部禮記曰天子赤墀今本亦删記曰字藝文志曰記百三十一篇七十子後學者所記也佩刀士珕琫而珧珌詩正義作珕琫而珕珌

珧蜃甲也介物之殻曰甲所以飾物也釋器曰以蜃者謂之珧按爾雅蜃小者珧東山經嶧臯之水多蜃珧傳曰蜃蚌屬珧玉珧亦蚌屬然則蜃珧二物也許云一物者據爾雅言之凡物統言不分析言有別蜃飾謂之珧猶金飾謂之銑玉飾謂之珪金不必皆銑玉不必皆珪也从王兆聲余昭切二部禮記曰二字補佩刀天子玉琫而珧珌見毛傳按天子玉琫珧珌備物也諸侯璗琫璆珌謙於天子也璆美玉也天子

玉上諸矦玉下故曰讓於天子也大夫鐐琫鏐珌銀上金下也士珕琫珧珌珧有玉珧之僃貴於珕自諸矦至士皆下美於上惟天子上美於下毛詩集注定本釋文皆作諸矦瑬珌惟正義作諸矦鏐珌又集注定本釋文皆作大夫鏐珌惟正義作大夫鐐珌又說文作士珧珌正義作士珕珌與說文異

玟　玟瑰逗火齊珠各本作火齊玟瑰也今依韻會所引正子虛賦晉灼注呂靜韻集皆同吳都賦注曰火齊如雲母重沓而開色黃赤似金出日南廣雅珠屬有玟瑰一曰石之美者謂石之美者名玟此字義之別說也釋元應大唐衆經音義引石之美好曰玟聘義君子貴玉而賤碈注碈石似玉或作玟玉藻士佩瓀玟玟又作砇按史記子虛賦琳琘琨珸砇琘琘皆玟之或體與珉各部从王文聲二義古音皆讀如文在十三部今音則前義讀如枚入十五部後義讀如罠入十二部

瑰　玟瑰也从王鬼聲公回切十五部玟瑰本雙聲後人讀為疊韻一曰圜好謂圜好曰瑰此字義之別說也衆經音義亦引圜好曰瑰玉篇圜好上增

珠字誤後義當音回○按詩秦風傳曰瑰石而次玉疑許失載

璣　珠不圓者各本作也今依尚書音義後漢書注作者凡經傳沂鄂謂之幾門縻謂之機故珠不圓之字从幾　从王幾聲居衣切十五部

琅　琅玕逗似珠者尚書璆琳琅玕鄭注曰琅玕珠也王充論衡曰璆琳琅玕土地所生眞玉珠也魚蚌之珠與禹貢琅玕皆眞珠也本艸經青琅玕陶貞白謂即蜀都賦之青珠而某氏注尚書郭注爾雅山海經皆曰琅玕石似珠玉裁按出於蚌者爲珠則出於地中者爲似珠似珠亦非人爲之故鄭王謂之眞珠也　从王良聲魯當切十部

玕　琅玕也从王干聲古寒切十四部　禹貢雝州璆琳琅玕

𤥚　古文玕从王旱蓋壁中尚書如此作干聲旱聲一也賈誼新書上有蔥珩下有雙璜捍珠以納其閒琚瑀以雜之捍必琗之誤

珊　珊瑚逗色赤生於海廣韻引生海中而色赤也　或生於山廣雅珊瑚爲珠類故次於此上林賦注曰珊瑚生水底石邊大者樹高三

尺餘枝格交錯無有葉右部曰上摘山巖空青珊瑚陊之珊瑚有青色者或云赤爲珊瑚青爲琅玕**从王删省聲**穌干切十四部

瑚　珊瑚也从王胡聲戶吳切五部

珋　石之有光者璧珋也光者字依李善江賦注補此當作璧珋石之有光者也恐亦後人倒之璧珋即璧流離也地理志曰入海市明珠璧流離西域傳曰罽賓國出璧流離璧流離三字爲名胡語也猶珣玗琪之爲夷語漢武梁祠堂畫有璧流離曰王者不隱過則至吳國山碑紀符瑞亦有璧流離梵書言吠瑠璃吠與璧音相近西域傳注孟康曰璧流離青色如玉今本漢書注無璧字讀者誤認正文璧與流離爲二物矣今人省言之曰流離改其字爲瑠璃古人省言之曰璧珋珋與流瑠音同楊雄羽獵賦椎夜光之流離是古亦省作流離也**出西胡中**西胡西域也班固曰西域三十六國皆在匈奴之西故說文謂之西胡凡三見魏略云大秦國出赤白黑黃青綠縹紺紅紫十種流離師古曰此蓋自然之物采澤光潤踰於衆玉其色不恆今俗所用皆銷冶石汁加以衆藥灌而爲之尤

一篇上

虛䏰不貞實

从王丣聲 廣韻引說文音畱三部玉裁按古音卯丣二聲同在三部為疊韻而畱珋茆聊駵飀劉等字皆與丣又疊韻中雙聲昴貿茆等字與卯疊韻中雙聲部分以疊韻為重字音以雙聲為重許君丣卯畫分而从丣之字俗多改為从卯自漢已然卯金刀為劉之說緯書荒繆正屈中止句馬頭人人持十之類許所不信也凡俗字丣變卯者今皆更定學者勿持漢人繆字以疑之

琀 送死口中玉也 典瑞曰大喪共飯玉含玉注飯玉碎玉以雜米也含玉柱左右顛及在口中者雜記曰含者執璧將命則是璧形而小耳穀梁傳曰貝玉曰含按琀士用貝見士喪禮諸侯用璧見雜記天子用玉

从王含含亦聲 胡紺切古音在七部經傳多用含或作唅

⿰王歔 遺玉也 謂贈遺之玉也蒙上送死言之何休曰知死者贈襚襚猶遺也大宰典瑞皆言大喪贈玉注云蓋璧也錯說以山海經遺玉儀是玉名則當廁於璙已下十六字閒

从王歔聲 以周切三部此字蓋在禮古經及記

璗 金之美者 釋器黃金謂之璗其美者謂之鏐許說小

異與玉同色从王謂光色如玉之符采故其字从玉湯聲徒朗切十部禮記曰二字依韻會補佩刀諸侯璗琫而璆珌詩毛傳同詩正義作璗琫而鏐珌也王莽傳瑒琫瑒珌瑒卽璗字孟康云玉名非

𤫊巫也各本巫上有靈字乃複舉篆文之未刪者也許君原書篆文之下以隸複寫其字後人刪之時有未盡此因巫下脫也字以靈巫爲句失之今補也字屈賦九歌靈偃蹇兮皎服又靈連蜷兮旣留又思靈保兮賢姱王注皆云靈巫也楚人名巫爲靈許亦當云巫也無疑矣引伸之義如謚法曰極知鬼事曰靈好祭鬼神曰靈曾子曰陽之精氣曰神陰之精氣曰靈毛公曰神之精明者稱靈皆是也以玉事神依韻會無也字从王巫能以玉事神故其字从玉霝聲郎丁切十一部

靈靈或从巫

文百二十四依錯本　重十七錯十六今增琿字則十七按自璙己下皆

玉名也瓚者用玉之等級也瑛玉光也璑已下五文記玉之惡與美也璧至瑞皆言玉之成瑞器者也瓛珩玦珥至瑁皆以玉爲飾也琥至瑕皆言玉色也琢琱理三文言治玉也珍玩二文言愛玉也玲已下六文玉聲也瑀至玖石之次玉者也㻏至瑎石之似玉者也琨珉瑤石之美者也玓至玭皆珠類也玲瓏二文送死玉也璗異類而同玉色者靈謂能用玉之巫也通乎說文之條理次第斯可以治小學

玨 二玉相合爲一玨 玉左傳正義曰穀倉頡篇作玨云雙玉爲玨故字从雙玉按淮南書曰元玉百工注二玉爲一工工與玨雙聲百工卽百玨也 凡不言从二玉者義在於形形見於義也古岳切三部 凡玨之屬皆从玨 因有班瓃字故玨專列一部不則綴於玉部末矣凡說文通例如此

瑴 玨或从㱿 㱿聲也左傳納玉十瑴魯語行玉廿瑴字皆如此作韋昭杜預解同說文

班 分瑞玉 堯典曰班瑞于羣后 从玨刀 會意刀所以分也布還切古音在十三部讀如文質份份之份周禮以頒爲班

班 虎按疑當从分省云亦聲 小徐誤以刀劃制也望文生義

古頌班同部

⿲王車王車笭閒皮匧也也字依玉篇補東京賦司馬彪輿服志皆曰⿲王車王弩李善曰⿲王車王車闌閒皮篋置弩於⿲王車王曰⿲王車王弩師古亦曰⿲王車王弩皮篋盛弩也今本輿服志⿲王車王弩二字譌爲轓輒弩三字古者使奉玉所以盛之依玉篇補正从車珏謂此皮篋漢時輕車以藏弩輕車古之戰車也其制沿於古者人臣出使奉圭璧璋琮諸玉車笭閒皮篋所用盛之此其字之所由从車珏會意也聘禮圭藏於櫝然則櫝藏於皮篋讀與服同房六切古音當在一部以服古在一部也

文三　重一

气雲气也气氣古今字自以氣爲雲气字乃又作餼爲饟氣字矣气本雲气引伸爲凡气之偁象形象雲起之皃三之者列多不過三之意也是類乎從三者也故其次在是去既切十五部借爲气假於人之气又省作乞凡气之屬皆从气

氛祥气也謂吉凶先見之氣左傳曰非祭祥也喪氣

雲气也　今假作气向字又省作乞　許書無此說　槩氣乞不同部　乞与肉乃同部　疑古本無乞字凡經典乞讎乞人乞師之乞即肉字之隸變　變乙爲乚　變人爲一　變乚爲乙　其形近於乞　乞字遂沿譌至今　向俗又作丐亦與气形近　變人爲一　若酉作酉　龠作爾是其證

也杜注氛惡氣也晉語曰見翟柤之氛注氛祲氛凶象也凶曰氛吉曰祥玉裁按統言則祥氛二字皆兼吉凶析言則祥吉氛凶耳許意是統言左傳又曰楚氛甚惡杜注氛氣也可見不容分別**从气分聲**符分切十三部

雰　氛或从雨按此爲小雅雨雪雰雰之字月令雰霧冥冥釋名氛粉也潤氣著艸木因凍則凝色白若粉也皆當作此雰與祥氣之氛各物似不當混而一之

文二　重一

士　事也豳風周頌傳凡三見大雅武王豈不仕傳亦云仕事也鄭注表記申之曰仕之言事也士事疊韻引伸之凡能事其事者偁士白虎通曰士者事也任事之稱也故傳曰通古今辯然不謂之士**數始於一終於十从一十**三字依廣韻此說會意也**孔子曰推十合一爲士**韻會玉篇皆作推一合十鉉本及廣韻皆作推十合一似鉉本爲長數始一終十學者由博返約故云推十合一博學審

問愼思明辨篤行惟以求其至是也若一以貫之則聖人之極致矣鉏里切一部 凡士之屬皆从士

壻 夫也 夫者丈夫也然則壻爲男子之美稱因以爲女夫之稱釋親曰女子子之夫爲壻 从士胥 鉉本有聲字誤周禮注詩箋皆曰胥有才知之稱又曰胥讀如諝謂其有才知爲什長說文言部曰諝知也然則从胥者从諝之省 詩曰女也不爽士貳其行士者夫也 此引衛風而釋之明从士之意 讀與細同 穌計切古音當在十六部

婿 或从女 以女配有才知者爲會意

壯 大也 方言曰凡人之大謂之奘或謂之壯尋說文之例當云大士也故下云从士此蓋淺人刪士字 从士爿聲 側亮切十部

壿 士舞也 各本無士依詩爾雅音義補周禮大胥以學士合舞小胥巡學士舞列故其字从士也當爲皃毛傳壿壿舞皃古書也皃二字多互譌 从士尊聲 慈損切十三部 詩曰壿壿舞我 詩小雅文爾雅坎坎壿壿喜也今詩作蹲

文四　重一

丨下上通也依玉篇引而上行讀若囟囟之言進也引而下行讀若退可上可下故曰下上通竹部曰篆引書也凡字之直有引而上引而下之不同若至字當引而下不字當引而上又若才中木生字皆當引而上之類是也分用之則音讀各異讀若囟在十三部讀若退在十五部今音思二切囟之雙聲也又音古本切凡丨之屬皆从丨

中內也俗本和也非是當作內也宋麻沙本作內也一本作而也正皆內之譌入部曰內者入也入者內也然則中者別於外之辭也別於偏之辭也亦合宜之辭也作內則此字平聲去聲之義無不晐矣許以和爲唱和字龢爲諧龢字龢和皆非中之訓也周禮中失即得失从口丨下上通也按中字會意之情必當从口音圍衞宏說用字从卜用則中之不从口明矣俗皆从口失之云下上通者謂中直或引而上或引而下皆入其內也陟弓切九部

中古

文中 此字可疑葢淺人誤以屈中之虫入此歟

㫃 旌旗杠皃 釋天曰素錦綢杠杠謂旗之竿也詩謂之干 从丨㫃 以丨象杠形加㫃爲偏旁會意 㫃亦聲 丑善切十四部

文三 重一 依鍇本張次立依鉉本增𠁽字云籀文中

說文解字弟一篇上　受業祁門胡文水校字

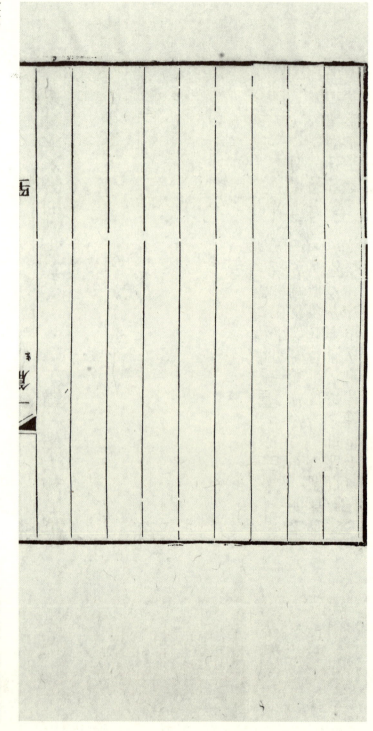

說文解字第一篇下

金壇段玉裁注

屮　艸木初生也象丨出形有枝莖也丨讀若囟引而上行也枝謂兩旁莖枝柱謂丨也過乎中則爲㞢下垂根則爲耑古文或㠯爲艸字漢人所用尚爾或之言有也不盡爾也凡云古文以爲某字者此明六書之叚借以用也本非某字古文用之爲某字也如古文以洒爲灑埽字以疋爲詩大雅字以丂爲巧字以臤爲賢字以𣥠爲魯衛之魯以哥爲歌字以詖爲頗字以喦爲靦字籒文以爰爲車轅字皆因古時字少依聲託事至於古文以屮爲艸字以疋爲足字以丂爲亏字以俟爲訓字以臭爲澤字此則非屬依聲或因形近相借無容後人效尤者也讀若徹上言以爲且言或則本非屮字當何讀也讀若徹徹通也義存乎音此尹彤說尹彤見漢人艸木字多用此俗誤謂此即艸字故正之言叚借必依聲託事中艸音類遠

隔古文叚借尙屬偶爾今則更不當爾也丑列切十五部凡屮之屬皆从屮尹彤說三字當在凡屮上轉寫者倒之凡言某說者所謂博采通人也有說其義者有說其形者有說其音者

屯難也屯韵會有象屮木之初生屯然而難从屮貫一屈曲之也一地也此依九經字樣衆經音義所引說文多說一爲地或說爲天象形也屮貫一者木剋土也屈曲之者未能申也乙部曰春艸木寃曲而出陰气尙彊其出乙乙屯字从屮而象其形也陟倫切十三部易曰屯剛柔始交而難生周易彖傳文左傳曰屯固比入序卦傳曰屯者盈也不堅固不盈滿則不能出

毐艸盛上出也左傳與人誦曰原田每每杜注晉君美盛若原田之艸每每然魏都賦蘭渚每每用此俗改爲莓按每是艸盛引伸爲凡盛如品庶每生貪也每懷懷私也皆盛意毛公曰每雖也凡言雖者皆充類之辭今俗語言每每者不一端之辭皆盛也从屮母聲武罪切左傳音義亡回梅對二反古音在一部

李善莫來反

毒　**厚也**

毒厚疊韵三部四部同入也毒兼善惡之辭猶祥兼吉凶臭兼香臭也易曰聖人以此毒天下而民從之列子書曰亭之毒之皆謂厚民也毒與竺篤同音通用微子篇天毒降災史記作天篤

害人之艸往往而生从屮

字義訓厚矣字形何以从屮蓋製字本意因害人之艸往往而生往往猶歷歷也其生蕃多則其害尤厚故字从屮引伸爲凡厚之義

毐聲

毒在一部毒在三部合韵至近也徒沃切

𥹵　**古文毒从刀䈞**

从刀者刀所以害人也从䈞爲聲䈞厚也讀若篤簡字錯本及汗簡古文四聲韵上从竹不誤而下譌从副从副鉉本則竹又誤爲艸矣古文桀作篁亦䈞聲

岎　**艸初生其香分布也**

衆經音義兩引說文芬芳也其所據本不同按艸部芳艸香也詩說馨香多言苾芬大雅毛傳曰芬芬香也然則元應所據正是古本

从屮分聲

撫文切十三部

芬　**岎或从艸**

𡴭　**菌先**

逗

地蕈

釋艸曰中馗菌注地蕈也似蓋今江東名爲土菌亦曰馗廚又出隧蘧蔬

菌先　虎按釋艸菌灌茵芝疑即此文菌先二字之誤先与篆文𡴭形相近　玉篇作圈先

注遷蔬似土菌生菰草中按𧀹廚遷蔬菌𡴞三者一音之轉語菌𡴞玉篇作圈𡴞叢生田中陳藏器曰地生者爲菌木生者爲檽按檽同萸許云蕈桑萸也故謂地生者爲地蕈从屮六聲力竹切三部

𡴞籒文𡴞从三𡴞象叢生之狀也籒文陸字从此

熏火煙上出也豳風曰穹窒熏鼠从屮象煙上出此於六書爲叚借从黑屮黑熏象此恐學者不達會意故發明之曰屮而繼之以黑此煙上出而煙所到處成黑色之象也合二體爲會意單言上體則爲叚借與鎏本金而从玉同意故居部末許云切十三部

文七　重三

艸百芔也卉下曰艸之總名也是謂轉注二屮三屮一也引伸爲艸稿艸具之艸从二屮倉老切古音在三部俗以草爲艸乃別以皁爲草凡艸之屬皆从艸

莊上諱見示

部其說解當曰艸大也从艸壯聲其次當在茻薪二字之閒此形聲兼會意字壯訓大故莊訓艸大古書莊壯多通用引伸爲凡壯盛精嚴之義論語臨之以莊苞咸曰莊嚴也是也側羊切十部

𦽏 古文莊

莊字篆文本不書今書之者後人補也然則録古文注之曰古文莊亦恐後人所加且其形本非莊字當是奘字之譌古文士或作芇譌爲内也凡古文經後人轉寫茈昧難知者舉以箭奘二字爲例求之

蓏 在木曰果在艸曰蓏

各本作在地曰蓏今正考齊民要術引說文在木曰果在艸曰蓏以別於許愼注淮南云在樹曰果在地曰蓏然則賈氏所據未誤後人用許淮南注臣瓚漢書注改之惟在艸曰蓏故蓏字从艸凡爲傳注者主說大義造字書者主說字形此所以注淮南作說文出一手而互異也應劭宋衷云木實曰果艸實曰蓏與說文合若張晏云有核曰果無核曰蓏臣瓚云木上曰果地上曰蓏馬融鄭康成云果桃李屬蓏瓜瓠屬高注呂氏春秋云有實曰果無實曰蓏沈約注春秋元命苞云木實曰果蓏瓜瓠之屬韓康伯注易傳云果蓏者物之實說各不同皆無不

合高云有實無實 **从艸㼌** 此合二體會意㼌者本不勝末微弱也謂凡艸結實如瓜瓞下垂者統謂之㼌郎果切十七部鍇本作㼌聲誤㼌窊聲蓏在五部此會意形聲之必當辨者也 **芝　神芝也** 釋艸曰菌芝論衡曰土氣和故芝艸生 **从艸之聲** 止而切一部 **萐　萐莆** 逗 **瑞艸也堯時生於庖廚扇暑而涼** 白虎通曰孝道至則萐莆生庖廚萐莆者樹名也其葉大於門扇不搖自扇於飲食清涼助供養也論衡作萐脯言廚中自生肉脯薄如箑搖鼓生風寒涼食物 **从艸疌聲** 山洽切八部 **莆　萐莆也从艸甫聲** 方矩切五部鍇本苗莆二字在苐下上 **虋　赤苗** 句 **嘉穀也** 大雅曰誕降嘉穀維虋維芑毛傳皆曰虋赤苗芑白苗按倉頡篇曰苗者禾之未秀者也禾者今之小米赤苗白苗謂禾莖有赤白之分非謂粟云嘉穀者據生民詩言之今詩作嘉種許君引誕降嘉穀維秬維秠虋芑下皆曰嘉穀 **从艸釁聲** 莫奔切十三部今詩作穈非 **荅**

小尗也禮注有麻荅廣雅云小豆荅也叚借爲酬荅从艸合聲都合切七部

萁豆莖也當云尗而曰豆從漢時語也或後人改之楊惲傳種一頃豆落而爲萁孫子兵法曰萁秆一石當吾二十石曹操注萁音忌豆稭也按萁即萁字潘岳馬汧督誄曰萁稈空虛用萁秆字从艸其聲渠之切一部

藿尗之少也少讀養幼少之少毛詩傳曰藿猶苗也是也李善引說文作豆之葉也與士喪禮注合从艸靃聲盧郭切五部

莥鹿藿之實名也見釋艸从艸狃聲敕久切三部

蓈禾粟之莠生而不成者謂之蕫蓈莠各本作采錯音穗蕫各本作董今依詩爾雅音義生而不成謂不成莠也不成謂之蕫蓈已成謂之莠此蓈莠二字連屬之義云禾粟之莠者惡其類禾而別之也小雅曰不稂不莠爾雅毛傳皆曰稂童粱也童粱即蕫蓈陸璣疏云禾莠爲穗而不成崱嶷然謂之童粱今本莠作秀誤从艸郎聲魯當切十部

稂蓈或从禾今詩爾雅

皆作此字非禾而從禾非孔子惡莠意　莠禾粟下揚生莠也禾粟下猶言禾粟閒也禾粟者今之小米莠今之狗尾艸莖葉采皆似禾故曰惡莠恐其亂苗苗者禾也凡禾采下垂故淮南書謂之向根張衡賦美其顧本莠則采同而揚起不下垂故詩刺其驕驕桀桀此君子小人之別也七月傳曰揚條揚也从艸秀聲讀若酉與久切三部古書多借爲秀字

萉枲實也枲麻也枲實麻子也釋艸作蕡周禮籩人艸人作蕡喪服傳云苴經苴麻之有蕡者也按麻實名萉因之麻亦名萉艸人用蕡說文𣏟下云萉之總名皆是从艸肥聲房未切十五部　[麻賁]萉或从麻賁按賁聲本在十五部音轉入十三部故黂亦符刃符分切

芓麻母也見釋艸今爾雅作荸按釋艸云黂枲實枲實猶言麻實耳儀禮傳云牡麻者枲麻也然則枲無實荸乃有實統言則皆偁枲析言則有實者偁荸無實者偁枲麻母言麻子之母喪服所謂苴斬衰皃若苴齊衰皃若枲苴麤於枲矣詩九月叔苴則又謂麻子爲苴从艸子聲疾吏切一

玉篇蒖連翹艸
玉篇芺蒿也

部一曰芓卽枲也此字義之別說也芓枲不分故云枲實𦳊芓也从艸異聲羊吏切一部蘇桂荏也桂上鍇本有蘇字此複寫隸字刪之未盡者蘇桂荏釋艸文內則注曰薌蘇荏之屬也方言曰蘇亦荏也關之東西或謂之蘇或謂之荏郭樸曰蘇荏類是則析言之則蘇荏二物統言則不別也桂荏今之紫蘇蘇之叚借爲樵蘇从艸穌聲素孤切五部荏桂荏逗蘇也是之謂轉注凡轉注有各部互見者有同部類見者荏之別義爲荏染从艸任聲如甚切七部芺菜也从艸矢聲失七切十五部䓞菜之美者雲夢之䓞呂氏春秋伊尹對湯曰菜之美者雲夢之芹高注雲夢楚澤芹生水涯許作䓞葢殷微二韵轉移冣近許君宷自伊尹書與呂覽字異音義則同廣韵曰䓞菜似蕨生水中說者謂豐水有芑卽此从艸豈聲廣韵祛豨切是唐韵作驅喜葢謂䓞卽芑字也十五部葵菜也崔寔曰六月六日可種葵中伏後可種冬葵九月可作葵

一篇下　五

菹乾葵齊民要術有種葵法種冬葵法从艸癸聲彊惟切十五部今作葵薑御溼之菜也御鉉作禦神農本艸經曰乾薑主逐風溼痹腸澼下痢生者尤良久服去臭氣通神明按生者尤良謂乾薑中之不孰而生者耳今人謂不乾者爲生薑失之矣从艸彊聲居良切十部蓼辛菜句薔虞也蓼爲辛菜故內則用以和用其莖葉非用實也薔虞見下文薔字下此云蓼薔虞也下文云薔虞蓼也是爲轉注正與蘇桂荏也桂荏蘇也同特以篆籀異其處耳顏注急就篇乃云虞蓼一名薔叔重云蓼一名薔虞非也夫釋艸一篇許君偁用異其讀者往往而是其萌虇蕍爲蓼灌渝也鎬矦莎爲莎鎬矦也綦月爾爲綦土夫也蕦葑蓯爲葑須從也何所疑於蓼詩薔虞㦲某氏孫炎郭樸皆薔爲句虞蓼爲句蓼借爲蓼蕭之蓼長大兒从艸翏聲盧鳥切古音在三部蒩菜也廣雅蒩蕺也崔豹古今注曰荊楊人謂蒩爲蕺蜀都賦劉注曰蒩亦名土茄葉覆地生根可食人饑則以繼糧風土記曰蒩香菜根似茅根蜀人所謂蒩香段

蒩　玉篇作蒩

嘗當為常

公路北戸錄曰蕺秦人謂之菹子按蕺與蘵同側立切作蔖者誤菹作葅葅皆誤説文無蕺字卽今魚腥艸也凶年人掘食之从艸祖聲則古切五部藘菜也佀蘇者此齊民要術蘘荷芹藘之藘本艸新補之苦苣也野生者名褊苣人家常食爲白苣江外嶺南吳人無白苣嘗植野苣以供厨饌字或作藘俗譌作苣廣雅云蒙藘也曹憲云白藘與苦藚大異恐非廣韵曰苦藘江東呼爲苦藚賈思勰引詩義疏云藘苦葵也靑州謂之芑从艸豦聲其呂切又魚切五部薇菜也見毛傳佀藿謂似豆葉也陸璣詩疏曰薇山菜也莖葉皆似小豆蔓生其味亦如小豆藿可作羹亦可生食今官園種之以供宗廟祭祀項安世曰薇今之野豌豆也蜀人謂之大巢菜按今四川人掐豌豆嫩梢食之謂之豌豆顚顚古之采於山者野生者也釋艸云垂水薇之俗名耳不當以生於水邊釋之从艸微聲無非切十五部𦵿籒文薇省蓶菜也齊民要術曰蓶菜音唯似烏韭而黃从艸唯聲以水切十五部菦菜類

蔪詩禮皆作芹小雅箋曰芹菜也可以爲菹魯頌箋曰芹水菜也釋艸及周禮注曰芹楚葵也按卽今人所食芹菜今說文各本於艾䔈二字之下又出芹字訓楚葵也从艸斤聲此恐不知蔪卽芹者妄用爾雅增之攷周禮音義曰芹說文作蔪則說文之有蔪無芹明矣且詩箋引周禮芹菹說文引周禮蔪菹豈得云二物也从艸近聲周禮音義引說文音謹唐韵巨巾切古在十三部部本艸作斳周禮有蔪菹見醢人蔪蓋周禮故書字

蘸菜也方言曰蘇沅湘之南或謂之䓞音車轄其小者謂之蘸菜許所說未必此也齊民要術以爲藏菹之蘸人丈切內則注菜蘸不从艸从艸釀聲玉篇引說文而丈切唐韵女亮切十部

莧莧菜也菜上莧字乃復寫隸字刪之僅存者也尋說文之例云芙菜葵菜蒩菜蘾菜薇菜蓶菜蔪菜蘸菜莧菜以釋篆文蕬者字形葵菜也者字義如水部河者字形河水也者字義若云此篆文是葵菜也此篆文是河水也槩以爲複字而刪之此不學之過周易音義引宋衷云莧莧菜也此可以證矣爾雅蕢赤莧郭注今人莧赤莖者按

芋　虎按方言于大也尚書大傳朱子注同檀弓于則于疏亦訓廣大凡于聲之字如訏盱字皆訓大笠之大者為竽張目大視為盱詩君子攸芋毛亦訓大是芋本有大義不必借吁嗟驚駭之義　又疑芋苹諸字皆兼象形

張文虎曰方言于大也尚書大傳朱子注同檀弓于則于疏亦訓廣大凡于聲之字如訏盱字皆訓大笠之大者為竽張目大視為盱詩君子攸芋毛亦訓大是芋本有大義不必借吁嗟驚駭之義　又疑芋苹諸字皆兼象形

人莧莧名从艸見聲侯澗切十四部芌大葉實根駭人故謂之芌也口部曰吁驚也毛傳曰訏大也凡于聲字多訓大芌之爲物葉大根實二者皆堪駭人故謂之芌其字从艸于聲也小雅君子攸芋毛傳芋大也謂居中以自光大箋云芋當作幠从艸亏聲王遇切五部莒齊謂芌爲莒所謂別國方言也借爲國名从艸呂聲居許切五部顏氏家訓云北人之音多以舉莒爲矩唯李季節云齊桓公與管仲於臺上謀伐莒東郭牙望桓公口開而不閉故知所言者莒也然則莒矩必不同呼此爲知音矣按廣韵莒矩雖分語麌然雙聲同呼顏氏云北人讀舉莒同矩者唐韵矩其呂切北人讀舉莒同之也李季節音譜讀舉莒居許切則與矩之其呂不同呼合於管子所云口開而不閉廣韵矩俱雨切非唐韵之舊矣又按孟子以遏徂莒毛詩作徂旅如莒從呂聲也本讀如呂是所以口開不閉不弟如李季節所云也蘧蘧麥也三字一句釋艸曰大菊蘧麥本艸謂之瞿麥一名巨句麥廣雅謂之紫萎一名麥句薑俗謂之洛陽

花一名石竹从艸遽聲彊魚切五部

𦵼 大菊逗蘧麥从艸匊聲居六切三部

葷 臭菜也謂有气之菜也士相見禮夜侍坐問夜膳葷請退可也注葷辛物葱薤之屬食之以止臥古文葷作薰玉藻膳於君有葷桃茢注葷薑及辛菜也葷或作焄按儀禮注謂葱薤之屬爲辛物郎禮記注所謂辛菜也禮記注先以薑者薑辛而不葷金辛之臭腥葱薤之屬皆辛而葷實與薑同類也葷古作薰或作焄者殠得名薰猶治曰亂祭義注焄謂香臭也从艸軍聲許云切十三部

蘘 蘘荷也三字句蘘荷見上林賦劉向九歎張衡南都賦潘岳閒居賦一名葍蒩史記子虛賦作猼且漢書作巴且王逸作蓴苴顏師古作蓴苴名醫別錄作覆葅皆字異音近景瑳大招則倒之曰苴蓴崔豹古今注曰似薑宜陰翳地師古曰根旁生筍可以爲葅又治蠱毒宗懍荊楚歲時記云仲冬以鹽藏蘘荷以備冬儲急就篇所云老菁蘘荷冬日藏也从艸襄聲汝羊切十部

菁 韭華也周禮菁菹先鄭曰菁菹韭華菹也今各本

脫華字則何以別於上文之韮菹乎廣雅曰韮其華謂之菁若南都賦曰秋韭冬菁則是二物史游所云老菁冬日藏也从艸青聲子盈切十一部

蘆　蘆菔也一曰薺根此字義別說謂薺根謂之蘆从艸盧聲落乎切五部

菔　蘆菔佀蕪菁實如小尗者今之蘿蔔也釋艸葖蘆萉郭云萉當爲菔蘆菔蕪菁屬紫花大根一名葖俗呼雹葖按實根駭人故呼突或加艸耳蕪菁卽蔓菁从艸服聲蒲北切一部

苹　蓱也無根浮水而生者小雅呦呦鹿鳴食野之苹傳曰苹蓱也釋草苹字兩出一曰蓱一曰藾蕭鄭箋以水中之艸非鹿所食易之曰苹藾蕭也於月令曰蓱萍也於周禮萍氏引爾雅萍蓱似分別苹爲水艸苹爲藾蕭鄭所據爾雅自作萍蓱而毛詩夏小正以苹爲萍皆屬叚借許君則苹蓱萍三字同物不謂苹爲叚借○李善注高唐賦引說文苹苹艸皃音平从艸平聲符兵切十一部

茞　艸也謂艸名从艸臣聲稹鄰切十二部

薲　大蓱也釋艸

曰苹蓱其大者蘋毛傳曰蘋大蓱也薲蘋古今字从艸賓聲符眞切十二部藍染青艸也小雅傳曰藍染艸也从艸監聲魯甘切八部藼令人忘憂之艸也見毛傳藼之言諼也諼忘也从艸憲聲況袁切十四部詩曰安得藼艸衞風文今詩作焉得諼草蕿或从煖煖聲此字小徐無張次立補可刪萱或从宣宣聲营营藭逗香艸也左傳作鞠窮賈逵云所以禦溼按今本左傳有山鞠窮乎山字注疏皆不釋疑衍或本作藭而譌爲二字从艸宮聲去弓切九部芎司馬相如說营从弓葢凡將篇如此作弓聲在六部古音讀如肱音轉入九部如躳字亦或弓聲藭营藭也从艸躳聲渠弓切九部营藭疊韵蘭香艸也易曰其臭如蘭左傳曰蘭有國香說者謂似澤蘭也从艸闌聲落干切十四部葌香艸也依衆經音義補二字出吳林山中山經曰吳林之山

其中多⿱艹姦草又云⿱艹姦山有⿱艹姦水出焉又云有艸其狀如⿱艹姦郭云⿱艹姦卽菅誤**从艸⿱艹姦聲**古顏切十四部

葰薑屬可㠯香口既夕禮實綏澤焉注綏廉薑澤澤蘭也皆取其香且禦溼按綏者葰之叚借字一名山辣今藥中三柰也吳都賦謂之薑彙**从艸俊聲**息遺切十五部

芄蘭逗**莞也**釋艸雚芄蘭此莞當爲雚說文莞與蘭蒲爲類芄蘭與香艸爲類劃分異處𢇍非一物或曰莞衍字鄭陸郭說芄蘭皆同許君以芄蘭列於香艸未審其意同否也**从艸丸聲**胡官切十四部**詩曰芄蘭之枝**說苑亦作枝今詩作支

楚謂之蘺晉謂之虈齊謂之茝此一物而方俗異名也茝本艸經謂之白芷茝芷同字𦣞聲止聲同在一部也內則曰佩帨茝蘭掌禹錫曰范子計然云白芷出齊郡王逸九思曰芳藹兮挫枯埤蒿曰薺茝一曰虈按屈原賦有茝有芷又有葯王注曰葯白芷也廣雅曰白芷其葉謂之葯說文無葯字囂聲約聲同在二部疑虈葯同字耳但又曰楚謂之蘺下郎系以蘺篆云江蘺蘪蕪

以茝江蘺蘼蕪爲一物殊不可曉離騷曰扈江離與辟芷兮非一物明矣从艸囂聲許驕切二部

蘺江蘺逗蘼蕪相如賦云芷若射干穹窮昌蒲江離蘼蕪又云被以江離糅以蘪蕪是各物明矣而說者云江蘺蘼蕪皆芎藭苗也有二種似藁本者爲江蘺似蛇牀而香者爲蘪蕪則芎藭江蘺蘪蕪爲一徐之才藥對亦云蘪蕪一名江蘺芎藭苗也而說文以蘪蕪釋江蘺且以江蘺即楚人謂茝者但楚謂茝爲蘺不云謂茝爲江蘺也蓋因釋艸有蘄茝蘪蕪之文而合之茝與蘄茝又未必一物也从艸離聲呂支切古音在十六部

茝虈也从艸𦣞聲昌改切一部

蘪蘪蕪也三字句蘪蕪雙聲从艸麋聲靡爲切古音在十五部

薰香艸也左傳曰一薰一蕕蜀都賦劉注曰葉曰蕙根曰薰張揖注上林賦曰蕙薰艸也陳藏器曰薰即是零陵香也郭注西山經曰蕙蘭屬也非薰葉从艸熏聲許云切十三部

𧅬水萹茿也謂萹茿之生於水者謂之𧅬也統言則曰萹茿析言則有水陸之異

萹筑也筑誤當作茿
从艸茿省聲茿誤當作筑

莓爲總名䓯其一種西覆盆亦莓類也何以不相次

異其名因異其字詩衞風綠竹猗猗音義曰竹韓詩作𧄼萹茿也石經亦作𧄼按石經者蓋漢一字石經魯詩也西京賦李注引韓詩綠䓯如簀玉篇曰䓯同𧄼 从艸水毒聲讀若督 徒沃切三部

萹 萹茿也 三字句釋艸云竹萹蓄按竹者釋毛詩衞風之竹也韓魯詩皆作𧄼毛詩獨叚借作竹爾雅與毛詩合茿蓄疊韵通用本艸經亦作萹蓄 从艸扁聲 方沔切十二部

茿 萹筑也从艸茿省聲 陟玉切三部按此不云巩聲而云筑省聲者以巩字工聲筑字竹亦聲也茿篆錯本在後菩下范上

藒 藒車 逗 芞輿也 各本無藒車二字今依韵會所引補藒芞車輿皆疊韵爾雅本或無車字不得以之改說文也離騷上林賦皆作揭車廣志曰黃葉白華 从艸楬聲 去謁切十五部玉篇作藒從木

芞 芞輿也 三字句 从艸气聲 去謁切十五部

莓 馬莓也 莓篆不廁於此則非山莓也 从艸母聲 母皋切古音在一部

茖 茖艸也 釋艸茖山葱按爾雅雖有此字然許

君果用爾雅何以不云山葱而云艸也凡所不知寧從蓋闕 从艸各聲 古額切古音在五部

苷 甘艸也 所謂藥中國老安和七十二種石一千二百種艸者也 从艸甘聲 此以形聲包會意古三切八部

芧 艸也 上林賦蔣芧青薠張揖曰芧三稜也郭樸音杼按三稜者蘇頌圖經所謂葉似莎艸極長莖三稜如削高五六尺莖端開花是也江蘇蘆灘中極多呼爲馬芧音同宁莖可繫物亦可辮之爲索南都賦藨芧薠莞李注引說文芧可以爲索蓋賦文本作芧文選上林賦亦作芧芧者芧之別字 从艸予聲 直呂切五部 可㠯爲繩

藎 艸也 蘇恭掌禹錫皆云俗名菉蓐艸爾雅所謂王芻詩淇澳之菉也按說文有藎又別有菉則許意藎非菉矣 从艸盡聲 徐刃切十二部大雅以爲進字

蒁 艸也 陳藏器本艸蓬莪茂句律切一名蓬莪二名蒁三名波殺徐鍇引之未知是否 从艸述聲 食聿切十五部

荵 荵冬艸 三字句名醫別錄作忍冬今之金銀藤也其花曰金銀花 从艸忍聲 而軫切十

二部

萇　萇楚逗銚弋見檜風釋艸毛傳一曰羊桃陸璣張揖皆曰羊桃也从艸長聲直良切十部

薊　芺也釋艸曰芺薊其實荂郭云芺似薊許以芺釋薊則爲一物而芺字又不類列於此未聞从艸魝聲古詣切十五部

堇　艸也下文之苗也本艸經曰羊蹄小雅謂之蓫蓫即苗字亦作蓄廣韵一屋堇許竹丑六二切羊蹄菜也从艸里聲讀若釐里之切一部按廣韵堇讀許竹丑六切者因堇蓄同物而誤讀堇同蓄也

藋　堇艸也依集韵類篇李仁甫本作堇廣雅堇謹書藋也名醫別錄蒴藋一名堇草一名芨按下藋文內有堇字云根如薺葉如細柳未知是一否○凡物有異名同實者釋艸曰芨堇艸陸德明謂即本艸之蒴藋按郭釋以烏頭烏頭名堇見國語而芨名無見陸說爲長鍇本堇作藋一曰拜商藋釋艸商作蔏說文言一曰者有二例一是兼採別說一是同物二名此一曰未詳何屬疑堇艸爲蒴藋拜商藋爲今之灰藋也灰藋似藜左傳斬之蓬蒿藜藋李燾本商作啻宋麻沙大徐本

亦作藋蓋許所據爾雅不同今本从艸翟聲徒弔切二部芨堇艸也見上从艸及聲讀若急居立切七部葥山莓也見釋艸从艸歬聲子賤切古音在十二部蓩毒艸也鉉鍇本篆皆作蓩從艸務聲鉉本蓩下又出務篆云卷耳也從艸務聲鍇本無蓩張次立依鉉補之攷後漢書劉聖公傳戰於蓩鄉注曰蓩音莫老反字林云毒艸也因以爲地名廣韵蓩毒艸武道切又地名據此則毒艸之字從力不從女明矣玉篇云蓩莫屋莫老二切毒艸也此顧野王原本而蓩下引說文卷耳也又出蓩字莫候切引說文毒艸也此孫強陳彭年輩據俗本說文增之今改正篆文作蓩毒艸也而刪蓩卷耳也之云卷耳果名蓩則當與苓卷耳也同處矣又按韵會引後漢書注作蓩鄉說文有蓩字云細艸叢生也从艸務聲古音在三部蓡人蓡逗藥艸句出上黨本艸經作人參从艸濅聲山林切七部虊鳧葵也後又云茆鳧葵也二字不同處者以小篆籀文別之也虊茆雙

葥　玉篇葥王蔧草可爲帚

務　虎拷務疑即蓩字

聲廣雅曰虋萯皃葵也按虋蕁古今字古作虋今作蕁作蒓 从艸孿聲 洛官切曹憲力船力眷二切十四部

莀艸也可㠯染畱黃 糸部綟下曰帛莀艸染色也畱黃辭賦家多作流黃皇侃禮記義疏作駠黃土剋水故中央駠黃色黃黑也漢諸侯王盭綬晉灼曰盭艸名出琅邪平昌縣似艾可染黃因以爲綬名玉裁按盭同音叚借字也漢制盭綬在紫綬之上其色黃而近綠故徐廣云似綠或云似紫綬名緺綬者非也緺紫青色與綟不同 从艸戾聲 郎計切十五部

荍蚍衃也 釋艸曰荍蚍衃毛傳曰荍芘芣也與說文皆字異音同陸璣曰一名荊葵似蕪菁華紫綠色可食微苦蚍衃音毗浮 从艸收聲 渠遙切古音在三部

⿱艹毗蒚也从艸毗聲 房脂切十五部

蒚艸也从艸禹聲 王矩切五部攷工記故書禹之以眡其匡先鄭讀爲萬鄭云萬蔞未詳何物

荑艸也 鍇本作荑夷聲鉉本作苐今鉉本篆體尚未全誤攷廣韵玉篇類篇皆本說文云苐艸也知集韵合苐荑爲一字之誤矣荑見詩茅之始

生也从艸弟聲杜兮切十五部

薛艸也子虛賦高燥生薛張揖曰薛賴蒿也按賴蒿蓋即藾蕭从艸辥聲私列切十五部

苦大苦逗苓也見邶風唐風毛傳釋艸苓作蘦孫炎注云今甘艸也按說文苷字解云甘艸矣倘甘艸又名大苦又名苓則何以不類列而割分異處乎且此云大苦苓也中隔百數十字又出蘦篆云大苦也此苓必改爲蘦而後畫一卽畫一之又何以不類列也攷周時音韵凡令聲皆在十二部今之眞臻先也凡霝聲皆在十一部今之庚耕淸靑也簡兮苓與榛人韵采苓苓與顚韵倘改作蘦則爲合音而非本韵然則釋艸作蘦不若毛詩爲善許君斷非於苦下襲毛詩於蘦下襲爾雅劃分兩處前後不相顧也後文蘦篆必淺人據爾雅妄增而此大苦苓也固不誤然則大苦卽卷耳與曰非也毛傳爾雅皆云卷耳苓耳說文苓篆下必當云苓耳逗卷耳也今本必淺人刪其苓耳字卷耳自名苓耳非名苓凡合二字爲名者不可刪其一字以同於他物如單云蘭非芄蘭單云葵非鳧葵是也此大苦斷非苓耳而苦篆苓篆不類廁又其證也然則大苦

何物曰沈括筆談云爾雅蘦大苦注云蔓延生葉似荷青莖赤此乃黃藥也其味極苦謂之大苦郭云甘草非也甘草枝葉全不同苦爲五味之一引伸爲勞苦 从艸古聲 康杜切五部

菩 艸也 周禮注犯軷以菩芻棘柏爲神主郭樸注穆天子傳云蓍今菩字按許書則菩蓍各物各字也 从艸咅聲 步乃切一部易豐其蔀鄭薛作菩云小席

蔐 蔐苢 本艸經艸部上品有薏苡人陶隱居云生交阯者子最大彼土人呼爲蘔音幹珠馬援大取將還人讒以爲珍珠也按蘔與蘱雙聲 从艸啇聲 於力切一部 一曰蔐英 未詳

茅 菅也 按統言則茅菅是一析言則菅與茅殊許菅茅互訓此從統言也陸璣曰菅似茅而滑澤無毛根下當作上五寸中有白粉者柔韌宜爲索漚乃尤善矣此析言也 从艸矛聲 莫交切古音在三部 可縮酒爲藉 各本無此五字依韵會所引補縮酒見左傳爲藉見周易此與蔆可以香口蒻可以爲苹席一例

菅 茅也 詩白華菅兮釋艸曰白華野菅毛傳足之曰巳漚爲菅按詩謂白華既漚

爲菅又以白茅收束之菅別於茅野菅又別於菅也从艸官聲古顏切十四部

蘄艸也釋艸蘄字四見不識許所指何物也从艸斳聲說文無斳字蘄當是從蕇斤聲如虫部蠲字當是從蜀益聲不立蕇部蜀部是以傳於艸虫二部而斳聲不可通或曰當有從單斤聲之斳字說文無單部因無斳字也陸德明曰蘄古芹字然說文有菦字則非一字也汪氏龍曰斳字蓋失收集韵渠希切古音當在十三部古鐘鼎欵識多借爲祈字江夏有蘄春縣見地理志縣各本作亭今正凡縣名系於郡亭名鄉名系於某郡某縣

莞艸也可㠯作席小雅下莞上簟箋云莞小蒲之席也司几筵蒲筵加莞席正義以莞加蒲麤者在下美者在上也列子老韭之爲莞殷敬順曰莞音官似蒲而圓今之爲席者是也楊承慶字統音關玉裁謂莞之言管也凡莖中空者曰管莞蓋卽今席子艸細莖圓而中空鄭謂之小蒲實非蒲也廣雅謂之葱蒲从艸完聲胡官切在十四部

藺莞屬可爲席依韵會所引補三字急就篇有藺席从艸

閵聲。艮刃切，十二部。蒢，黃蒢職也。釋艸：職，黃蒢。从艸除聲。直魚切，五部。按鍇本無蒢莞藺皆蒲屬故次之以蒲也鉉本有之依郭注藏似酸漿未審亦蒲屬否

蒲，水艸也。或㠯作席。周禮祭祀席有蒲筵。从艸浦聲。此當云從艸水甫聲，薄胡切，五部。

蒻，蒲子。句。可㠯爲平席。蒲子者蒲之少者也凡物之少小者謂之子或謂之女周書蔑席苜部曰纖蒻席也馬融同王肅曰纖蒻苹席也某氏尚書傳曰底席蒻苹也鄭注閒傳曰苄今之蒲苹也釋名曰蒲苹以蒲作之其體平也苹者席安隱之偁此用蒲之少者爲之較蒲席爲細攻工記注曰今人謂蒲本在水中者爲弱弱即蒻蒻必媆故蒲子謂之蒻非謂取水中之本爲席也。世謂蒲蒻。太平御覽有此四字。从艸弱聲。而灼切，二部。

⿱艹深，深蒲。逗。各本脫深字今補。蒻之類也。此釋周禮也加豆之實深蒲醢醢先鄭曰深蒲蒲蒻入水深故曰深蒲鄭曰深蒲蒲始生水中子是則深蒲即蒲蒻在水中者許君以蒲子別於蒲以蒻之類別於蒻謂

蒲有三種似二鄭說爲長从艸𣽡聲此當云从艸水突聲式箴切七部此字蓋出故書蓷隹也隹各本作萑誤今正王風中谷有蓷釋艸萑蓷毛傳曰蓷鵻蓋爾雅本作隹與毛傳鵻字同後人輒加卄頭耳葵亦一名鵻皆謂其色似夫不也陸機云舊說及魏周元明皆云菴閭韓詩及三蒼說苑云益母本艸云益母茺蔚也劉歆云蓷臭穢艸名臭穢即茺蔚也按臭茺雙聲穢蔚疊韵李郭注爾雅亦云茺蔚未知許意何屬从艸推聲他回切十五部詩曰中谷有蓷按鉉本此下有萑篆萑訓艸多皃則錯本在茸葏二篆閒是也鉉乃移而類居之必萑訓蓷也則可矣茥缺盆也見釋艸郭云覆盆也實可食从艸圭聲苦圭切古音在十六部莙牛藻也見釋艸按藻之大者曰牛藻凡艸類之大者多曰牛曰馬郭云江東呼馬藻矣陸機云藻二種一種葉如雞蘇莖大如箸長四五尺一種莖大如釵股葉如蓬謂之聚藻扶風人謂之藻聚爲發聲也牛藻當是葉如雞蘇者但析言則有別統言則皆謂之藻亦皆謂之莙顏氏家訓云莙

艸細葉蓬茸水中一節長數寸細茸如絲圜繞可愛東宮舊事所云六色罽緩者凡小緌五色絲橫著線股開繞之以象著艸用以飾物卽名爲著於時當縛六色罽作此著以飾緄帶張敞因造糸旁畏耳據此則莙如叙股者亦謂之著也**从艸君聲讀若威**渠殞切十三部按君聲而讀若威此由十三部轉入十五部張敞之威變爲緩緩音隈說文音隱之音塢瑰反字林音亦音巨畏反皆是也唐韵渠殞切則不違本部地有南北時有古今語言不同之故竊疑左傳薀藻卽著字薀與藻爲二猶筐與筥錡與釜皆爲二也

⿱艹睆　夫離也見釋艸⿱艹睆釋艸亦作莞夫作苻**从艸睆聲**胡官切十四部

蒚　夫離上也見釋艸**从艸鬲聲**力的切十六部按前既有莞艸可以作席之文復出蘺字則爾雅蘺苻蘺非可以作席之莞也

苢　芣苢逗**一名馬舄其實如李令人宜子**釋艸芣苢馬舄馬舄車前說文凡云一名者皆後人所改竄爾雅音義引作芣苢馬舄也可證其實如李徐鍇謂其子亦似李但微而小耳按韵會所引

一篇下　五

李作麥似近之但未知其何本陸德明徐鍇所據已作李矣令人宜子陸機所謂治婦人產難也 **从艸㠯聲** 羊止切一部 **周書所說** 示部曰逸周書此不言逸或詳或略錯見也王會篇曰康民以桴苡桴苡者其實如李食之宜子詩音義云山海經及周書皆云芣苡木也今山海經無芣苡之文若周書正文未嘗言桴苡為木陶隱居又云韓詩言芣苡是木食其實宜子孫此蓋誤以說周書者語系之韓詩德明引韓詩直曰車前瞿曰芣苡李善引薛君曰芣苡澤瀉也韓詩何嘗說是木哉竊謂古者殊方之貢獻自出其珍異以將其誠不必知中國所無而後獻之然則芣苢無二不必致疑於許偁周書也

蕁 苋藩也 今本篆文無彡誤苋當是本作尤俗加艸本艸作沈直林切燔說爾雅者謂即今之知母 **从艸尋聲** 尋各本作蕁誤徙南切古音在七部

蕁或从爻

⿱艹毄 艸也从艸毄聲 古歷切十六部

蓲 烏蓲 逗二字依爾雅音義補 **艸也** 廣韵曰烏蓲艸名本說文郭注爾雅菼薍云江東呼為烏蓲音丘許不與蒹薍剡薕

四字類廁則許意不同郭也 从艸區聲 去鳩切古音在四部 ⿱艹固 艸也从艸固聲 古慕切五部 ⿱艹榦 艸也从艸榦聲 古案切十四部 藷 藷蔗也 三字句或作諸蔗或都蔗藷蔗二字疊韵也或作竿蔗或干蔗象其形也或作甘蔗謂其味也或作邯賭服虔通俗文曰荆州竿蔗 从艸諸聲 章魚切五部 蔗 藷蔗也从艸庶聲 之夜切古音在三部 蘻 牂蘻 逗 可吕作縻綆 縻牛轡也綆汲井綆也 从艸毄聲 女庚切古音在十部牂蘻疊韵 藸 艸也从艸豬聲 直魚切五部鉉本移此字於𦺸篆下以莖藸二字當類列而不知許意單呼藸者別是一物也 ⿱艹賜 艸也从艸賜聲 斯義切十六部 ⿱艹中 艸也从艸中聲 陟宮切九部 萯 王萯也 夏小正四月王萯秀月令四月王瓜生注云今月令云王萯秀豳風四月秀葽箋疑葽即王萯管子地員有萯有大萯細萯 从艸負聲 房九切古音在一部 芺

艸也味苦江南食之㠯下气名醫別錄云苦芺主黍瘡不云可下氣漢人謂豫章長沙爲江南从艸夭聲烏浩切二部䓘艸也从艸弦聲胡田切十二部⿱艹圞艸也从艸圞聲于救切古音在一部圞籒文囿莩艸也从艸孚聲芳無切古音在三部⿱艹寅菟瓜也見釋艸从艸寅聲翼眞切十二部荓馬帚也見釋艸夏小正七月荓秀荓也者馬帚也廣雅曰馬帚屈馬荓也从艸幷聲薄經切十一部詩大雅荓云使也蕕水邊艸也漢書子虛賦音義曰軒于蕕艸也生水中楊州有之釋艸莤蔓于莤即蕕蔓于即軒于从艸猶聲以周切三部荌艸也从艸安聲烏旰切十四部藄土夫也各本作綦月爾也今依爾雅音義改今本釋艸芏夫王郭云芏艸生海邊綦月爾郭云紫綦也似蕨可食陸德明曰綦字亦作藄紫藄菜也說文云藄土夫也其所據說文必與爾雅殊異而傳之不則何

容偁也今本說文恐是據爾雅郭本郭注改者但許君爾雅之讀今不可知矣从艸綦聲渠之切一部

莃菟葵也見釋艸从艸希聲香衣切十五部蕍灌渝今釋艸葭蘆菼薍其萌虇郭云今江東呼蘆筍爲虇音繾綣下文蕍芛葟華榮郭別爲一條許君所據爾雅蕍灌渝句字皆與今本大乖今不可得其讀矣从艸夢聲讀若萌古音在六部而讀若萌者轉入十部也今莫中切

蕧盜庚也見釋艸从艸復聲房六切三部苓苓耳逗二字各本脫今補說見苦字下卷耳艸艸字各本作也今依韵會所引釋艸毛傳皆曰卷耳苓耳也从艸令聲郎丁切古音在十二部

蘔艸也从艸贛聲古送切又古禫切古音在七八部轉入九部一曰薏苢本艸曰一名贛音感郎此字陶隱居云交阯實大者名薢珠薢與贛雙聲字也

藑藑茅逗各本無藑字此淺人不知其不可刪而刪之如巂周燕也今本刪巂字其誤正同今補葍也釋艸曰葍

藑茅一名舜 舜字下曰楚謂之葍秦謂之藑是也今本作一名蕣是以木堇爲藑矣 从艸夐聲 渠營切古音在十四部

蕌 葍也从艸富聲 方布切古音在一部布字依宋刻

葍 蕌也 見釋艸郭云大葉白華根如指正白可啖按邶風箋云葑菲二菜蔓菁與葍之類也皆上下可食此根可啖之證也郭又云葍華有赤者爲藑藑葍一種耳亦猶菱苕華黃白異名陸機云葍有兩種一種莖葉細而香一種莖赤有臭氣按毛公云葍惡菜殆因有臭氣與 从艸畐聲 方六切古音在一部

蓨 苗也 釋艸曰苗蓨也管子黑埴其草宜苹蓨按苹蓨二艸名 从艸脩聲 徒聊切又湯彫切古三部按小徐本無蓨

苖 蓨也 按小徐本苖字在後蒂下荼上 从艸由聲 徒歷切又池六切三部

蕩 艸也 也字各本無今補按說文凡艸名篆文之下皆複舉篆文某字曰某艸也如葵篆下必云葵菜也蘁篆下必云蘁艸也篆文者其形說解者其義以義釋形故說文爲小學家言形之書也淺人不知則盡以爲贅而刪之不知葵

蕌 宋刻方布切韻譜同類皆誤也玉篇甫又切廣韻方副切爾雅釋文音富小徐方溜切皆入二十一宥無讀入暮韻者段氏獨欲從宋刻何與

菜也藎艸也河水也江水也皆三字句首字不逗今雖未復其舊爲舉其例於此此蒻篆之下本云蒻艸也各本既刪蒻字又去也字則蒻篆不爲艸名似爲凡枝枝相值葉葉相當之偁矣玉篇蒻下引說文謂即遂蒻馬尾蔏陸也蔏同蒻攷本艸經曰商陸一名蒻句根一名夜呼陶隱居曰其花名蒻是則絫呼曰遂蒻單呼曰蒻或謂其花蒻或謂其莖葉蒻也

枝枝相值葉葉相當。从艸易聲。褚羊切十部

䕨　嬰薁也。嬰錯本作蘡俗加艸頭耳豳風六月食鬱及薁傳曰鬱棣屬薁蘡薁也正義曰劉稹毛詩義問云鬱樹高五六尺其實大如李本艸鬱一名棣則與棣相類蘡薁亦是鬱類晉宮閣銘車下李三百一十四株車下李即鬱也薁李一株薁李即薁也二者相類而同時熟玉裁按說文李棣皆在木部薁在艸部毛公但云鬱棣屬未嘗云薁鬱屬廣雅釋艸燕薁蘡舌也釋木云山李雀李二字今正未知是否鬱也然則薁之非木實明矣晉宮閣銘所謂車下李薁李皆非毛許之嬰薁也齊民要術引詩義疏曰櫻薁實大如龍眼黑色今車鞅藤實是按賈氏凡引詩艸木蟲魚疏

皆謂之詩義疏陸璣本有釋薁云云今本脫之耳魏王花木志引詩疏亦同 从艸奥聲 於六切三部

葴 馬藍也 見釋艸郭云今大葉冬藍也釋艸又云葴寒漿郭云今酸漿艸江東呼曰苦葴子虛賦葴析苞荔張揖釋以馬藍郭樸云葴酸漿江東名烏葴 从艸咸聲 職深切七部

蓾 艸也 可㠯束 从艸魯聲 郎古切五部 蓾 蓾或从鹵 釋艸云蓾蘆郭云作履苴艸按說文云苴履中艸謂以艸襯履底曰苴賈子曰冠雖敝不以苴履是也許云可用束郭云可苴履大約是一物

蒯 艸也 左傳引詩曰雖有絲麻無棄菅蒯李善引聲類曰蒯艸中爲索苦怪切史記馮驩有一劒蒯緱裴駰曰蒯茅之類可爲繩其劒把無物可裝以小繩纏之也 从艸𠭥聲 按說文無𠭥字而爾雅有之釋詁曰𠭥息也音義曰𠭥苦怪反又墟季反字林以爲喟丘懷反孫本作快郭又作喟按𠭥字今不可得其左旁所從何等字之本訓何屬但其古音在十五部甚明說文聲𠭥皆以爲聲而聲字亦作聵𦽵字遝詩與萃匱爲韻皆在十五部也不

知何時蔽改作蒯從朋從刀殊不可曉葢本扶風郿鄉之字誤郿讀若陪在第一部第六部與十五部相隔絕遠而誤其形作蒯且用爲蔽字不可從也玉篇引無棄菅蔽不作蒯苦怪切

蔞艸也可目亨魚召南言刈其蔞陸璣云蔞蔞蒿也爾雅購蔏蔞郭云蔞蒿也江東用羹魚楚辭曰吳酸蒿蔞按蔞蒿俗語耳古祇呼蔞釋艸古讀或於購蔏句絕从艸婁聲力朱切古音在四部

藟艸也詩七言葛藟陸璣云藟一名巨荒似燕薁亦延蔓生葉如艾白色其子赤可食酢而不美幽州謂之推藟開寶本艸及圖經皆謂即千歲虆也按凡藤者謂之藟系之艸則有藟字系之木則有虆字其實一也戴先生詩補注說葛藟猶言葛藤爾雅山櫐虎櫐山海經卑一作畢山多櫐古本從木皆是也然鄭君周南箋云葛也藟也分爲二物與許合葛與藟皆藤生故詩多類舉之左氏亦云葛藟猶能庇其本根藤古祇作縢謂可用緘縢也山海經傳曰櫐一名縢从艸畾聲力軌切十五部詩曰莫莫葛藟大雅旱麓文一曰秬鬯也此字義別說秬鬯之酒

鬱而後𩰪凡字從畾聲者皆有鬱積之意是以神名鬱壘上林賦云隱轔鬱𨻳秬𩰪得名藟者義在乎是其字從艸者蘽芳艸爲之也

蘽 棘蒬也 見釋艸本艸經云遠志一名棘蒬一名葽繞一名細艸 从艸冤聲 於元切十四部

茈 茈艸也 三字句茈字僅得免刪可以證蔽下必云蔽艸也藟下必云藟艸也皆淺人刪之周禮注云染艸茅蒐橐盧豕首紫茢之屬按紫茢卽紫莀也紫莀卽茈艸也廣雅云茈莀茈草也古列戾同音茈紫同音本艸經云紫草一名紫丹一名紫芙陶隱居云卽是今染紫者說文云莀艸可以染畱黃謂之紫莀者以染紫之莀別於染騩黃之莀也西山經曰勞山多茈艸司馬彪注上林賦曰茈薑紫色之薑郭注南山經曰茈鸁紫色鸁故知古紫茈通用 从艸此聲 將此切古音在十五部轉入十六部

藐 茈艸也 見釋艸 从艸䫉聲 莫覺切古音在二部古多借用爲眇字如說大人則藐之及凡言藐藐者皆是

萴 烏喙也 廣雅蘔奚毒附子也一歲爲萴子二歲爲烏喙三歲爲附子四歲爲烏頭五歲爲天雄按

本艸經有附子烏頭天雄三條云烏頭一名奚毒一名即子一名烏喙即子即萴子猶鰂鯽一字也名醫別錄又沾側子一條誤矣从艸則聲阻力切一部按茈蘋蒐茜等字皆染艸也乃中隔以萴字恐後人妄移

蒐　茅蒐逗茹藘藘音閭鉉本作藘鄭風茹藘在阪釋艸毛傳皆云茹藘茅蒐也陸璣云茹藘茅蒐蒨艸也一名地血齊人謂之茜徐州人謂之牛蔓今圖人或作畦種蒔故貨殖傳云巵茜千石亦比千乘之家按本艸經有茜根蜀本圖經蘇頌圖經言其狀甚悉徐廣注史記云茜一名紅藍其花染繒赤黃此即今之紅花張騫得諸西域者非茜也陳藏器云茜與蘘荷皆周禮攻蠱嘉艸之冣人血所生可㠯染絳云人血所生者釋此字所以從鬼也从艸鬼會意所鳩切三部茅古音矛茅蒐茹藘皆疊韵也經傳多以爲春獵字

茜　茅蒐也从艸西聲倉見切古音在十三部蒨即茜字也古音當在十一部其音變適同耳

蕼　赤蕼也从艸肆聲息利切十五部

薜　牡贊也見釋艸从

艸辟聲蒲計切古音在十六部 芒 杜榮也見釋艸郭云今芒艸也似茅皮可以爲繩索履屩也按太平御覽引襍字解詁芒杜榮而芒譌作芸 从艸忘聲武方切十部 苞 艸也曲禮苞屨不入公門注苞藨也齊衰藨蔽之菲也子虛賦葴析苞茘張揖曰苞藨也玉裁按當是藨是正字苞是叚借故喪服作藨蔽之菲曲禮作苞屨南都賦說艸有藨郎子虛之苞也斯干生民傳曰苞本也此苞字之本義凡詩云苞櫟苞棣書云艸木蔪苞者皆此字叚借爲包裹凡詩言白茅苞之書言厥苞橘柚禮言苞苴易言苞蒙苞荒苞承苞羞苞桑苞瓜春秋傳言苞茅不入皆用此字近時經典凡訓包裹者皆徑改爲包字郭忠恕之說誤之也許君立文當云苞本也從艸包聲若不謂爲叚借則當云苞藨也下文卽云藨蔽屬使讀者知曲禮之苞卽喪服之藨蔽艸木既難多識文字古今屢變雖曰至精豈能無誤善學古者不泥於古可也 南陽㠯爲麤履麤各本不從艸誤麤艸履也見後 从艸包聲布交切古音在三部按曲禮音義曰苞白表反爲欲讀同藨耳

艾 冰臺也見釋艸張華博物志曰削冰令圓舉以向日以艾於後承其影則得火从艸乂聲五蓋切十五部古多借爲乂字治也又訓養也

蔁 艸也玉篇曰蔁柳根即蔏陸也此非許意从艸章聲諸良切十部

芹 楚葵也从艸斤聲詳遊字下巨巾切古音在十三部

薽 豕首也釋艸曰茢薽豕首許無茢字者攷太平御覽引爾雅黃土瓜孫炎曰一名列也按叔然以茢上屬許君讀蓋與孫同鄭注周禮豕首爲染艸之屬呂氏春秋曰豨首生而麥無葉本艸經曰天名精一名豕首从艸甄聲側鄰切古音在十三部

蔦 寄生艸也艸字各本脫依毛詩音義及韵會補小雅傳曰蔦寄生也陸璣曰蔦一名寄生葉似當盧子如覆盆子本艸經桑上寄生一名寓木一名宛童按寓木宛童見釋木从艸毛陸皆曰寄生耳許獨云寄生艸者爲其字之從艸也鳥聲詩音義云說文音弔唐韵都了切二部詩曰蔦與女蘿小雅頍弁文

樢 蔦或從木艸屬故從艸寓木故

從木廣雅釋木作鴇字

芸艸也佀目宿夏小正正月采芸爲廟采也二月榮芸月令仲冬芸始生注芸香艸高注淮南呂覽皆曰芸芸蒿菜名也呂覽曰菜之美者陽華之芸注芸芳菜也賈思勰引倉頡解詁曰芸蒿似斜蒿可食沈括曰今謂之七里香者是也葉類豌豆其葉極芬香古人用以藏書辟蠹採置席下能去蚤蝨从艸云聲王分切十三部淮南王說芸艸可㠯死復生淮南王劉安也可以死復生謂可以使死者復生蓋出萬畢術鴻寶等書今失其傳矣

蔱艸也从艸㪚聲麤最切十五部

葎艸也唐本艸曰葛葎蔓宋本艸曰葛勒蔓似葛有刺从艸律聲呂戌切十五部

茦莿也茦刺見釋艸刺不從艸方言曰凡艸木刺人北燕朝鮮之閒謂之茦或謂之壯朿艸芒曰茦因木芒之字爲義與聲也但許君上下文皆係艸名不當泛釋凡艸之刺或因上文葎艸有刺聯及之或自有艸名茦一名莿與方言異義未可定也从艸朿聲楚革切古音在十六部

䔢苦蔞

逗 **果蠃也** 果蠃宋鈔本作果菰依鍇本與詩合豳風果蠃之實亦施于宇釋艸曰果蠃之實栝樓也毛傳同李巡曰栝樓子名也本艸經栝樓一名地樓玉裁按若果蔞蠃皆雙聲藤生蔓於木故今爾雅本艸字從木艸屬也故說文字從艸 **从艸昏聲** 古活切十五部

葑 須從也 邶風采葑采菲毛傳曰葑須也釋艸曰須逗葑蓯說文曰葑須從也三家互異而皆不誤葑須爲雙聲葑從爲疊韵單評之爲葑絫評之爲葑從單評之爲須絫評之爲須從語言之不同也或許所據爾雅與今本異矣坊記注云葑蔓菁也陳宋之閒謂之葑方言云蘴蕘蕪菁也陳楚之郊謂之蘴郭注蘴舊音蜂今江東音嵩字作菘也玉裁按蘴菘皆卽葑字音讀稍異耳須從正切菘字陸佃嚴粲羅願皆言在南爲菘在北爲蕪菁蔓菁若菰葑讀去聲別是一物 **从艸封聲** 府容切九部

薺 蒺黎也 今詩鄘風小雅皆作茨釋艸傳箋皆曰茨蒺藜也易曰據于蒺藜陶隱居曰子有刺軍家鑄鐵作之以布敵路亦呼蒺藜 **从艸齊聲** 疾咨切十五部 **詩曰牆有薺**

段云葑須雙聲誤須從同聲可云雙聲葑須則有層遞之别不得云雙聲

茦也按方言祇作刺卽從艸亦當與茦篆相屬恐後人增之从艸刺聲七賜切十六部

蕫鼎蕫也釋艸曰蘱鼒蕫郭云似蒲而細按說文無蘱字者葢許所據祇作類从艸童聲多動切九部亦作董古童重通用或用爲童蓈字誤杜林曰藕根漢志有杜林倉頡訓纂一篇杜林倉頡故一篇此葢二篇中語藕當從後文作蕅蕅根猶荷根也郭樸曰北方人以藕爲荷用根爲母號也然則杜林謂蕅爲蕫

蘻狗毒也見釋艸樊光云俗語苦如蘻从艸繫聲古詣切十六部

蓃艸也釋艸曰蔜蓃蘡未知許斷句如此否从艸蓃聲蘇老切古音在三部說文無蔜字者葢所據祇作敖

芐地黃也見釋艸本艸經謂之乾地黃从艸下聲侯古切五部禮記本依宋及韵會補記字按下文公食大夫禮記文鉶毛牛藿羊芐豕薇是今儀禮毛作芼與許所據不同今儀禮曰羊苦注苦苦荼也今文苦爲芐然則許從今文鄭從古文也士虞禮特牲饋食禮二記鉶芼用苦若

薇注皆云今文苦爲芐特牲又正之曰芐乃地黃非也

蘞　白蘞也　本艸經作白斂　从艸僉聲　良冉切七部

蘞　蘞或从斂　唐風蘞蔓于野陸璣云似栝樓葉盛而細其子正黑如燕薁不可食陸疏廣要曰本艸蘞有赤白黑三種疑此是黑蘞也

菳　黃菳也　本艸經廣雅皆作黃芩今藥中黃芩也　从艸金聲　巨今切七部

芩　艸也　小雅呦呦鹿鳴食野之芩傳曰芩艸也陸璣云芩艸莖如釵股葉如竹蔓生澤中下地鹹處爲艸眞實牛馬皆喜食之按如陸說則非黃芩藥也許君黃菳字從金聲詩野芩字從今聲截然分別他書亂之非也毛詩音義引說文云蒿也以別於毛公之艸也甚爲可據但訓蒿則與弟二章不別且說文當以芩與蒿篆類廁恐是一本作蒿屬釋文也字或屬字之誤又按集韵類篇皆曰䓫蘞芩三字同魚音切菜名似蒜生水中攷字林齊民要術皆云䓫似蒜生水中此則別是一物　从艸今聲　巨今切七部　詩曰食野之芩

藨　鹿藿也　前蔨篆訓鹿藿之實此藨訓鹿藿則當類處徐

鍇曰釋艸藨鹿藿麃麃二者各物疑字形之誤以藨麃爲鹿藿也玉裁按蓋麃誤爲鹿後人因妄增藿字耳 从艸麃聲讀若剽平表切二部 一曰蔽之屬南都賦其艸則藨苧蘋莞

虉 綬艸也艸字依韵會補陳風邛有旨鷊傳曰鷊綬艸也釋艸曰虉綬按廣韵曰可爲席或作蔍苞毛詩作鷊叚借字也今爾雅作虉與說文作虉不同者鷊鶪同在十六部也陸璣曰鷊五色作綬文故曰綬艸 从艸鶪聲五狄切十六部 詩曰邛有旨虉

蔆 芰也周禮加籩之實有蔆注蔆芰也子虛賦應劭注同 从艸淩聲力膺切六部 楚謂之芰楚語屈到嗜芰韋曰芰蔆也 秦謂之薢茩釋艸曰薢茩芵光郭云芵明也或曰蔆也關西謂之薢茩按景純兩解後解與說文字林合釋艸又曰蔆蕨攈孫炎居郡反郭云今水中芰按蕨攈芵光皆雙聲爾雅薢茩芵光或可以決明子釋之不嫌異物同名也而說文之芰薢茩郎今蔆角本無疑義不知徐鍇何以淆惑

𦶜 司馬相如說蔆

从遴此當是凡將篇中字藝文志曰史游作急就篇李長作元尙篇皆倉頡中正字也司馬相如凡將篇則頗有出矣據是則倉頡篇正字作蔆凡將别作遴營芎同此蔆聲古音在六部遴聲古音在十二部而合之者以雙聲合之也今史漢文選子虛賦祇作蔆華

芰蔆也是謂轉注从艸支聲奇寄切十六部

茤杜林說芰从多此蓋倉頡訓纂倉頡故二篇中語支聲在十六部多聲在十七部二部合音取近古弟十七部中字多轉入弟十六部

薢薢茩也不云蔆也者已見上矣王注離騷曰芰蔆也秦人曰薢茩按薢與芰同在十六部徐言之則云薢茩从艸解聲胡買切十六部

茩薢茩也从艸后聲蔆以角得名蔆之言棱也茩之言角也茩角雙聲同在第三部唐韻胡口切薢茩雙聲

芡雞頭也周禮加籩之實有芡注同此方言茯芡雞頭也北燕謂之茯青徐淮泗之閒謂之芡南楚江湘之閒謂之雞頭或謂之鴈頭或謂之烏頭从艸欠聲巨險切古音在八部

蘜日精也

日秋華。以各本作似今依宋本及韵會正本艸經菊花一名節花又曰一名日精按一名節花卽許所謂以秋華也一名日精與許合夏小正九月榮鞠鞠艸也鞠榮而樹麥時之急也月令鞠有黃華離騷夕餐秋菊之落英字或作菊或作鞠以說文繩之皆叚借也釋艸蘜治蘠郭云今之秋華菊郭意蘜菊爲古今字玉裁謂許君剖析菊爲大菊蘧麥蘜爲治蘠蘜爲日精分廁三所又恐學者以其同音易溷也著之曰以秋華言此蘜字乃小正月令之布華元月者也然則許意治蘠別是一物種類甚殊如大菊之非蘜郭注爾雅與許全乖攷郭氏所注小學三書今存者二有時涉及字林而絕未嘗偁用說文也本艸經名醫別錄秋華有九名而無治蘠則治蘠之非秋華亦略可見**从艸𥻨省聲**。居六切三部

蓻　蘜或省。按米部𥻨从米𥷚省聲省竹則爲蓻又省米則爲蓻卽夲部之𥻨之省聲也

蘥　爵麥也。見釋艸爵當依今釋艸作雀許君從所據耳郭云卽燕麥也生故墟野林下苗實俱似麥或云爵麥卽𥝉麥誤也招䰟七發皆云𥝉麥𥝉卽穛字之異者古爵焦聲同在

弟二部許云𪏰早取穀也招魂王注云擇麥中先熟者也義正同 从艸侖聲 以勻切二部

蓛 牡茅也 見釋艸此當與菅茅二篆類廁而不爾者葢其種類殊也 从艸遬聲 桑谷切三部

遬 籒文速 凡速聲字皆從速則牡茅字作蓛可矣而小篆偶從遬與他速聲字不畫一故箸之序曰小篆取史籒大篆或頗省改遬者大篆文應省改而不省改者也

䒤 茅秀也 廣雅曰蕛䒤茅穗也蕛卽荼字之變周禮儀禮注鄭風箋吳語注皆云荼茅秀當是荼爲茅之秀䒤爲蓛之秀統言之則曰茅秀而已其色正白 从艸松聲 息夷切十五部

蒹 雚之未秀者 蒙上茅秀而及雚之秀與未秀也凡經言雚葦言蒹葭言葭菼皆竝舉二物蒹菼雚一也今人所謂荻也葭葦一也今人所謂蘆也雚一名薍一名雖一名蒹葦一名華釋艸曰葭華蒹薕每二字爲一物又曰葭蘆菼薍亦每二字爲一物葭蘆卽葭華也菼薍卽蒹薕也夏小正傳毛公許君說皆同此舍人李巡樊光則云蘆薍爲一艸陸璣郭樸則又蒹葭菼爲三矣夏小正七月秀雚葦傳

曰未秀則不爲萑葦秀然後爲萑葦又曰萑未秀爲菼葦未秀爲蘆按已秀曰萑未秀則曰蒹曰薍曰菼也於此不列萑篆者以小篆大篆隔之也 从艸兼聲 古恬切七部 薍 菿也从艸亂聲 五患切十四部 八月薍爲萑葭爲葦 各本脫萑葭爲三字今補正按此正申明未秀爲菿既秀爲萑之恉八月秀之時也言葭爲葦者類言之也豳詩八月萑葦傳云薍爲萑葭爲葦謂至是月而薍秀爲萑葭秀爲葦矣許正用毛語 䓀 萑之初生一曰薍一曰鵻 鵻各本作騅今依爾雅兩一曰謂菿之一名也釋言云菼鵻也菼薍也王風傳云菼鵻也蘆之初生者也箋云菼薍也按毛釋爲鵻恐其與萑無別也故又申之曰蘆之初生者也菼別於蘆析言之也統言之則菼亦偁蘆鄭恐萑葦無別也故又申之曰薍也菿與鵻皆言其青色薍言其形細莖穊密許云萑之初生亦以正毛也 从艸剡聲 土敢切八部 菼 菿或从炎 經典皆作此字 蘼 蒹也 二字疊韵 从艸廉聲 力鹽切七部 蘋 青

茚　鄦注云廣雅茿卬昌陽菖蒲也卬与茚同　張云爾雅卬台予我也台陽予也疑古卬陽聲相近故昌陽又爲茚葃

薠句　佀莎而大者　而大二字依韵會所引補子虛賦薛莎青薠張揖曰青薠似莎而大生江湖鴈所食按高注淮南曰薠狀如葴與張說不同楚辭有白薠殆與青薠一種色少異耳　从艸煩聲　附袁切十四部

茚　茚䓞　逗二字各本脫今依全書通例補之　昌蒲也　周禮朝事之豆實有昌本注昌本昌蒲根切之四寸爲菹左氏謂之昌歜本艸經菖蒲一名昌陽按或單呼曰昌或曰蕘非或曰茎或曰蓀茚䓞之名今未見所出　从艸卬聲　五剛切十部　益州云　本艸經曰生上洛池澤及蜀郡嚴道云毛扆改生

䓞　茚䓞也　从艸邪聲　以遮切古音在五部

芀　葦華也　釋艸曰葦醜芀顏注漢書云蒹錐者是也取其脫穎秀出故曰芀方言錐謂之鍣　音苕　因此凡言芀秀者多借苕字爲之韓詩葦萬字作萬釋艸蘱薞茶猋藨芀皆謂艸之秀豳風傳曰茶萑苕也夏小正傳曰茶萑葦之秀是與茅秀同名茶矣葦華大於藋華故蕵一名華　从艸刀聲　徒聊切二部

茢　芀也　檀弓君臨臣喪以巫祝桃茢執戈注

莿雚茗可埽不祥玉藻膳於君有葷桃莿注莿菼帚也按許云葦鄭云雚菼者此統言不別也芀帚花退用穎爲之芀一名莿故从艸列聲良辥切十五部

菡 菡蔄也从艸圅聲胡感切八部

蔄 菡蔄逗扶渠華句絶扶渠各本作芙蓉誤今從釋元應所引許意扶渠爲華葉莖實本根之總名爾雅說此艸以夫渠建首毛公亦曰荷扶渠也其華菡萏扶渠一作夫渠今爾雅作芙蕖俗字也未發爲菡蔄已發爲夫容此就華析言之也陳風有蒲菡萏爾雅毛傳皆曰其華菡萏此統言之不論其未發已發也屈原宋玉言芙蓉不言菡萏亦猶是也許意菡之言含也夫之言敷也故分別之高誘曰其華曰夫容其秀曰菡萏與許意合華與秀散文則同對文則別夫容今本作芙蓉俗字也从艸閻聲徒感切八部

蓮 扶渠之實也陳風有蒲與蕑箋云蕑當作蓮蓮夫渠實也鄭意欲合三章爲一物耳本艸經謂之藕實一名水芝丹从艸連聲洛賢切古音在十四部

茄 扶渠莖

謂華與葉之莖皆名茄也茄之言柯也古與荷通用陳風有蒲與荷鄭箋夫渠之莖曰荷樊光注爾雅引詩有蒲與茄屈原曰製芰荷以爲衣襲芙蓉以爲裳楊雄則曰衿芰茄之綠衣被芙蓉之朱裳漢樂府鷺何食食茄下亦謂葉下　**从艸加聲**　古牙切十七部

荷　**扶渠葉**　今爾雅曰其葉蕸音義云衆家無此句惟郭有就郭本中或復無此句亦竝闕讀玉裁按無者是也高注淮南云荷夫渠也其莖曰茄其本曰蔤其根曰藕其華曰夫容其秀曰菡萏其實蓮蓮之藏者菂菂之中心曰薏大致與爾雅同亦無其葉蕸三字葢大葉駭人故謂之荷大葉扶搖而起渠央寬大故曰夫渠爾雅假葉名其通體故分別莖華實根各名而冠以荷夫渠三字則不必更言其葉也荷夫渠之華爲菡萏菡萏之葉爲荷夫渠省文互見之法也或疑闕葉而補之亦必當曰其葉荷不嫌重複無庸肊造蕸字又案屈原宋玉楊雄皆以芙蓉與芰荷對文然則芰者蔆之葉蔆者芰之實蔆之言棱角也芰之言支起也　**从艸何聲**　胡哥切十七部

蔤　**扶渠本**　釋艸其本蔤郭云莖下白蒻在泥中者按蔤之

玉篇女蘿託松而生

言入水深密也蒲本亦僞蔤周書蔑席今作蔑席纖蒻席也檀弓子蒲卒哭者呼滅注曰滅蓋子蒲名哭呼名故子皐非之蔑滅皆蔤之叚借也名蔤故字蒲**从艸密聲**美必切十二部**蕅　扶渠根**釋艸其根耦按釋艸以其本蔤系於荷扶渠其莖茄之下者謂此乃全荷之本今俗所謂藕者是也蔤之言滅沒於泥中也以其根藕系於其華菡萏其實蓮之下者謂此乃花實之根凡花實之莖必偕葉一莖同出似有耦然故下近蔤上近花莖之根曰藕本言其全根言其偏本在下根上於本下文的薏仍冢花實言之此作爾雅之精意也叔重列字次弟未得其解矣**从艸水**會意**禺聲**五厚切四部今訂之乃從艸從耦會意兼形聲**蘢　天蘥也**見釋艸**从艸龍聲**盧紅切九部**蓍　蒿屬**謂似蒿而非蒿也陸機曰似藾蕭青色**生千歲三百莖**艸木疏博物志說皆同尚書大傳曰蓍之爲言耆也百年一本生百莖**易目爲數**數筭也謂占易者必以是計筭也詳易繫辭**天子蓍九尺諸侯七尺大夫**

五尺士三尺此禮三正記文也亦見白虎通儀禮特牲饋食筮者坐筮少牢饋食筮者立筮鄭注卿大夫著五尺立筮士之著短坐筮皆由便也賈公彥曰然則天子諸侯立筮可知从艸耆聲式脂切十五部

䔛香蒿也詩食野之蒿爾雅毛傳皆云蒿䔛也郭樸云今人呼爲青蒿香中炙啖者爲䔛从艸臤聲去刃切十二部⿱艹堅䔛或从堅按陸德明曰菣字林作⿱臤缶

莪逗蘿也此三字舊作蘿莪二字今正莪系複舉不當倒於蘿下小雅菁菁者莪蓼蓼者莪釋艸曰莪蘿以蘿釋莪毛傳曰莪蘿蒿也以蘿蒿釋莪陸璣亦云莪蒿一名蘿蒿蒿屬凡言屬則別在其中故鄭注周禮每云屬別从艸我聲五何切十七部

蘿莪也是謂轉注从艸羅聲魯何切十七部

菻蒿屬郭樸曰莪蒿亦曰藁蒿按藁同菻許不言莪菻一物也从艸林聲力稔切七部

蔚牡蒿也小雅匪莪伊蔚釋艸毛傳皆云牡菣按牡菣猶牡蒿也郭云無子者陸璣云牡蒿七月華八月角一名馬薪蒿

與郭異。名醫別錄有牡蒿一條，唐人注曰齊頭蒿也。从艸尉聲。於胃切。十五部。古多借爲茂鬱字。

蕭，艾蒿也。大雅取蕭祭脂，郊特牲焫蕭合馨香，故毛公曰蕭所以共祭祀，鄭君曰蕭薌蒿也，陸璣曰今人所謂荻蒿也，或云牛尾蒿，許慎以爲艾蒿，非也。按陸語非是。此物蒿類而似艾，一名艾蒿，許非謂艾爲蕭也。齊高帝云蕭卽艾也，乃爲誤耳。〇又按曹風傳曰蕭蒿也，此統言之。諸家云薌蒿、艾蒿者，析言之。从艸肅聲。蘇彫切。古音在三部，音修，亦與肅同音通用。甸師共肅茅，杜子春讀肅爲蕭。蕭牆、蕭斧皆訓肅。

萩，蕭也。从艸秌聲。七由切。三部。古多以萩爲楸，如左氏傳伐雍門之萩，史漢河濟之閒千樹萩是也。

芍，鳧茈也。見釋艸。今人謂之葧臍，卽鳧茈之轉語。郭樸云苗似龍須，根可食，黑色是也。廣雅云葃姑，水芋，烏芋也。名醫別錄云烏芋一名藉姑，一名水萍。藉與葃同音，萍必芋之誤。此專謂茨菰，不必因烏字牽合鳧茈也。茈，徂咨切。从艸勺聲。胡了切。二部。古勺聲與弱聲同。芍之可食者，其蒻也。

蓶，王彗也。釋艸字作

蕑郭云似藜可爲彗按凡物呼王者皆謂大 从艸湔聲昨先切十二部

蔿艸也晉有士蔿楚有蔿姓 从艸爲聲于委切古音在十七部大徐引唐韵于鬼切鬼字恐誤左傳蔿薳錯出薳卽蔿字

䒞艸也此與芄蕃各物 从艸冘聲直深切古在八部

蘜治牆也未詳何物集韵七之曰菬蘠艸名 从艸鞠聲居六切三部

蘠蘠靡逗虋冬也見釋艸按本艸經有天門冬麥門冬未知爾雅說文謂何品也 从艸牆聲賤羊切十部

芪芪母也三字一句按前已有蕁不與芪字爲伍則說爾雅者謂蕁卽芪母非許意也 从艸氏聲常支切十六部一名蝭母一名知母一名蚳母皆同部同音

菀茈菀句本艸經作紫菀古紫通用茈見上唐本艸注云白菀謂之女菀急就篇牡蒙甘艸菀藜蘆師古曰菀謂紫菀女菀之屬也 出漢中房陵本艸亦曰生房陵山谷 从艸宛聲於阮切十四部詩菀彼北林有菀者柳假借爲鬱字也

莔貝母

也詩言采其蝱毛傳曰蝱貝母釋艸說文作莔莔正字蝱假借字也根下子如聚小貝韵會引作貝母艸療蛇毒六字从艸明省聲武庚切古音在十部不曰囧聲而曰省聲者取皆讀如芒也

⿱艹朮山薊也見釋艸本艸經从艸朮聲直律切十五部

蓂析蓂二字逗大薺也此薺當作薺許君薺爲蒺藜字則薺菜必當作薺如洛爲歸德水名則知豫州水名必作雒也說文字多與爾雅異後人依爾雅改之釋艸曰菥蓂大薺郭云似薺葉細按此薺菜中之一種也从艸冥聲莫歷切古音在十一部

菋荎藸也見釋艸郭云五味也从艸味聲無沸切十五部

荎荎藸艸也四字句釋艸有味荎藸釋木有味荎著實一物也春初生苗引赤蔓於高木長六七尺故又入釋木从艸至聲直尼切古音在十二部

葛絺綌艸也周南葛之覃兮爲絺爲綌从艸曷聲古達切十五部

蔓葛屬也此專謂葛屬則知滋蔓字古祇作曼正如蔓延字多作莚从艸曼聲

無販切十四部䓘葛屬也白華南山經其名曰白䓘廣雅曰䓘蘇白䓘也按未知即此物與否从艸皋聲古勞切古音在三部䓘音同莕菨餘也周南參差荇菜毛傳荇接余也釋艸荇作莕从艸杏聲何梗切古音在十部荇莕或从行同各本作荇注云或從行今依爾雅音義五經文字正菨菨餘也三字句毛傳陸疏作接余按莕菜今江浙池沼閒多有葉不正圜花黃六出北方以人莧當之南方以蓴絲當之皆非也从艸妾聲子葉切八部⿱艸㲋艸也从艸㲋聲古渾切十三部芫魚毒也爾雅釋木杬魚毒郭云大木皮厚汁赤堪藏卵果顏師古注急就篇芫華曰景純所說乃左思吳都賦所謂緜杬杶櫨者耳非魚毒也芫草一名魚毒煑之以投水中魚則死而浮出故以爲名其華可以爲藥芫字或作杬玉裁按爾雅杬字本或作芫入於釋木本艸及許君皆入艸部从艸元聲愚袁切十四部蘦大苦也此與前大苦苓也相乖剌說詳苦字下从艸

霝聲郎丁切十一部

蕛　蕛苵也見釋艸郭云蕛似稗布地生邵氏晉涵云孟子之荑稗莊子之蕛稗皆是也从艸稊聲按今本篆作蕛稊聲從禾考禾部無稊字則稊聲乃稊聲之誤蕛乃蕛之誤大兮切十五部

苵　蕛苵也郭於蕛字逗以苵釋蕛許合蕛苵二字爲艸名凡爾雅固有舉其名而無訓釋者不當強爲句絕也从艸失聲徒結切十二部

艼　艼熒朐也釋艸曰葋艼熒未知許於熒字逗抑以艼逗熒朐也句與今爾雅異也从艸丁聲天經切十一部

蔣　苽也各本作苽蔣也此蔣苽也之誤倒耳今依御覽正蜀都賦曰攢蔣叢蒲从艸將聲子良切十部

苽　雕胡一名蔣各本胡字作苽今依御覽正食醫內則皆有苽食鄭云苽彫胡也廣雅曰菰蔣也其米謂之彫胡然則猶扶渠實名蓮亦因以爲華葉名也彫胡枚乘七發謂之安胡其葉曰苽曰蔣俗曰茭其中臺如小兒臂可食曰苽手其根曰葑封去聲从艸瓜聲古胡切五部

[illegible]　艸也从艸育聲

余六切三部

藣　艸也。爾雅釋器旄謂之藣。作此字假借爲麾字也。从艸罷聲。符羈切古音在十七部

⿱艹難　艸也。从艸難聲。如延切十四部。火部⿱難火以爲聲

莨　艸也。子虛賦卑溼則生藏莨。漢書音義曰莨莨尾艸也。按釋艸曰孟狼尾。狼與莨同音。狼尾似狗尾而麤壯者也。孟作孟者譌。从艸良聲。魯當切十部

葽　艸也。从艸要聲。於消切二部。詩曰四月秀葽。四月秀葽豳風文。毛曰葽者葽艸也。箋云夏小正四月王萯秀。葽其是乎。物成自秀葽始。玉裁按小正四月秀幽。幽葽一語之轉。必是一物。似鄭不當援王萯也。劉向說此味苦苦葽也。劉向說此味苦苦葽也。苦葽當是漢人有此語。漢時目驗今則不識其味。苦則應夏令也。小徐按字書云狗尾艸。夫狗尾郎莠。莠非莠明矣。

薖　艸也。衛風碩人之薖。毛云寬大皃。鄭云饑意。按毛鄭意謂薖爲款之假借。此字假借。爾雅款足者謂之鬲。漢志作空足曰鬲。楊王孫傳窾木爲匵。服虔曰窾空也。淮南書窾者主浮。注窾空也。讀如

科條之科然則薖款古同音許君亦从艸過聲苦禾切十七部
曰窠空也毛鄭說皆取空中之意

菌　地蕈也菌中部所謂从艸囷聲渠殞切十三部

蕈　桑萸也萸之生於桑者曰蕈蕈之生於田中者曰菌从艸覃聲慈荏切七部
先鄭司農注周禮云深蒲或曰桑耳

萸　木耳也內則記燕食所加庶羞有芝栭正義曰盧植云芝木芝也王肅云無華而實者名栭按芝栭猶攷工記之之而鄭君謂芝栭為一物栭即萸字也今人謂光滑者木耳皺者蕈許意謂蕈為木耳从艸萸聲而兗切十四部按萸從大而聲內則作栭又作梜賀氏云栭輭棗其所據本作梜也釋文云又作檽檽字誤一曰蕍茈未聞說文亦無蕍字集韵九麌蕍勇主切蕍茈木耳是謂萸之一名也

葚　桑實也見詩从艸甚聲常衽切七部

蒟　果也史記漢書有枸醬左思蜀都賦常璩華陽國志作蒟史記亦或作蒟據劉逵顏微宋祁諸家說即扶留藤也葉可用食檳榔實如桑葚而長名蒟可爲醬巴志

曰樹有荔支蔓有辛蒟然則此物藤生緣木故作蒟從艸亦作枸從木要必一物也許君木部有枸字云可爲醬於艸部又有蒟字蓋不能定而兩存之次於蒚者以其實似蒚也其實名蒟故云果也果木實也當云蒟果也爲三字句 从艸竘聲俱羽切五部 芇艸也一曰芇茮木茮鉉作茱芇茮木未聞王氏念孫曰芇茱木三字當是芇茱二字之譌玉裁謂說文菽字下作蚍蜉不當此作芇茱蓋木名也 从艸比聲房脂切十五部 蕣木堇句朝華莫落者鄭風顏如舜華毛曰舜木槿也月令季夏木堇榮釋艸云椴木堇櫬木堇鄭君曰木堇王蒸也莊子朝菌不知晦朔潘尼云朝菌木槿也 从艸陸機疏入木類而爾雅說文皆入艸類者樊光曰其樹如李其華朝生莫落與艸同氣故入艸中 舜聲舒閏切十三部 詩曰顏如蕣華今詩作舜爲假借 茱茱萸逗茮屬內則三牲用藙注藙煎茱萸也漢律會稽獻焉爾雅謂之椴本艸經吳茱萸味辛溫一名藙 从艸本艸經廣雅入木類鄭君曰茱萸即

椴也而爾雅椒椴在釋木許君則茱萸與椴爲二物木部曰揚州有茱萸樹正以見茱萸之本爲艸類也**朱聲**市朱切古音在四部

萸 **茱萸也从艸臾聲**羊朱切古音在四部

茮 **茮莍也**此三字句茮莍蓋古語猶詩之椒聊也單呼曰茮絫呼曰茮莍茮聊唐風椒聊之實毛曰椒聊椒也釋木曰椒椴醜茮莍椴大椒神農本艸經有蜀椒又有秦椒**从艸**爾雅本艸陸疏皆入木類今驗實木也而說文正從艸此沿自古籒者凡析言有艸木之分統言則艸亦木也故造字有不拘爾**尗聲**子寮切古音在三部

莍 **茮椴實裹如裘也**依爾雅音義正譔裘莍同音也郭云莍萸子聚生成房皃詩箋作捄釋木櫟其實梂皆卽莍字也**从艸求聲**巨鳩切三部求卽裘之古文亦會意也

荊 **楚木也**林部曰楚叢木一名荊是爲轉注**从艸刑聲**舉卿切十一部

古文荊

菭 **水靑衣也**依爾雅音義補青字醢人箈菹鄭司農曰箈水中魚衣元謂箈箭萌玉裁按先後鄭異字先鄭作菭從艸許說

正同後鄭作篙從竹郭注爾雅引篙菑鴈醢從後鄭也後鄭注當有菭當爲篙四字而佚今本周禮作菭混誤不成字所當正者也吳都賦注曰海苔生海水中正青狀如亂髮乾之赤鹽藏有汁名曰濡苔从艸治聲徒哀切沇一重云北人文之反一部今作苔

芽芽逗萌也按此本作芽萌也後人倒之从艸牙聲五加切古音在五部古多以牙爲芽

萌艸木芽也木字依玉篇補說文以艸木芽艸木榦艸木葉聯綴成文萌芽析言則有別尚書大傳周以至動殷以萌夏以牙是也統言則不別故曰萌艸木芽也月令句者畢出萌者盡達注句屈生者芒而直曰萌樂記作區萌从艸朙聲武庚切古音在十部

茁艸初生地皃从艸出依韵會所引鄒滑切十五部言會意以包形聲也詩曰彼茁者葭召南文毛曰茁出也按也當爲皃之譌

莖艸木榦也依玉篇所引此言艸而兼言木今本作枝柱考字林作枝主謂爲衆枝之主也蓋或用字林改說文而主又譌柱从艸巠聲戶耕切十一部

莛 莖也 說苑建天下之鳴鐘撞之以莛 从艸廷聲 特丁切十一部 葉 艸木之葉也 凡物之薄者皆得以葉名 从艸枼聲 與涉切古音在八部 蘮 艸之小者 从艸㓷聲 㓷古文銳字 按金部网部皆云㓷籀文銳則此古字誤也當改籀 讀若芮 今居例切十五部 芣 華盛 詩言江漢浮浮雨雪浮浮皆盛皃芣與浮聲相近 从艸不聲 縛牟切古音在一部 一曰芣苢 疑前苢字下衹作不苢此於芣字下又明之曰不苢之不亦作芣也 葩 華也 古光華字與花實字同義同音葩之訓華者艸木花也亦華麗也艸木花最麗故凡物盛麗皆曰華韓愈曰詩正而葩謂正而文也葩亦散也通作肥靈樞經曰紛紛肥肥終而復始 从艸肥聲 普巴切古音在五部 芛 艸之皇榮也 皇當作葟或䕿字釋艸曰蕍芛葟華榮郭曰今俗呼艸木華初生者爲芛音豬豬之豬 从艸尹聲 羊捶切古音在十三部 蘳 黃華 後漢書馬融傳曰蘳蘬蘳榮蘳

或作蘳从艸黊聲此舉形聲見會意讀若墮壞此謂讀如墮壞之墮也墮隋聲在十七部音轉許規切入十六部儿圭聲字在十六部鉉本脫去墮字廣韵蘳有壞音誤矣唐韵胡瓦切十七部之音變也

蔈苕之黃華也釋艸苕陵苕黃華蔈白華茇郭云苕華色異名亦不同玉裁按許君茇字下云一曰艸之白華爲茇不云苕之白華則蔈字下亦當云艸之黃華不當如郭說也今本苕字恐是後人用郭說改之許於苕下云艸也亦不云陵苕从艸㶾聲方小切二部一曰末也金部之鏢木部之標皆訓末蔈當訓艸末禾部曰秒禾芒也秋分而秒定按淮南天文訓作秋分蔈定此蔈爲末之證也

英艸榮而不實者見釋艸一曰黃英此別一義也疑卽權黃華从艸央聲於京切古音在十部

薾華盛㸚部曰麗爾猶靡麗也薾與爾音義同从艸爾聲此於形聲見會意薾爲華盛爾爲水盛皃氏切十六部詩曰彼薾惟何小雅文今作爾惟今作維

萋艸盛从

艸妻聲七稽切十五部詩曰菶菶萋萋大雅文謂梧桐也艸木同類菶艸盛毛曰菶菶萋萋梧桐盛也从艸奉聲補蠓切九部說文兩引詩瓜瓞菶菶今生民作唪唪假借薿茂也从艸疑聲魚己切一部詩曰黍稷薿薿小雅文箋云薿薿然而茂盛廣雅釋訓薿薿茂也蕤艸木華垂皃引伸凡物之垂者皆曰蕤冠緌系於纓而垂者也禮家定爲蕤字夏采建綏王制大綏小綏明堂位夏后氏之綏禮記以其綏復鄭君皆改爲緌字謂旄牛尾之垂於杠者也讀如冠蕤蕤賓之蕤白虎通說蕤賓曰蕤者下也賓者敬也从艸甤聲唐韵儒佳切非也當儒隨切入五支古音在十六部也甤從生豕聲豕聲在十六部緌綏字亦皆同部葼青齊兗冀謂木細枝曰葼見方言引傳曰慈母之怒子也雖折葼笞之其惠存焉从艸嵏聲子紅切九部⿱艹移艸萎⿱艹移萎⿱艹移疊韵萎平聲从艸移聲弋支切古音在十七部茦艸木

段注蓨蓋即芛之異
廣韻疑芛蘳蓨當同
同音

形从艸原聲愚袁切十四部莢艸實周禮曰墳衍植物宜莢物按莢物兼艸木言从艸夾聲古叶切八部芒艸耑也說文無鋩字此即鋒鋩字也从艸亾聲武方切十部蓨藍蓼秀从艸隋聲羊捶切古音在十七部按蓨與芛字皆切羊捶蓋即芛字之異者且當與芣葩芛蘳蕍英薾七字類列此非其次疑後人所沾也蔕瓜當也曲禮削瓜士疐之釋木棗李曰疐之疐者蔕之假借字聲類曰蔕果鼻也瓜當果鼻正同類老子深根固柢柢亦作蔕西京賦蔕倒茄於藻井皆假借爲柢字从艸帶聲都計切十五部荄艸根也見釋艸及方言郭曰今俗謂韭根爲荄从艸亥聲古哀切一部荺茇也茅根也荺見釋艸荺者茇也茇者艸根也文相承顧廣圻曰依許君所說是爾雅本云荺茇茇根郭誤茇爲荄遂以荺茇爲一義茇根爲一義茅根也之上當有一曰二字此別一義以荺專屬茅根也从艸均聲于敏切十二部茇艸根也

一篇下

从艸犮聲北末切十五部春艸根枯引之而發土爲撥故謂之犮此申明艸根爲犮之義也氾勝之書曰春土長冒橛陳根可拔耕者急發攷工記注曰𡿨土曰伐伐之言發也詩駿發爾私箋云發伐也周語王耕一墢注一墢一耦之發也引之而發土者謂枱耤陳根土易解散其耕澤澤也爲撥之撥卽攷工記之伐國語之墢說文土部之坺今韵書之坺實一字也其連根之土曰坺故艸根曰犮引伸爲詩禮艸舍之茇一曰艸之白華爲茇茇見釋艸郭連上文謂苕之白華許泛言艸

芃艸盛皃字依韵會鄘風芃芃其麥毛曰芃芃然方盛長从艸凡聲房戎切古音在七部衞彈碑梵梵黍稷隸變從林而葛洪字苑始有梵字潔也凡泛切詩曰芃芃黍苗曹風傳曰美皃小雅傳曰長大皃

䔢華葉布也與專敷字義通從艸故訓華葉布从艸傅聲讀若傅方過切五部

蓻艸木不生也執之言蟄也與蒔反對成文玉篇云艸木生皃未知孰是一曰

⿱艹畼

臣錯按史記夏以木德青龍出於郊草木⿱艹暘茂

芧根。此別一義也。从艸秖聲。婢入切。七部。

⿱艹斦　艸多皃。从艸斦聲。語斤切。十三部。江夏平春見郡國志有⿱艹斦亭。凡云有某亭有某縣者皆證其字形不必名縣名亭取字義也今說文艸部末有⿱艹狐篆訓釋十四字全同此因⿱艹斦誤爲⿱艹狐或妄附之部末也

茂　艸木盛皃。依韵會訂。茂之引伸借爲懋勉字。从艸戊聲。莫候切。古音在三部。

⿱艹畼　艸茂也。孟子史記艸木畼茂字皆作畼俗又作暢从艸畼聲。丑亮切。十部。

蔭　艸陰地。左氏傳曰若去枝葉則本根無所庇蔭矣楚語玉足以庇蔭嘉穀引伸爲凡覆庇之義也釋言曰庇庥蔭也說文曰庇蔭也休止息也从艸陰依韵會無聲字此以會意包形聲於禁切七部詩桑柔以陰爲蔭

⿱艹造　艸皃。从艸造聲。初救切三部玉裁按左氏傳僖子使助薳氏之⿱艹造杜注⿱艹造副倅也釋文曰說文⿱艹造從艸五經文字艸部曰⿱艹造倅也春秋傳從竹攷李善注長笛賦⿱艹造弄曰說文⿱艹造倅字如此注江淹詩步檲⿱艹造瓊弁曰說文⿱艹造蓧字如此然則

左傳文選從竹之蓬皆從艸之蓬之譌而說文艸皃之下
本有一曰蓬薉也五字今人言集僕人多言薉倅周禮作
萃作倅亦湊集意也小徐注
蓬字云艸相次也蓋識此意茲艸木多益詩小雅兄也
永歎毛曰兄
茲也戴先生毛鄭詩考正曰茲今通用滋說文茲字說云
艸木多益滋字說云益也韋注國語云兄益也詩之辭意
言不能如兄弟相救空滋之長歎而
已按大雅職兄斯引傳亦云兄茲也从艸絲省聲絲宋本
作茲非
也茲從二玄音玄字或作滋茲從絲省聲韵會作丝聲丝
者古文絲字滋孳鷀皆茲聲子之切一部經典茲此也唐
石經皆
誤作茲蔽艸旱盡也此與艸木多
益反對成文从艸俶聲徒歷切古
音在三部
詩曰蔽蔽山川大雅文今詩作滌滌毛云滌滌旱氣也山
無木川無水按玉篇廣韵皆作蔽今疑當
作蔽艸木如盪滌無有也叔聲淑聲字多
不轉爲徒歷切詩踧踧周道踧字亦疑誤藃艸皃从艸
歊聲許嬌切
二部周禮曰轂獘不藃攷工記文獘字誤當依本
書作敝鄭衆云藃當爲秏

薋　玉篇蒺藜也
蓁　箋注詩菁菁者莪韓詩作蓁〻
芮　鄭注詩芮鞫〻即周礼注引作汭坈是芮汭通用

康成云歉歉暴陰柔後必橈減幬革暴起按此荀卿及漢人所謂槁暴也橈減爲槁木之槁與革之暴相因而致木歉則革盈瓶八注云暴者墳起也先鄭謂歉當是秏字之誤後鄭謂歉爲槁之假借其義則通不言歉讀爲槁者從先鄭作秏亦得也凡許君引經傳有證本義者如蔽蔽山川是有證假借者如觳觫不歉非關艸皃也

蔇　艸多皃也木部穊稠也音義同　从艸既聲居味切十五部

薋　艸多皃離騷曰薋菉葹以盈室王注薋蒺藜也菉王芻也葹枲耳也詩楚楚者薋三者皆惡艸也據許君說正謂多積菉葹盈室薋非艸名禾部曰積積禾也音義同蒺藜之字說文作薺今詩作茨叔師所據詩作薋皆假借字耳　从艸資聲疾茲切古音在十五部廣韵疾資切

蓁　艸盛皃毛詩傳曰蓁蓁至盛皃　从艸秦聲側詵切十二部

莦　惡艸皃　从艸肖聲所交切二部

芮　芮芮疊字艸生皃芮芮與茙茙雙聲柔細之狀　从艸內聲讀若汭而銳切十五部

茬　艸皃从艸在

聲仕甾切一部濟北有茬平縣茬俗作茌地理志泰山郡茌縣應劭曰茌山在東北音淄東郡茬平縣應劭曰在茬山之平地者也司馬彪郡國志茬平屬濟北國注曰本屬東郡

薈艸多皃引伸爲凡物會萃之義从艸會聲烏外切十五部詩曰薈兮蔚兮曹風文毛曰薈蔚雲興皃謂南山朝隮如艸木蒙茸也

⿱艹敄細艸叢生也⿱艹敄與茂音義同廣雅曰蓩蓩茂也蓩即⿱艹敄之譌从艸敄聲莫候切古音三部曹憲亾老反音之轉也

芼艸覆蔓覆地蔓莚从艸毛聲莫抱切二部詩曰左右芼之周南文毛鄭詩考正曰芼菜之烹於肉湆者也禮羹芼菹醢凡四物肉謂之羹菜謂之芼肉謂之醢菜謂之菹菹醢生爲之是爲醢人豆實芼則湆烹之與羹相從實諸鉶儀禮鉶芼牛藿羊苦豕薇牲用魚芼之以蘋藻內則雉兔皆有芼是也孔沖遠疑四豆之實無芼不知詩明言芼非菹也玉裁按芼字本義是艸覆蔓故從艸毛會意因之爾雅曰搴也毛公曰擇也皆於從毛得解搴之而擇之而以爲菜釀

芼　虎按鉶芼之芼當作芼　芼覆於蔓上從覆蔓之意芼擇之芼本當作覒　芼乃叚借字
斠詮　覆蔓与覒義相近于詩不協傳芼擇也見部有覒訓擇也是當為覒此引疑後人所加

𦽏　斠詮　今嵐字即此省

義實相成詩禮本無不合

蒼　艸色也　引伸爲凡青黑色之偁　从艸倉聲　七岡切十部

䔽　艸得風皃　从艸風　風亦聲　讀若婪　盧含切古音在七部

萃　艸皃　易象傳曰萃聚也此引伸之義　从艸卒聲　讀若瘁　秦醉切十五部按錯本無萃

蒔　更別種　方言曰蒔立也蒔更也堯典播時百穀鄭讀時爲蒔今江蘇人移秧插田中曰蒔秧　从艸時聲　時吏切一部

苗　艸生於田者　从艸田　武鑣切二部按苗之故訓禾也禾者今之小米詩誕降嘉穀維秬維秠維虋維芑爾雅毛傳說文皆曰虋赤苗芑白苗魏風無食我苗毛曰苗嘉穀也此本生民詩首章言黍二章言麥三章則言禾春秋經莊七年秋大水無麥苗廿八年冬大無麥禾麥苗即麥禾秋言苗冬言禾何休曰苗者禾也生曰苗秀曰禾倉頡篇曰苗者禾之未秀者也孔子曰惡莠恐其亂苗魏文侯曰幽莠似禾明禾與苗同物苗本禾未秀之名因以爲凡艸木初生之名詩言稷之苗稷之穗稷之實是也說文立文當以苗字

一篇下

次䕅字之前云禾也嘉穀也則䕅爲赤苗䝱文芑爲白苗言之有序艸生於田皮傅字形爲說而已○古或假苗爲茅如士相見禮古文艸茅作艸苗洛陽伽藍記所云魏時苗茨之碑實卽茅茨取堯舜茅茨不翦也

苛 小艸也引伸爲凡瑣碎之稱从艸可聲乎哥切十七部

蕪 薉也从艸無聲武扶切五部

薉 蕪也从艸歲聲於廢切十五部今作穢

荒 蕪也荒之言尨也故爲蕪薉从艸㠩聲呼光切十部一曰艸掩地也周南魯頌毛鄭皆曰荒奄也此艸掩地引伸之義也一本掩作淹

䒱 䒱薴逗艸亂也从艸爭聲側莖切十一部杜林說䒱薴艸皃䒱薴疊韵此蓋出蒼頡訓纂蒼頡故

薴 䒱薴也从艸寧聲女庚切十一部此二篆及解舊譌舛今依全書通例正

落 凡艸曰零木曰落零爾雅音義作苓落亦爲籬落纏絡字木部杝落也糸部絡落也是也从艸洛聲盧各切五部

蔽 蔽

蔽疊字小艸也也當作皃召南蔽芾甘棠毛云蔽芾小皃此小艸皃之引伸也按爾雅釋言芾小也卷阿毛傳云茀小也芾茀同字說文有茀無芾甘棠本作茀或本作市不可知蔽芾疊韵猶畢沷滭沸从艸敝聲必袂切十五部沈重音必

蘀艸木凡皮葉落陊地爲蘀陊落也錯本作墮从艸擇聲他各切五部詩曰十月隕蘀豳風文毛曰蘀落也隕鉉作隕

薀積也左傳芟夷薀崇杜注薀積也又蘋蘩薀藻之菜注薀藻聚藻也小雅都人士禮記禮運借菀苑字爲之从艸溫聲於粉切十三部俗作蘊春秋傳曰薀利生孽左傳昭十年文

蔫菸也不鮮也从艸焉聲於乾切十四部

菸鬱也鬱各本作鬱誤蔫菸鬱三字雙聲鬱者如醲鬱也王風中谷有蓷暵其乾矣毛曰暵菸皃陸艸生於谷中傷於水玉裁按暵卽蔫字之假借故旣云暵其乾又云暵其溼乾溼文互相足从艸於聲央居切五部一曰殘也殘病也菸殘雙聲九辯曰葉菸

邑而無色按鬱殘二義互相足䓘艸旋皃也䓘與縈音義同从艸縈聲於營切十一部

詩曰葛藟䓘之周南文毛曰旋也今詩作縈陸德明作帶蔡艸丰也丰讀若介丰字本無今補四篇曰丰艸蔡也此曰蔡艸丰也是爲轉注艸生之散亂也丰蔡疊韵猶苐薀此無丰字則蔡當爲艸名不廁此處矣从艸祭聲蒼大切十五部茷艸葉多詩白旆央央本又作茷泮水之其旂茷茷即出車之旟旐旆旆采菽之其旂淠淠也然則小弁萑葦淠淠亦當云萑葦茷茷本言艸葉之多而引伸之狀旗旖也从艸伐聲符發切十五部春秋傳曰晉羅茷見成十年左氏傳菜

艸之可食者菜字當冠於芑葵等字之上从艸采聲此舉形聲包會意古多以采爲菜蒼代切一部𦰖艸多葉皃𦰖之言之而也如鱗屬之之而从艸而聲如之切一部沛

城父見地理志有揚𦰖亭𦬒艸浮水中皃𦬒與氾音義同从艸乏聲

孚凡切古音在七部

薄　林薄也吳都賦傾藪薄劉注曰薄不入之叢也按林木相迫不可入曰薄引伸凡相迫皆曰薄如外薄四海日月薄蝕皆是傍各補各二切同也相迫則無閒可入凡物之單薄不厚者亦無閒可入故引伸爲厚薄之薄曹憲云必當作禣非也

一曰蠶薄月令季春具曲植籧匡注時所以養蠶器也曲薄也植槌也方言云宋魏陳楚江淮之閒謂之苗或謂之麴自關而西謂之薄周勃傳勃以織薄曲爲生

从艸溥聲旁各切五部

苑　所以養禽獸周禮地官囿人注囿今之苑是古謂之囿漢謂之苑也西都賦上囿禁苑西京賦作上林禁苑

从艸夗聲於阮切十四部

藪　大澤也地官澤虞曰每大澤大藪中澤中藪小澤小藪注澤水所鍾也水希曰藪此析言則澤藪殊也職方氏云其澤藪曰某毛詩傳曰藪澤此統言則不別也職方氏注曰大澤曰藪與說文合薟藪實兼水鍾水希而言爾雅十藪轂釋地不轂釋水正謂地多水少艸木所聚

从艸數聲蘇后切四部

九州之藪見職方氏

楊州具

區鄭曰具區在吳南謂漢吳縣南屬會稽郡禹貢謂之震澤今謂之太湖荊州雲夢夢今周禮作瞢鄭曰雲瞢在華容漢華容縣屬南郡豫州甫田甫今本作圃汲古未改本宋本李燾五音韻譜本皆作甫毛詩東有甫草毛云甫大也箋云甫草者甫田之草也鄭有甫田俗本作圃田釋文及吳應龍本不誤葢鄭所據爾雅許所據周禮皆作甫田甫圃古通用故毛詩甫艸韓詩作圃艸詩箋說文作甫田今他書皆作圃田職方注曰圃田在中牟漢中牟屬河南郡青州孟諸孟今周禮作望鄭曰望諸明都也在睢陽漢睢陽縣屬梁國兗州大野鄭曰大野在鉅野漢鉅野屬山陽郡雝州弦圃今周禮作弦蒲注曰弦或爲汧蒲或爲浦按許所據葢郎鄭之或本圃浦未知孰是今本說文作蒲汲古未改本宋本李燾本皆作圃職方注曰弦蒲在汧漢汧縣屬右扶風幽州奚養周禮作貕養杜子春讀貕爲奚按說文大部奚大腹也豕部貕豚生三月腹奚奚皃也杜葢說此藪名取大腹意不取豕意故易貕爲奚而班許從之鄭曰貕養在長廣漢長廣縣屬琅邪郡

冀州楊紆鄭曰楊紆所在未聞爾雅曰秦有楊陓呂氏春秋作陽華注曰陽華在鳳翔或曰在華陰西淮南作陽紆注曰在馮翊池陽一名具圃幷州昭餘祁是也鄭曰昭餘祁在鄔漢鄔縣屬太原郡徐鍇本餘作余淮南作燕之昭余無祁字凡職方氏之川寖說文散舉之藪則彙舉之

菑不耕田也海寧陳氏鱣曰不當爲才才耕田謂始耕田也才財材皆訓始玉裁按不當爲反字之誤也爾雅田一歲曰菑毛詩傳馬融虞翻易注皆用之韓詩薰遇易章句皆曰菑反艸也與田一歲義相成詩大田箋曰俶載讀爲熾菑時至民以其利耜熾菑發所受之地趨農急也攷諸經傳凡入之深而植立者皆曰菑如攷工記輪人菑訓建輻弓人菑訓以鋸副析公羊傳以人爲菑漢書楗石菑鄭仲師云泰山平原所樹立物爲菑聲如截博立梟棊亦爲菑其他若毛傳木立死曰菑漢書事刃公之腹中急就篇分別部居不襍廁漢太學石經以人爲側皆此字之引伸假借又假爲烖害字从艸田巛聲鍇本原有聲字惟田巛二字倒易又誤合爲一字鍇欲作從艸巛田無聲

字非也。初耕反艸，故從艸田會意，以甾爲聲也。側詞切，一部。易曰：不菑畬。周易无妄六二爻辭。周禮注作不菑而畬，語較明。言爲之無漸也。畬，二歲田也。甾，菑或省艸。此取甾諧聲，鄭所云利耜熾發地之意也。

蘨，艸盛皃。从艸䌛聲。此以形聲包會意。䌛，隨從也。他書凡䌛皆作繇，蘨作蘇。余招切。古音在三部。夏書曰：厥艸惟蘨。依鍇本及宋本作蘨。馬融注尚書曰：蘨，抽也。故合艸䌛爲蘨。此許君引禹貢明從艸䌛會意之指。引經說字形之例始見於此，詳後麤下。

薙，除艸也。明堂月令曰：季夏燒薙。从艸雉聲。他計切。案周禮雉氏掌殺草，雉或作夷，古雉音同夷，故鄭云字從類，類謂聲類也。大鄭從夷，後鄭從雉而讀爲鬀。作薙者乃俗字，猶稻人芟夷字俗作芟薙也。月令燒薙，蕃亦本作燒雉。許君說文本無薙字，淺人所羼入也。

䒳，耕多艸。从艸耒。耒所以耕也。從耒艸會意。耒亦聲。兼形聲。盧對切，十五部。

菿，艸大也。毛詩倬彼甫田，韓詩作菿彼圃田。釋故曰：菿，大。

也卓聲到聲古同在弟二部从艸到聲都盜切○案各本篆作菿訓同玉篇廣韵皆無菿字菿之誤也後人檢菿字不得則於艸部末綴菿篆訓曰艸木倒語不可通今更正爾雅釋文廣韵四覺皆引說文菿艸大也

蔪　艸相蔪苞也蔪苞卽今禹貢之漸包釋文曰漸本又作蔪字林才冄反艸之相包裹也包或作苞叢生也馬云相苞裹也按叢生之義字作苞者是从艸斬聲慈冄切八部今本有書曰艸木蔪苞六字此誤以鍇語入正文今依韵會訂

𧁎　蔪或从槧此蓋兼從艸木也

茀　道多艸不可行周語火朝覿矣道茀不可行也注草穢塞路爲茀从艸弗聲分勿切十五部毛詩借作蔽郗字

苾　馨香也見小雅韓詩作馞許君香部無馞字從毛不從韓也从艸必聲毗必切十二部

蔎　香艸也香艸當作艸香前文营茾巳下十二字皆說香艸蔎芳蕡不與同列而廁苾下是非艸名可知也劉向九歎懷椒聊之蔎蔎王注椒聊香草也蔎蔎香貌从艸設聲識列切又桑葛

切十五部　芳　香艸也。香艸當作艸香。从艸，方聲。敷方切。十部。　蕡　襍香艸。當作襍艸香。蓋此字之本義。若有蕡其實，特假借爲墳大字耳。从艸，賁聲。浮分切。十三部。　藥　治病艸。玉篇引作治疾病之艸總名。从艸，樂聲。以勺切。二部。　䕻　艸木生箸土。箸，丈略切。此依韵會引。从艸，麗聲。此當云從艸麗，麗亦聲。呂支、郎計二切。十六部。易曰：百穀艸木麗於地。此引易彖傳說從艸麗之意也。凡引經傳，有證字義者，有證字形者，有證字音者。如艸木麗於地說從艸麗，豐其屋說從宀豐，皆論字形耳。陸氏易釋文乃云說文作䕻作寷，不亦謬哉。他如蘇字之引夏書，荆字、相字、䛐字、和字、葬字、庸字、去字之引易，譽字之引詩，有字之引春秋傳，公字之引孝經說，罔字之引孟子，易字之引祕書，畜字之引淮南王，公字之引韓非，皆說字形會意之指，而學者多誤會。　蓆　廣多也。鄭風緇衣之蓆兮，釋故、毛傳皆云：蓆，大也。韓詩云：儲也。廣義與大近，多義與儲近。从艸，席聲。祥易切。古音在五部芟刈艸也見周頌周禮毛云除艸曰芟从艸殳鍇有聲字非此會意殳取殺意也所銜切八部荐薦席也薦見廌部艸也不云艸席云薦席者取音近也席各本誤薦薦席爲承藉與所藉者爲二故釋言云荐原再也如且爲俎几故亦爲加增之詞易作洊从艸存聲在甸切古音在十二十三部荐與薦同音是以承藉字多假借爲之如節南山傳薦重也說文云且薦也皆作荐乃合左傳云戎狄荐居外傳荐處服云荐艸也此謂荐同薦韋云荐聚也此與爾雅再訓近藉祭藉也稭字下禾稾去其皮祭天以爲藉也引伸爲凡承藉蘊藉之義又爲假藉之義一曰艸不編狼藉此別一義从艸耤聲慈夜秦昔二切古音在五部蒩茅藉也司巫祭祀共鉏館杜子春云鉏讀爲蒩蒩藉也元謂蒩之言藉也祭食有當藉者館所以承蒩士虞禮苴刌茅長五寸實于篚按鄭謂儀禮之苴即周禮之蒩也从艸租聲子余切又子都切五部禮曰此當云禮記曰脫記字記者百三十一篇文也封諸

侯㠯土藉㠯白茅 白虎通獨斷皆云天子大社以五色土爲壇封諸侯受天子社土以所封之方色東方受青南方受赤他如其方色皆苴以白茅授之歸國立社按班蔡作苴假借字許作藉正字也

蕝 朝會束茅表位曰蕝 晉語昔成王盟諸侯於岐陽置茅蕝設望表與鮮卑守燎故不與盟司馬貞引賈逵云束茅以表位爲蕝許用賈侍中說也史記漢書叔孫通傳字作蕞如淳曰蕞謂以茅翦樹地爲纂位尊卑之次也 从艸絕聲 子悅切又茲會切又音纂此十四部十五部合音何氏纂文云蕝今之纂字是也鄭注樂記作鄭作管切今人編纂之語本此 春秋國語曰致茅蕝表坐

茨 茅蓋屋 俗本作以茅葦蓋屋見甫田鄭箋釋名曰屋以艸蓋曰茨茨次也次艸爲之也 从艸次聲 此形聲包會意疾資切十五部

葺 茨也 从艸咠聲 七入切七部

蓋 苫也 引伸之爲發端語詞又不知者不言論語謂之蓋闕漢書謂之巨蓋 从艸盇聲 古太切十五部盇在八部此合音也

苫 蓋也从艸占聲 失廉切今俗語舒贍切古音在七部

⿱艹渴 蓋也 今人譌字當用此 从艸渴聲 於蓋切十五部

䓛 㕞也 㕞當作刷字之誤也㕞拭也刷掊杷也䓛之言掘也與掊杷義近今人謂以鈍帚去蔵物曰䓛正是此字廣雅釋器䓛謂之刷 从艸屈聲 區勿切十五部

藩 屏也 屏蔽也 从艸潘聲 甫煩切十四部

菹 酢菜也 酢今之醋字菹須醢成味周禮七菹韭菁茆葵芹箈筍也鄭曰凡醯醬所和細切爲齏全物若牒爲菹少儀麋鹿爲菹則菹之稱菜肉通玉裁謂齏菹皆本菜稱用爲肉稱也 从艸沮聲 側魚切五部

⿱艹⿱沮皿 或从皿 ⿱艹⿰缶⿱且皿 或从缶 案二篆今本從血李燾本注或從皿五篇血部有⿱艹⿱沮血⿱艹⿰缶⿱且血二字玉篇血部⿱艹⿱沮血字下引周禮醢人七⿱艹⿱沮血菹或從血者鄭君菜肉通稱之説是也從缶者謂鬱諸器中乃成也菹醢通稱故血部云⿱艹⿱沮血醢也此艸部⿱艹⿱沮皿⿱艹⿰缶⿱且皿二字蓋後人增之

荃 芥脃也 黑部曰以芥爲齏名曰芥荃云芥脃者謂芥齏鬆脃可口也此字據上下文則非楚

詞荃字也。从艸全聲。晁說之云唐本說文初劣切按集韻猶存其音全聲當在十四部此十四十五二部合音也

⿱艹酤　韭鬱也。鬱同鬱廣雅寑醮鬱𨽾幽也皆謂飲食也此許君酤訓韭鬱豉訓幽尗之證从艸酤聲。苦步切五部

蘫　瓜菹也。从艸濫聲。各本篆作藍解誤作監聲今依廣韻集韻訂魯甘切八部

⿱艹泜　菹也。从艸泜聲。纏伊切十五部

⿱艹⿰氵⿱氐皿　⿱艹泜或从皿。皿器。

⿱艹橑　乾梅之屬。鄭注周禮云乾⿱艹橑乾梅也有桃諸梅諸是其乾者按鄭意周禮上文桃是濡者此著乾以別之从艸橑聲。梅桃當從木而從艸者艸亦木也盧晧切二部周禮曰：饋食之籩，其實乾⿱艹橑。籩人文後漢長沙王始煑艸爲⿱艹橑。謂周禮之後至漢長沙王始煑艸爲⿱艹橑不用梅桃也

⿱艹潦　⿱艹橑或从潦。

藙　煎茱萸。內則三牲用藙鄭云藙煎茱萸也漢律會稽獻焉爾雅謂之欓玉裁謂許君云欓似茱萸出淮南則與鄭說異皇侃義疏曰煎茱萸今蜀郡作

之九月九日取茱萸折其枝連其實廣長四五寸一升實可和十升膏名之藙也本艸圖經曰食茱萸蜀人呼其子爲艾子按艾卽藙字从艸⿱艹顡聲魚既切十五部漢律會稽獻⿱艹顡一斗

⿱艹宰羹菜也謂取菜羹之也集韵有宰字亨也卽此字从艸宰聲阻史子亥二切一部

若擇菜也晉語秦穆公曰夫晉國之亂吾誰使先若夫二公子而立之以爲朝夕之急此謂使誰先擇二公子而立之若正訓擇擇菜引伸之義也从艸右右手也此會意毛傳曰若順也於雙聲叚借也又叚借爲如也然也乃也汝也又兼及之詞五部一曰杜若香艸此別一義此六字依韵會恐是鉉用鍇語增今人又用鉉本改鍇本耳

蓴蒲叢也本艸圖經引西京襍記曰太液池邊皆是彫胡紫籜綠節蒲叢之類廣雅釋艸曰蒲穗謂之蓴大丸切謝靈運詩新蒲含紫茸亦謂蒲穗从艸專聲當從集韵徒官切十四部鉉本常倫切此蒓絲字

茜㠯艸補缺廣雅釋詁四茜補也丈例反从艸西聲讀

歷當爲蘼

若俠或作陸誤字也或㠯爲綴讀如俠在八部讀如綴在十五部古文丙字亦沾誓兩讀鉉直例切一曰約空也此別一義約空未聞蕁叢艸也蕁蕁見魏都賦茂盛皃从艸尊聲慈損切十三部茠薅田器舊作艸田器今依韵會論語疏作芸田器毛傳曰芸除艸也孔安國曰除艸曰芸故其字從艸乙部有匧字金部有銚字皆云田器疑皆此字之古文也从艸攸聲舊作條省聲乃淺人所改條亦攸聲也徒弔切古音在三部論語曰以杖荷茠見微子篇謂子路見丈人手用杖茠如於肩行來至田則置杖於地用茠芸田植杖者置杖也云以杖荷茠置杖而芸則茠爲芸田器明矣集解包曰茠竹器此有脫誤蓑雨衣一曰衰衣謂萆一名衰也韋昭注齊語曰襏襫蓑薜衣也薜或作襞皆卽萆字廣雅釋器曰萆謂之衰从艸卑聲蒲歷切十六部一曰萆歷佀烏韭此別一義艸名也烏韭在本艸艸部下品之下石衣也青翠茸茸長者可四五寸苉艸也芪母

前巳見則此非芪母也从艸是聲是支切十六部案艸名之字不當廁此苴履中艸

賈誼傳冠雖敝不以苴履引伸爲苞苴从艸且聲且薦也此形聲包會意子余切五部䕵艸

履也方言曰以絲作之者謂之履以麻作之者謂之不借麤者謂之屨東北朝鮮洌水之閒謂之鞠角南楚江

沔之閒緫謂之麤急就篇屐屩絜麤儀禮喪服傳疏屨注云疏猶麤也按禮注方言急就之麤字皆䕵字之省疏屨

者蕉蒯之菲則是艸爲之从艸麤聲倉胡切五部蕢艸器也孟子曰不知足而爲屨我

知其不爲蕢也知蕢是盛物之器从艸貴聲求位切十五部臾古文蕢象形論

語曰有荷臾而過孔氏之門此古文論語也憲問篇蓡覆也从艸

侵省聲七朕切七部茵車重席也秦風文茵文虎皮也以虎皮爲茵也从艸因

聲於眞切十二部鞇司馬相如說茵从革蓋亦凡將篇字廣雅釋器曰靯䩙謂之鞇

釋名曰靯鞴車中重薦也芻刈艸也謂可飤牛馬者象包束艸之形叉愚切古音在四部茭乾芻粊誓曰峙乃芻茭鄭注同从艸交聲古肴切二部一曰牛蘄艸此別一義見釋艸蘄音祈荹亂艸玉篇曰牛馬艸亂稾也从艸步聲薄故切五部茹飤馬也从艸如聲人庶切五部莝斬芻謂以鈇斬斷之芻从艸坐聲麤臥切十七部小雅秣之摧之以摧爲莝莝之者以莝飤馬也萎食牛也下文云以穀萎馬則牛馬通偁萎从艸委聲於僞切十六部今字作餧見月令蔌以穀萎馬置莝中以穀曰餗穀襍莝中曰蔌从艸敕聲楚革切古音十六部苖蠶薄也幽風毛傳曰豫畜萑葦可以爲曲也月令季春具曲植筥筐注曰曲薄也方言薄宋魏陳楚江淮之閒謂之苖或謂之麴自關而西謂之薄南楚謂之蓬薄案曲與苖同曲部云或說曲蠶薄也是許兼用此二形从艸曲聲丘玉切三

幽誤豳

荹

静詮云左傳左師見夫人之步馬當以此字為正廣韻引作亂藁

部蔟行蠶蓐从艸族聲千木切三部引伸爲六律大蔟字七豆切苣束葦燒也後漢書皇甫嵩傳束苣乘城俗作炬以此爲苣藤萵苣字从艸巨聲其呂切五部蕘艸薪也艸字依詩釋文補大雅詢于芻蕘毛曰芻蕘薪采者按說文謂物詩義謂人从艸堯聲如昭切二部薪蕘也从艸新聲息鄰切十二部蒸析麻中榦也析各本作折誤謂木皮爲麻其中莖謂之蒸亦謂之菆今俗所謂麻骨棓也潘岳西征賦李注云菆井卽渭城賣麻蒸市也毛詩傳曰粗曰薪細曰蒸周禮甸師注云大曰薪小曰蒸是凡言薪蒸者皆不必專謂麻骨古凡燭用蒸弟子職云蒸閒容蒸毛詩傳云蒸盡揹屋而繼之是也从艸烝聲煑仍切六部蒸蒸或省火丞聲烝聲一也大射儀注既夕禮注皆作此蒸張淳葉林宗所見釋文皆爾蕉生枲也枲麻也生枲謂未漚治者今俗以此爲芭蕉字楚金引吳都賦蕉葛竹越按本艸圖經云閩人灰理芭蕉皮令

錫滑緝以爲布如古之錫衰焉左賦之蕉正謂芭蕉非生枲也从艸焦聲即消切二部

𦳊　糞也从艸胃省會意也式視切十五部左氏傳史記假借矢字爲之官溥說䕭字之上佀米而非米者矢字是漢人多用矢也

薶　瘞也土部曰瘞幽薶也从艸貍聲莫皆切古音在一部周禮假借貍字爲之今俗作埋

葠　喪藉也从艸侵聲按此字可疑上文曰𦵔覆也從艸侵省聲不得以一省一不省畫爲二字二義明矣且鉉曰失廉切則與苫音義同苫固凶服覆席也且以次第求之不當廁此

折　斷也从斤斷艸譚長說會意也食列切十五部周禮折瘍劉昌宗本作斱此漢人之舊也

𣂚　籀文斱从艸在仌中仌寒故折廣雅釋器斷字從此

折　篆文斱从手按此唐後人所妄增斤斷艸小篆文也艸在仌中籀文也從手從斤隸字也九經字樣云說文作斱隸省作折類篇集韵皆云隸從手則折非篆文明矣

卉　艸之總名也方言曰卉艸也

東越揚州之閒曰卉 从艸屮 三屮卽三艸也會意許偉切十五部 艽 遠荒也 艽之言究也竆也 从艸九聲詩曰至于艽野 巨鳩切三部 𦱤 葷菜也菜之美者雲夢之葷菜 爾雅音義齊民要術太平御覽引皆作此九字音義云一本如是今兩存之大戴禮夏小正十二月納卵蒜卵蒜者何本如卵者也納者何納之君也案經之卵蒜今之小蒜也凡物之小者偁卵禮之卵醬即鯤醬詩之總角丱兮謂幼稚也丱者說文卵字也陶貞白云小蒜名薍子薍音亂即小正卵字其大蒜乃張騫始得自西域者本艸大蒜名葫小蒜名蒜蒜始以大蒜別於蒜後復以小蒜別於大蒜古祗有蒜而已 从艸祘聲 蘇貫切十四部案蒜字當聯葷字之下今在此者寫者脫而補於此或曰當下屬芥葱字亦大篆從茻之一也

左文五十三　重二大篆从茻 左當作大蓋許時已通用左許從俗

也在左之字五十三皆小篆從艸大篆從茻如芥作莽葱作蘩餘同省約其辭總識於此以目下文是以苹與蓱一物而不相屬蒹薍莿蔗與萑葭一物而不相屬蓼與薔一物而不相屬蘻與茀一物而不相屬蒸與菆一物而不相屬皆由此分別若汗簡古文四聲韵廣捜大篆不知舉此五十三文是爲疏矣又案鍇本無此十一大字而芃字之下繫以蘇字芓字蓂字乃後系以蒜芥葱字蘇與荏一物不相屬芓蓂與葩同類不相屬蒜與葷同類不相屬又蓍下出菰字蒜下重出苗字又出莆字茸下出蓷字皆與鉉本不同蓋改竄者多莫能肊說鉉本十一大字斷非鑿空故仍鉉舊而删菰葑之譌複蓷字從鍇本得五十二文

云

芥菜也借爲艸芥纖芥字从艸介聲古拜切十五部籀文作莽

蔥菜也爾雅茖山蔥管子冬蔥皆蔥之屬从艸悤聲倉紅切九部籀文作蘩

藋艸也爾雅藋山韭郭

注謂山中多有此菜如人家所種者故許不謂之菜與从艸隺聲余六切古音在二部籀文作[illegible]詩曰食鬱及藿宋掌禹錫蘇頌皆云韓詩六月食鬱及藿許於詩主毛而不廢三家也

蕇亭歷也釋艸文月令靡艸之一也从艸單聲多殄切十四部籀文作[illegible]

苟艸也孔注論語云苟誠也鄭注燕禮云苟且也假也皆假借也从艸句聲古厚切四部籀文作[illegible]

蕨鼈也釋艸文毛傳同陸機云周秦曰蕨齊魯曰鼈鼈俗從艸从艸厥聲居月切十五部籀文作[illegible]

莎鎬矦也夏小正正月緹縞縞也者莎隨也緹也者其實也先其言緹而後言縞者何也緹先見者也釋艸蒿矦莎其實媞挼縞蒿鎬同字許讀爾雅鎬矦爲句鎬矦雙聲莎隨曡韵皆絫呼也單呼則曰縞曰莎其根即今香附子从艸沙聲蘇禾切十七部籀文作[illegible]漢書地理志[illegible]題省水從尐尐與少同也俗誤作[illegible]

蓱苹也此與前苹字互訓而不類廁者以字體篆籀別之也小正於七月言苹生月令於三月言生蓱郭璞云江東謂之薸

注中籀文𦳍𦵰二字互誤

从艸水犴聲舊作從艸洴聲說文無洴字今改同蕅薵藻字之例薄經切十一部籀文作蓱堇

艸也根如薺葉如細柳蒸食之甘大雅堇荼如飴傳曰堇菜也夏小正二月榮堇采蘩傳曰皆豆實也堇采也內則堇荁注曰荁堇類也冬用堇夏用荁按釋艸堇有二齧苦堇詩禮之堇也芨堇艸晉語之置堇於肉即今附子也从艸堇聲居隱切十三部籀文作𦱤今經典通用堇字菲芴

也釋艸毛傳皆同釋艸又云菲蒠菜也从艸非聲芳尾切十五部籀文作𦳍芴菲也音義皆同从艸勿聲文弗切十五部籀文作𦵰

𧄸艸也从艸鷬聲呼旰切十四部籀文作鸛按鳥部鸛雗一字也而艸部蘿鸛各字恐有誤萑薍也薍之已秀者也薍已見前此以篆籀分別異處从艸萑聲胡官切十四部籀文作蘿今人多作萑者蓋其始假雖屬之萑為之後又誤為艸多皃之萑

葦大葭也夏小正曰未秀則不為萑葦秀然後為萑葦毛傳曰八月薍為萑葭為葦許云大葭

猶言葭之巳秀者 **从艸韋聲** 于鬼切十五部籀文作蘬 **葭 葦之未秀者从艸叚聲** 古牙切古音在五部籀文作蕸 **萊 蔓華也** 今釋艸作釐蔓華許所見作萊小雅北山有萊之萊未知即此與不也經典多用爲艸萊字 **从艸來聲** 洛哀切一部籀文作𦿆 **荔 艸也佀蒲而小根可作㕞** 月令十一月荔挺出鄭云荔挺馬薤也鄭以荔挺爲艸名蔡邕章句云荔佀挺高注吕覽云荔艸挺出則以挺下屬欵程氏瑶田曰荔今北方束其根以刮鍋李時珍以馬帚之荓當之誤也按刷各本作㕞今依顔氏家訓正上文曰蓏刷也 **从艸劦聲** 郎計切十五部籀文作𦿆 **蒙 王女也** 王或作玉誤釋艸云蒙王女又云唐蒙女蘿女蘿兔絲孫炎曰別三名按衛風爰采唐矣傳云唐蒙菜名小雅蔦與女蘿傳云女蘿兔絲松蘿也疑爾雅毛傳此二條皆不謂一物 **从艸冢聲** 莫紅切九部籀文作𦿐蕣今人冡冒皆用蒙字爲之 **藻 水艸也** 今水中莖大如釵股葉蒙茸深綠色莖寸許有節者是左

氏謂之蘊藻从艸水巢聲子晧切二部籒文作薻禮經華采之字古文用繅今文用藻璪詩曰于以采藻召南文藻藻或从澡𦿳王芻也見釋艸毛傳从艸彔聲力玉切三部籒文作𦾞詩曰菉竹猗猗今毛詩作綠大學引作菉小雅終朝采綠王逸引作菉蓸艸也从艸曹聲昨牢切古音在三部籒文作𦾔莤艸也从艸𠧪聲以周切三部籒文作𦾣菬艸也从艸沼聲昨焦切二部籒文作䔲菩艸也廣韵云似艾郭注方言云今江東人呼荏爲菩音魚从艸吾聲五乎切五部籒文作蒩楚詞有菩蕭按今楚詞無菩蕭惟宋玉九辯云白露既下百艸兮奄離披此梧楸梧楸蓋許所見作菩蕭正百艸之二也范艸也从艸氾聲房芝切八部籒文作𦾤芀艸也按許謂芀爲艸名也廣韵云陳根艸不芟新艸又生相因仍所謂燒火芀此別一義其字亦作芿仍列子趙襄子狩於中山藉芿

菬　斠詮云　玉篇廣韵並作菬

張文虎云按玉篇有菬字注云菬子藥

燔林是也今玉篇以舊艸不芟新艸又生曰艿係之說文此孫強陳彭年輩之誤也从艸乃聲如乘切六部乃在一部仍艿在六部者合韵取近也籀文作𦯬䒼艸也蒨或謂之地益許不云茜也則許意非一物也从艸皿聲呼決切十二部籀文作莽萄艸也今人爲蒲萄字从艸匋聲徒刀切古音在二部籀文作蕣芑白苗句嘉穀也𧄍字下詳之矣芑不類廁於𧄍者以字有篆籀別之管子其種𧆑杞字從禾从艸己聲驅里切一部籀文作𦱤詩曰維𧄍維芑今本𧆑杞六字依韵會所據補詩小雅采芑無此六字大雅豐水有芑毛云艸也魏風毛云荼也藚水舄也毛傳同釋艸从艸賣聲似足切三部按詩釋文引說文其或藚牛脣反今本多改爲似足矣籀文作𧂐詩曰言采其藚苳艸也从艸冬聲都宗切九部籀文作𦼮薔薔虞句蓼當有也字蓼下云薔虞也故此云薔虞蓼也句絕从薔與郭樸異薔不與蓼類廁者以字有篆籀別之

艸嗇聲所力切一部籒文作薔

苕艸也詩苕之華从艸召聲徒聊切二部籒文作葬

⿱艹楙艸也从艸楙聲莫厚切三部籒文作𦽍

萺艸也从艸冒聲莫報切古音在三部籒文作莫

茆鳧葵也魯頌毛傳同周禮醢人茆菹鄭大夫讀爲茅或曰茆水艸杜子春讀爲茆後鄭曰茆鳧葵也今周禮轉寫多譌誤爲正之如此漢時有茆茆二字經文作茆兩鄭皆易字爲茆也鳧葵名茆亦名蘻今之蒓菜也茆不與蘻類廁者以篆籒別之从艸丣聲力久切三部俗作茆音卯非也籒文作葬詩曰言采其茆今詩言作薄

荼苦荼也釋艸邶毛傳皆云荼苦菜唐風采苦采苦傳云苦苦菜然則苦與荼正一物也儀禮鉶芼牛藿羊苦豕薇記內則濡豚包苦亦謂之苦月令本艸易通卦驗皆謂之苦菜从艸余聲同都切五部詩荼蓼有女如荼及後世荼荈皆用此字籒文作蕣

蘩白蒿也釋艸蘩皤蒿毛傳同召南傳曰皤蒿也皤亦白也夏小正曰蘩由胡由胡者蘩母也蘩旁勃也

豆實也故記之从艸緐聲附袁切十四部儀禮采緐假緐字爲之籀文作蘇蒿菣也釋艸

小雅毛傳同陸璣曰青蒿也从艸高聲呼毛切二部籀文作蒿蓬蒿也从艸逢

聲薄紅切九部籀文作蓬莑籀文蓬省按此籀文當作古文蚰部蠭古文作𧓉可比例也

藜艸也左傳斬之蓬蒿藜藋藜初生可食故曰蒸藜不埶小雅北山有萊陸機云萊兗州人蒸以爲茹

謂之萊蒸按萊蒸藜郎蒸藜如詩騋牝訓驪牝也从艸黎聲郎奚切十五部籀文作蔾蘬薺

實也今釋艸紅龍古其大者蘬蓤薺實許所據絕不同从艸歸聲驅歸切十五部籀文作蘬歸籀

作歸也葆艸盛皃漢書武五子傳曰當此之時頭如蓬葆師古曰草叢生曰葆引伸爲羽葆幢之

葆史記以爲寶字从艸保聲博裒切古音在三部籀文作葆蕃艸茂也左氏傳曰其必

蕃昌从艸番聲甫煩切十四部籀文作蕃茸艸茸茸皃茸之言茙也召南毛傳曰禯猶

玉篇葏艸茂根
草　段注及河內多言杼汁
虎按杼汁之汁疑斗之譌

杼汁之汁疑斗之譌

茙茙也韓詩何彼茙矣左氏傳狐裘尨茸卽詩之狐裘蒙茙　从艸耳聲　今本作聰省聲此淺人所肊改此形聲之取雙聲不取疊韵者而容切九部籒文作茸

萑　艸多皃　此從錯本廁此鉉本以萑廁蓷篆後非也詳蓷下　从艸隹聲　職追切十五部籒文作萑

葏　艸皃　集韵一先曰詩葏葏者莪李舟說　从艸津聲　子僊切古音十二部籒文作葏

叢　艸叢生皃　叢聚也槩言之叢則專謂艸今人但知用叢字而已爾雅釋魚音義引說文叢艸衆生也　从艸叢聲　此形聲包會意徂紅切九部籒文作叢

草　草斗逗　櫟實也　一曰象斗　木部栩柔也其皁一曰樣又曰柔栩也又曰樣栩實也按此言櫟者卽栩也陸璣云栩今作櫟也徐州人謂櫟爲杼或謂之栩其子爲皁或言皁斗其殼爲汁可以染皁今京洛及河內多言杼汁或云橡斗按草斗之字俗作皁作皂於六書不可通象斗字當從木部作樣俗作橡　从艸早聲　自保切古音在三部周禮大司徒其植物宜早物假借早晚字爲之籒文作草

添當為沾

蔽麻蒸也此不與上文蒸字類廁者以篆籒別之西征賦曰感市閭之菆井東方朔七諫曰菎蕗襍於廢蒸王逸注枲翮曰廢一作菆按枲翮枲莖也麻部出䵒字云麻藍也錯本無之俗添之耳从艸取聲側鳩切三部籒文作莽一曰蕁也此別一義蕁見下部蓄積也从艸畜聲丑六切三部籒文作蓄萅推也此於雙聲求之鄉飲酒義曰東方者春春之為言蠢也尚書大傳曰春出也萬物之出也从日艸屯日艸屯者得時艸生也屯字象艸木之初生屯亦聲會意兼形聲此七字依韵會今二徐本皆亂以錯語昌純切十三部籒文作萅

文四百四十五　重三十一按鉉本文四百四十五錯本少莒蓩蔯蘱蓨萃六字則為四百三十九今仍鉉本惟復審定蓩菰鼓三字確是誤體刪去是為四百四十二其列字之次第類聚羣分皆有意義雖少為後人所亂而大致可稽如荎之非香艸於上下文得之也重三十一

鍇少蓐字今亦仍鉉

蓐　陳艸復生也从艸辱聲而蜀切三部一曰蔟也此別一義艸部曰蔟行蠶蓐也蓐訓陳艸復生引伸爲薦席之蓐故蠶蔟亦呼蓐凡蓐之屬皆从蓐𦵏籒文蓐从茻此不與艸部五十三文爲類而別立蓐部者以有薅字從蓐故也

薅　披田艸也大徐作拔去田艸衆經音義作除田艸經典釋文玉篇五經文字作拔田艸惟繫傳舊本作披不誤披者迫地削去之也木部曰槈薅器也从蓐好省聲呼毛切古音在三部茠籒文薅省

茠　薅或从休古好聲休聲同在三部詩曰既茠荼蓼周頌文今詩作以薅

文二　重三

茻　衆艸也按經傳艸莽字當用此从四屮凡茻之屬皆从茻讀若

艸艸　玉篇艸木冬生死不

茻艸　玉篇莽艸可以毒魚也

與冈同謂其讀若與冈之讀若同也模朗切十部

莫日且冥也且冥者將冥也木部曰杳者冥也夕部曰夕莫也引伸之義爲有無之無从日在茻中會意茻亦聲此於雙聲求之莫故切又慕各切五部

莽南昌謂犬善逐兔艸中爲莽从犬茻此字犬在茻中故偁南昌方言說其會意之恉也引伸爲鹵莽茻亦聲謀朗切十部古音讀如模上聲在五部取諸雙聲也

葬臧也見檀弓从死在茻中一其中所㠯薦之荐各本作薦今正荐艸席也有藉義故凡藉於下者用此字易曰古者葬厚衣之以薪此引易毄辭說從死在茻中之意也上古厚衣以薪故其字上下皆艸茻亦聲此於疊韵得之則浪切十部

文四此部不與五十三文同類者彼小篆從艸此小篆從茻也

十四部　文六百七十二　重八十　凡萬

六百三十九字此第一篇部文重文解說字之都數也每篇末識之以得十四篇都數識於敘目之後云此十四篇五百四十部九千三百五十三文重一千一百六十三解說凡十三萬三千四百四十一字是也自二徐每篇分上下乃移之冠篇首非是小徐書轉寫尤舛誤今復其舊云

說文解字第一篇下

元和顧廣圻校字

說文解字第二篇上

金壇段玉裁注

小　物之微也从八丨見而八分之　八別也象分別之形故解从八爲分之丨才見而輒分之會意也凡物分之則小私兆切二部　凡小之屬皆从小

少　不多也　不多則小故古少小互訓通用　从小丿聲　丿右戾也房密匹蔑二切又於小切按上二切近是少之形聲荅於古雙聲求之書沼切二部

𡮚　少也　方言曰𡮚杪小也孟子力不能勝一𡮚雛趙注𡮚爲小與方言同孫宣公音義得之作匹者非髟部曰鬣束髮𡮚小也廣韵十六屑曰𡯁𡮚小也方言㦗爵注言㦗𢧵也㦗𢧵郎𡮚

𡯁　从小乀聲　乀左戾也讀若輟子結切十五部今俗語說小往往言子結切之音

文三

字誤當作義

八　別也此以雙聲疊韵說其義今江浙俗語以物與人謂之八與人則分別矣象分別相背之形凡八之屬皆从八博拔切古音在十一部

分　別也从八刀會意刀目分別物也此釋从刀之意也甫文切十三部

尒　詞之必然也詞今作詞說文字體本作詞尒之言如此也後世多以爾字爲之凡曰果爾不爾云爾莞爾鏗爾卓爾鼎鼎爾猶猶爾聊復爾耳故人心尚爾皆訓如此亦有單訓此者如公羊焉爾之爲於此孟子然而無乎爾則亦有乎爾是也語助用耳者與爾絕殊三國志云生女耳是也耳之言而已也近人爾耳不分如論語女得人焉爾乎唐石經譌爲焉耳詩陳風箋梅之樹善惡自爾宋本譌爲善惡自耳皆是也古書尒字淺人多改爲爾如手部引論語鏗尒考工記㨫尒小徐本不誤是也从丨八八象气之分散从丨八與小同異入聲今本無此二字上文作从入丨八此依韵會所引小徐本訂正入聲在七部而尒在十五十六部閒者於雙聲求之也兒氏切

曾 **䛐之舒也**曰部曰朁曾也詩朁不畏明胡朁莫懲毛鄭皆曰朁曾也按曾之言乃也詩曾是不意曾是在位曾是在服曾是莫聽論語曾是以爲孝乎曾謂泰山不如林放乎孟子爾何曾比予於管仲皆訓爲乃則合語氣趙注孟子曰何曾猶何乃也是也是以朁訓爲曾朁不畏明者乃不畏明也皇侃論語疏曰曾猶嘗也嘗是以爲孝乎絶非語氣蓋曾字古訓乃子登切後世用爲曾經之義讀才登切此今義今音非古義古音也至如曾祖曾孫取增益層絫之意則曾層皆可讀矣**从八从曰**从八者亦象氣之分散**𡆧聲**𡆧者囪古文囪在九部此合韵之理也昨棱切六部昨當爲作

尚 **曾也**尚之䛐亦舒故釋尚爲曾曾重也尚上也皆積絫加高之意義亦相通也**庶幾也**釋言曰庶幾尚也**从八**亦象氣之分散**向聲**時亮切十部

㒸 **从意也**从相聽也豕者聽从之意司部曰䛐者意內而言外也凡全書說解或言䛐或言意義或錯見言从意則知豕者从䛐也言䛐之必然則知尒者必然意也隨从字當作豕後世皆以遂爲豕矣**从**

八有所从則有所背故从八豕聲豕在十六部家遂在十五部合韵冣近也徐醉切十五

詹多言也莊子曰小言詹詹从言从八从产多故可分从产也此當作产聲淺人所改厂部曰产屋梠秦謂之楣齊謂之产木部曰屋櫋聯秦謂之楣齊謂之檐楚謂之梠产與檐同字同音詹产聲職廉切八部

介畫也畫部曰畫畍也按畍也當是本作介也介與畫互訓田部畍字蓋後人增之耳介畍古今字分介則必有間故介又訓閒禮擯介左傳介人之寵皆其引伸之義也一則云介特兩則云閒介从人从八人各守其所分此依韵會所引古拜切十五部

𠔁分也此卽今之兆字也廣韵兆治小切引說文分也此可證兆孫愐以前𠔁卽兆矣又云𠁩灼龜坼也出文字指歸文字指歸者曹憲所作此可證孫愐以前卜部無兆𠁩字矣顧野王玉篇八部有𠔁兵列切卜部之後出兆部又云𠁩同兆此可證顧氏始不謂𠔁卽兆字矣廣韵說尙書分北三苗云北古別字不知其所本要與重八之𠔁無涉豈希馮始牽合而岐誤與治說文者乃於卜部增𠁩爲小篆兆爲古

文於八下增之云八別也亦聲兵列切以證其非兆字而說文之面目全非矣八从重八者分之甚也龜兆其一也凡言朕兆者如舟之縫如龜之坼 **从重八** 此下𠛃八別也亦聲五字會意治小切二部楚金云或本音兆按此相承古說也 **孝經說曰** 孝經說者孝經緯也後鄭注經引緯亦曰某經說鄭志荅張逸曰當爲注時時在文緯中嫌引祕書故諸所牽圖讖皆謂之說 **故上下有別** 此引緯說字形重八之意也上別下別則二八矣集韵改爲上下有分非也

公 **平分也从八厶** 八厶背私也今本从八从厶凡此等从字皆淺人所增 **八猶背也** 鄭注堯典分北三苗云北猶別也證以韋昭吳語注云北古之背字然則許鄭之語正互相發明分別之乃相僢背其義相因相足故許不云八背也而云猶背鄭不云北別也而云猶別凡古訓故之言猶者視此古紅切九部 **韓非曰背厶爲公** 五蠹篇倉頡之作書也自環者謂之私背私者謂之公自環爲厶六書之指事也八厶爲公六書之會意也

必 **分極也** 極猶準也木部

棟極二字互訓極字下云帳極也凡高處謂之極
立表爲分判之準故云分極引伸爲𧥣之必然
从八弋
樹臬而分也
弋今字作杙
八亦聲
八各本譌弋今正古八與
必同讀也卑吉切十二部
余語之舒也
語匡謬正俗引作𧥣之舒亏左氏傳小白余敢貪天子之命
無下拜此正𧥣之舒亏部曰亏於也象气之舒亏然
則余亏異字而同音義釋詁云余我也余身也孫炎曰余
舒遲之身也然則余之引伸訓爲我詩書用予不用余左
傳用余不用予曲禮下篇朝諸侯分職授政任功曰予一
人注云覲禮曰伯父寔來余一人嘉之余予古今字凡言
古今字者主謂同音而古用彼今用此異字若禮經古文
用余一人禮記用予一人余予本異字異義非謂予余本
即一字也顏師古匡謬正俗不達斯恉且又以予上聲余
平聲爲分別又不知古音平上不甚區分重悂貤繆儀禮
漢讀攷糾
之詳矣
从八
象气之
分散
舍省聲
以諸切
五部
𠎳二余也讀與余同
五部按易困九四來徐徐子夏作荼荼王肅作余
余皆舒意也許言叅之形未言其義舉此以補之一

文十二當云十三　重一按此二字誤衍棌之音義同余非卽余字也惟棌從二余則說文之例當別余爲一部上篇蕣蕣不入艸部是也容有省併矣

釆辨別也象獸指爪分別也倉頡見鳥獸蹏迒之迹知文理之可相別異也遂造書契釆字取獸指爪分別之形凡釆之屬皆从釆讀若辨蒲莧切十四部　古文釆惠氏棟云尚書平章平秩平字皆當作乎與古文平相似而誤按此肌測不可从

番獸足謂之番从釆田象其掌下象掌上象指爪是爲象形許意先有釆字乃後从釆而象其形則非獨體之象形而爲合體之象形也附袁切十四部　蹞番或从足从煩此形聲也　𤳁古文番按九歌𤳁芳椒兮成堂王注布香椒於堂上也𤳁一作播丁度洪興祖皆云𤳁古播字按播以番爲聲此屆賦假番爲播也

宷悉也知宷諦也諦廣韵引作諟古同部假借也从宀釆

鍇曰宀覆也釆別也能包覆而深別之也按此與覈字从襾敫同意式荏切七部審篆文宷从番然則宷古文籀文也不先篆文者从部首也悉詳盡也从心釆會意息七切十二部㥛古文悉此亦會意从心囧囧者窻牖麗廔闓明也釋解也从釆釆取其分別从睪聲廣韵曰捨也解也散也消也廢也服也按其實一解字足以包之考工記以澤爲釋史記以醳爲釋皆同聲假借也古音在五部音轉則廣韵在二十二昔施隻切是也徐鉉所引唐韵賞職切

文五　重五錯本作重四今刊本改作重五

半物中分也从八牛牛爲物大可㠯分也故取牛會意凡半之屬皆从半博幔切十四部胖半體也各本半體肉也今依元應訂周官經腊人注曰鄭大夫云胖讀爲判杜子春讀胖爲版又云膴胖皆謂夾脊肉又云禮家以胖爲半體元謂胖宜如脯而腥胖之言

片也析肉意也此別一義胖之言般也般大也按許用禮家說一曰廣肉大學心廣體胖其引伸之義也从肉半半亦聲普半切十四部

叛　半反也反覆也反者叛之全叛者反之半以半反釋叛如以是少釋尟从半反半亦聲按各本云半也从半反聲轉寫者多奪字耳薄半切十四部古多假畔爲叛

文三

牛　事也理也事也者謂能事其事也牛任耕理也者謂其文理可分析也庖丁解牛依乎天理批大郤道大窾牛事理三字同在古音第一部此與羊祥也馬怒也武也一例自淺人不知此義乃改之云大牲也牛件也件事理也與吳字下妄增之曰姓也亦郡也同一紕繆像角頭三封尾之形也角頭三者謂上三岐者象兩角與頭爲三也牛角與頭而三馬足與尾而五封者謂中畫象封也封者肩甲墳起之處字

張文虎云拔牛之全者爲牲雜則體解者爲半字从八牛八自當入牛部胖當入肉部叛字經典多用畔獨立半部不可解

叛　錯曰離叛也春秋曰…分半也…虎按段氏半反之義因錯說而附會之

牛　祭莫大於天祭天莫重於牛民事莫大於農農耕莫重於牛故曰事也理也

亦作犨尾者謂直畫下垂像尾也羊豕馬象皆像其四足牛略之者可思而得也語求切古音讀如疑 凡牛之屬皆从牛

牡 畜父也从牛土聲 按土聲求之疊韵雙聲皆非是葢當是从土取土爲水牡之意或曰土當作士士者夫也之韵尤韵合音取近从士則爲會意兼形聲莫厚切古音在三部

犅 特也 今本作特牛也依詩正義訂公羊傳曰魯祭周公何以爲牲周公用白牡魯公用騂犅羣公不毛何休云騂犅赤脊按說文犅訓山脊故何謂犅爲牛脊但毛詩作剛許說犅同特與何異 从牛岡聲 亦可云从剛省會意古郎切十部

特 特牛也 鉉本云朴特牛父也按天問焉得夫朴牛洪氏引說文特牛牛父也言其朴特皆與鍇本異葢言其朴特乃注說文者語鉉本改竄上移耳王逸張揖皆云朴大也玉篇樸訓特牛廣韵樸訓牛未劇此因古有朴特之語而製樸字特本訓牡陽數奇引伸之爲凡單獨之偁一與一爲耦故實維我特求爾新特毛云特匹也 从牛寺聲 徒得切一部亦作犆

牝 畜母也从牛

匕聲　毗忍切古音在十五部經典舊音多云扶死反是也　易曰畜牝牛吉　離卦辭也牝爲凡畜母之偁而牝牛取吉故其字從牛也按鍇本無牝字篆自是奪去耳麀字下曰从牝省則非無牝字也

犢　牛子也　見釋嘼　从牛賣聲　徒谷切三部

牬　二歲牛　牬字見爾雅釋畜牛體長也許君則曰二歲牛按犙字从參故爲三歲牛牭字从四故爲四歲牛則樲字从貳當爲二歲牛矣而謂樲爲籒文牭字二四既不同數且四之籒文作亖則牭之籒文當作牪凡此乖剌當由轉寫脫繆如鼎部鼏鼏馬部驂騑衣部袗袀今皆奪其一其明證也宜易之曰牬牛體長也樲二歲牛犙三歲牛牭四歲牛牪籒文牭則可讀矣而非可無徵專輒也　从牛𣎵聲　博蓋切十五部

犙　三歲牛　从牛參聲　穌含切古音在七部

牭　四歲牛　从牛四四亦聲　息利切十五部

樲　籒文牭从貳　按鍇本此下有仁至反三字與十三篇二字反語同是朱翺不謂樲卽牭字而謂樲乃二歲牛之正字也疑鍇本本不誤

後人用鉉本改之未刪朱氏切音耳龍龕手鑑引玉篇直利反顧野王亦不云籒文犅

犗 騬牛也 馬部曰騬犗馬也謂今之騸馬 从牛害聲 古拜切十五部

牻 白黑襍毛牛 古謂襍色不純爲尨亦作駹古交假借作龍亦作蒙周易說卦傳毛詩小戎周禮牧人巾車玉人皆可證也牻訓爲白黑襍毛然則凡謂襍色不純亦可用牻字 从牛尨聲 此以形聲包會意莫江切古音在九部

㹊 牻牛也从牛京聲 呂張切十部 春秋傳曰牻㹊 閔二年傳本作尨涼葢許引之證此二字所以從尨從京也京者涼之省也牻㹊同義如尨涼一理相似傳寫誤爲春秋傳曰牻㹊殊不可通

犡 牛白脊也从牛厲聲 洛帶切十五部

㺐 黃牛虎文从牛余聲讀若塗 塗當作涂同都切五部

犖 駁牛也 馬色不純曰駁駁犖同部疊韵廣雅牛屬郭牞丁犖桓譚新論作郭椒丁櫟牞椒犖櫟皆同韵也 从牛勞省聲 呂角切古音讀如遼在二部天官書此其

虎按犡將皆牛白脊又同部聲相轉疑本一字

犖犖大者謂寥寥甚少者也又卓犖超絕也 牛白脊也牛惟脊白是亦駁屬廣韵曰特出字林不言出說文何也从牛寽聲力輟切十五部 牛駁如星駁文似星點从牛平聲普耕切十一部 牛黃白色黃馬發白色曰驃票麃同聲然則犥者黃牛發白色也內則鳥犥色亦謂發白色从牛麃聲補嬌切二部 黃牛黑脣也釋畜云黑脣犉毛傳云黃牛黑脣曰犉按爾雅不言黃牛者牛以黃爲正色凡不言何色皆謂黃牛也从牛𦎧聲如勻切十三部詩曰九十其犉見小雅 白牛也白部曰皠鳥之白也此同聲同義从牛隺聲五角切古音在二部讀如堯 牛長脊廣韵犟牛長脊一曰白脊牛按一曰五字疑亦出說文今佚从牛畺聲居良切十部 牛徐行也俗謂舒遲曰⿰牛攴⿰牛攴从牛攴聲讀若滔土刀切二部按舀聲字周時在尤幽部漢時已讀入蕭豪部故許云⿰牛攴讀若滔

也犨牛息聲心部曰息喘也从牛雔聲赤周切三部按今本皆作犨雔聲而經典釋文唐石經作犨玉篇廣韵皆作犨云犨同五經文字且云犨作犨訛葢唐以前所據說文無不从言者凡形聲多兼會意雔从言故牛息聲之字从之錯鉉本皆誤也今正一曰牛名此別一義廣韵手鑑皆云白色牛晉大夫郤犨不知取何義也初學記名作鳴

牟牛鳴也从牛乙象其聲气從口出此合體象形與芈同意韓愈詩曰椎肥牛呼牟柳宗元賦曰牟然而鳴黃鍾滿脰莫浮切三部

㹌畜㹌畜牲也依廣韵手鑑訂左傳內則皆云名子不以畜牲从牛產聲所簡切十四部

牲牛完全也引伸爲凡畜之偁周禮庖人注始養之曰畜將用之曰牲按如𪕶鼠食郊牛角則非完全从牛生聲所庚切十一部

牷牛純色牧人注鄭司農曰牷純也按凡時事之牲用牷物凡外祭毀事用尨以尨與牷對舉則牷爲純色可知也大鄭注釋牷爲純也爲許所本後鄭則訓犧爲純毛牷爲體完具與許異

牢 虎按取其四周帀則从冬無義當云从牛𠕁形近譌爲冬俗加省字

禮上脫周字祭祀牷牲此是引牧人祭祀之牲牷依韵會補从牛全聲疾緣切十四部

牽 引而前也牽引疊韵引伸之輓牛之具曰牽牛人牽徬是也牲腥曰餼生曰牽又凡聯貫之詞曰牽从牛冂象引牛之縻也玄聲苦堅切十二部

牿 牛馬牢也从牛告聲古屋切三部周書曰今惟牿牛馬柴誓今惟淫舍牿牛馬大小徐本皆無淫舍二字今刊本妄增之此許偶遺二字非必許所據尚書少二字也惟大放牿牢之牛馬故令無以擭穽傷牛馬若牛馬在牢中擭穽安得傷之周易僮牛之牿許及九家作告鄭作梏劉陸作角不訓牢也

牢 閑也也字今補養牛馬圈也充人注曰牢閑也必有閑者防禽獸觸齧牲繫於牢故牲謂之牢如柴誓呼牛馬爲牿禮呼牲爲牢也从牛冬省取其四周帀从古文冬省也冬取完固之意亦取四周象形引伸之爲牢不可破魯刀切古音在三部

犓 㠯芻莝養圈牛也今本莝誤莖脫圈字依文

選注訂埊斬芻也趙岐注孟子曰艸生曰芻穀養曰豢韋注國語曰艸食曰芻穀食曰豢孟子正義引說文牛馬曰芻犬豕曰豢今說文無此語經傳犓豢字今皆作芻豢**从牛芻芻亦聲**測愚切古音在四部**春秋國語曰犓豢幾何**見楚語

犪　牛柔謹也玉篇曰尙書擾而毅字如此按凡馴擾字當作此犪作擾廣雅擾柔也善也**从牛夒聲**而沼切古音在三部按此以貪獸之夒爲聲爾雅注犪牛以有角之夒爲聲陸德明誤爲一字

犕　易曰犕牛乘馬此葢與革部之鞁同義鞁車駕具也故玉篇云犕服也以鞍裝馬也**从牛葡聲**繫辭今作服古音𠬝聲葡聲同在第一部故服犕皆扶逼反以車駕牛馬之字當作犕作服者假借耳左傳王使伯服如鄭請滑史記鄭世家作伯犕後漢書皇甫嵩傳義眞犕未乎北史魏收嘲陽休之義眞服未正作服字此皆通用之證也今韵犕平祕切

犂　耕也山海經曰后稷之孫曰叔均是始作牛耕郭傳始用牛犂也按耒部耕訓犂是犂耕二字互訓皆謂田器今人分別誤也

仲尼弟子列傳冉耕字伯牛司馬耕字子牛論語司馬牛孔注曰宋司馬犂也此可證司馬牛名耕一名犂也蓋其始人耕者謂之耕牛耕者謂之犂其後互名之 **从牛黎聲** 郎奚切十五部俗省作犂音狸狸[illegible]文也張參曰犂洛西反論語借以爲力之反張謂借犂爲狸文也犂狸異部而相借如爾雅釋騋牝爲驪牝

𤛓 牛兩壁耕也 壁當作辟辟是旁側之語莊廿一年左傳鄭伯享王于闕西辟服虔云西辟西偏也兩辟耕謂一田中兩牛耕一從東往一從西來也此耕字自人牛言之與木部六叉犂自器言之不同 **从牛非聲** 此形聲包會意非从飛下翄取其相背非尾切十五部廣韵入去聲 **一曰覆耕種也** 此別一義未聞 **讀若匪**

[illegible] 牛羊無子也从牛𠷎聲讀若糗糧之糗 糗糧見粊誓徒刀切古音在三部

牴 觸也 角部曰觸牴也亦作抵觝 **从牛氐聲** 都禮切十五部

[illegible] 牛踶衛也 廣韵曰踶衛牛展足按展足二字乃蹷字之誤蹷同跈足部曰踶者躛也

衛與躗互訓踶衛猶踐蹋也 从牛衛聲 于歲切十五部

𤙓 牛很不從牽也 从牛臤 臤者堅也故从牛臤會意 臤亦聲 喫善切古音在十二部 一曰大皃 義別 一讀若賢

𤛘 牛䣛下骨也 牛脛也脛者骹也 从牛巠聲 口莖切十一部 春秋傳宋司馬牼字牛 按仲尼弟子列傳宋司馬耕字牛左傳哀十四年兩書司馬牛不偁其名許云司馬牼豈即司馬耕與外此昭廿年廿一年宋有華牼孟子書有宋牼皆不傳其字

𤚬 牛舌病也 廣韵作牛舌下病舌病則噤閉不成聲亦作矜 从牛今聲 巨禁切七部

犀 徼外牛 各本有南字今依韵會楚語曰巴浦之犀犛兕象其可盡乎後漢章帝紀蠻夷獻生犀白雉 一角在鼻一角在頂 爾雅山海經郭注劉欣期交州記皆云有三角一在頂上一在頟上一在鼻上鼻上角短小按晉語角犀豐盈孟子注頟角犀厥地戰國策眉目準頞權衡犀角偃月此皆謂人自鼻至頂豐滿如相書所云伏犀貫頂

也佀豕見釋獸劉欣期云其毛如豕頭如馬郭璞云形似水牛豬頭說各不同也从牛尾聲先稽切十五部

牣物此復字刪之未盡者滿也見大雅毛傳从牛刅聲而震切古音在十三部詩曰於物魚躍於如字

物萬物也牛爲物之大者故物从牛與半同意天地之數起於牽牛戴先生原象曰周人以斗牽牛爲紀首命曰星紀自周而上日月之行不起於斗牽牛也按許說物从牛之故又廣其義如此故从牛勿聲文弗切十五部

犧宗廟之牲也魯頌享以騂犧毛傳犧純也曲禮天子以犧牛鄭云犧純毛也牧人祭祀共其犧牲鄭云犧牲毛羽完具也僞孔注微子云色純曰犧體完曰牷杜注左傳又云牷純色完全也說犧皆與許異从牛羲聲許羈切古音在十七部賈侍中說他皆偁名獨賈逵偁官者尊其師也此非古字魯頌毛傳曰犧尊有沙羽飾也明堂位注曰犧尊以沙羽爲畫飾鄭注荅張逸曰刻畫鳳皇之象於尊其

物　虎按物猶事也部首釋牛字云事也理也則物之从牛可知

犧　虎按牷下云牛純色祭祀牷牲此云宗廟之牲也意正相足牷爲純色則犧之爲純可知至牷爲純色又爲完具犧爲體完又爲純毛蓋對文則異散文則通

形㛂㛂然故曰沙按沙㛂義古音三字同在十七部犧牲犧尊葢本祇假義爲之漢人乃加牛旁故賈云非古字許廟諸部末

文四十五　錯四十四

重一　此部列字次第大致井井可玩

犛　西南夷長髦牛也　今四川雅州府清谿縣大相嶺之外有地名旄牛產旄牛而清谿縣南抵寧遠府西抵打箭鑪古西南夷之地皆產旄牛如郭樸注山海經所云背厀及胡尾皆有長毛者小角其體純黑土俗用爲茦其尾腊之可爲拂子云長髦者謂背厀胡尾皆有長毛下文犛字乃專謂尾也此牛名犛牛音如貍楚語巴浦之犀犛上林賦獷旄貘犛以其長髦也故史記西南夷傳謂之髦牛以其尾名犛也故周禮樂師注謂之犛牛以犛可飾旄也故禮注爾雅注北山經上林賦注漢書西南夷傳皆謂之旄牛犛髦旄三字音同因之讀犛如毛非也據上林賦則旄犛異物中山經荊山多犛牛郭曰旄牛屬　**从牛𠩺聲**　里之切一部按犛切里之

氂切莫交徐用唐韵不誤而俗本誤易之

凡犛之屬皆从犛

[氂]犛牛尾也凡經云干旄建旄設旄右秉白旄羽旄齒革干戚羽旄今字或有誤作毛者古注皆云旄牛尾也旄牛卽犛牛犛牛之尾名氂以氂爲幢曰旄因之呼氂爲旄凡云注旄干首者是也呼犛牛爲旄牛凡云旄牛尾者是也从犛省从毛莫交切二部按周禮樂師音義氂舊音毛但許不言毛亦聲而左傳晏氂外傳作晏萊後漢書魏郡輿人歌岑熙狗吠不驚足下生氂與災時茲三字韵則是犛省亦聲在弟一部也

[斄]彊曲毛也也依廣韵補可以箸起衣箸同褚裝衣也王莽傳以氂裝衣師古曰毛之彊曲者曰氂以裝褚衣令其張起也按此氂皆斄之誤劉屈氂亦當本作屈斄屈斄謂彊曲毛也从犛省來聲洛哀切舊音力之切一部

[𢻑]古文斄省

文三　重一

告　牛觸人角箸橫木所㠯告人也从口从牛　如許說則告卽楅衡也於牛之角寓人之口爲會意然牛與人口非一體牛口爲文未見告義且字形中無木則告意未顯且如所云是未嘗用口是告可不用口也何以爲一切告字見義哉愚謂此許因童牛之告而曲爲之說非字意故木部楅下不與此爲轉注此字當入口部从口牛聲牛可入聲讀玉也廣韵告上曰告發下曰誥古沃切三部音轉古到切○又汪氏龍曰此因嚳字故立告部愚謂誠然嚳从敩省敩亦教也教之故急急告之告亦聲然則當立敩部嚳屬焉不當有告部　易曰僮牛之告　大畜爻辭僮牛僮昏之牛也告九家同王弼作牿　凡告之屬皆从告

嚳　急告之甚也　急告猶告急也告急之甚謂急而又急也釋元應說嚳與酷音義皆同按白虎通云謂之帝嚳者何也嚳者極也敎令窮極也窮極卽急告引伸之義　从告學省聲　苦沃切三部

告　虎按郊特牲所以告天故告从口角箸橫木所以告人故梏从木而引伸為手械後人習聞告天之說而移之於梏因復撰為梏所以告地謬増許書周禮言義不審而采之段氏復據以補說文其實告天之義宜娰告下橫木之義宜娰梏下而告地……

嚳　虎按風俗通引書大傳嚳者考也成也言其考明法度醢美嚳然若酒之芬香也嚳考㲉聲同部當有所本酒之芬香義又与酷近

之說陋無足取。童牛之梏虞氏九家及許作告此假借字

文二

口 人所㠯言食也 言語飲食者口之兩大耑舌下亦曰口所以言別味也頤象傳曰君子以愼言語節飲食 象形 苦厚切四部 凡口之屬皆从口

噭 口也 謂口俗本叫今正史漢貨殖傳皆云馬蹄噭千徐廣曰噭馬八髎也小顏云噭口也蹄與口共千則爲馬二百也按以口釋噭此必本說文說文以口建首下噭噣喙吻字皆與口字轉注相接此全書之例也通俗文𡰱倉皆曰尻骨謂之八髎惟史記噭字從口故徐以八髎釋之尻亦得謂之口也各本史記作噭乃誤字耳噭與竅音義相同俗本說文作叫者蓋或識孔字於口字之旁因誤倂爲一字 从口敫聲 徐廣苦弔反小顏江弔口鈞二反唐韵古弔切二部 一曰噭呼也 此別一義呼當作嘑字之誤也嘑號也曲禮毋噭應鄭曰噭號呼之聲也呼亦當作嘑俗寫通用耳昭廿五年公羊傳曰昭公於是噭然而哭注噭然哭聲皃釋文皆古弔反

喙 喙也 曹風不濡

其味毛曰味喙也玉篇引不濡其噣咮噣二同朱聲蜀聲同部也亦假借作注爾雅咮星史記考工記注作注是也亦作啄詩韓奕傳厄烏噣也厄同軛烏噣釋名小爾雅作烏啄**从口蜀聲**陟救切三部

喙　口也說封傳爲黔喙左傳深目而豭喙叚借爲困極之義廣韵引昆夷瘃矣今詩作喙矣郭注方言引外傳余病㱮矣今外傳作余病喙郭云江東呼極爲㱮亦作瘃**从口彖聲**許穢切十五部彖聲在十四部合韵也

吻　口邊也曲禮注云口旁曰咡廣雅云咡謂之吻考工記銳喙決吻鄭曰吻口腃也釋名曰吻免也抆也卷也**从口勿聲**武粉切十三部勿聲在十五部合韵也

脗　吻或从肉从昏昏聲也凡昏皆从氏不从民字亦作脗作脗皆脗之俗也凡言脗合當用此

嚨　喉也釋鳥曰亢鳥嚨郭曰謂喉嚨**从口龍聲**盧紅切九部

喉　咽也从口侯聲乎鉤切四部

噲　咽也噲者會也聲氣所會也**从口會聲或讀若快**苦夬切十五部小雅噲噲

其正箋云噲噲猶快快也謂同音假借盧氏文弨云淮南精神訓噲然得臥宋書樂志吳鼓吹曲我皇多噲事皆與快同　**一曰噲嚵也**　此別一義噲亦複舉字也凡一曰之下多複舉本字俗本作嚵噲也非集韵作一曰嚵也

吞　咽也　今人以吞吐對舉據此則咽喉本名吞俗云喉吞是也猶之喉本名咽平聲今人以為下咽字一見切　**从口天聲**　土根切古音在十二部

咽　嗌也　咽者因也言食因於是以上下也　**从口因聲**　烏前切十二部

嗌　咽也　嗌者扼也扼要之處也咽嗌雙聲漢書昌邑王嗌痛爾雅注云江東名咽為嗌　**从口益聲**　伊昔切十六部

𦈢　籒文嗌上象口下象頸脈理也　此象形字與亢略同漢百官公卿表曰𦈢作朕虞應劭曰𦈢伯益也師古曰𦈢古益字也按此假借籒文嗌為益如九歌假借古文番為播也趙宋時古文尚書益作𦈢此本諸漢表耳○又按凡言頭領頸亢胡者自外言之言嚨喉噲吞咽嗌者自內言之故皆从口自口而入也

喗　大口也从口軍聲

牛殞切十三部

哆　張口也。小雅哆兮侈兮，毛曰哆大皃。从口多聲。釋元應兩引說文殆可切。此本音隱。唐韵丁可切。十七部。

呱　小兒嗁聲。咎繇謨啟呱呱而泣。从口瓜聲。古乎切。五部。詩曰：后稷呱矣。大雅。

啾　小兒聲也。三倉頡篇啾衆聲也。三年問啁噍之頃。此假噍為啾也。从口秋聲。即由切。三部。

喤　小兒聲。啾謂小兒小聲，喤謂小兒大聲也。如離騷鳴玉鑾之啾啾，詩鍾鼓喤喤，喤喤厥聲，則泛謂小聲大聲。从口皇聲。乎光切。十部。詩曰：其泣喤喤。

咺　朝鮮謂兒泣不止曰咺。方言咺痛也。凡哀泣而不止曰咺。朝鮮洌水之閒少兒泣而不止曰咺。从口亘聲。此依韵會。況晚切。十四部。

唴　秦晉謂兒泣不止曰唴。方言自關而西秦晉之閒凡大人少兒泣而不止謂之唴。哭極音絕亦謂之唴。平原謂啼極無聲謂之唴哴。从口羌聲。丘尚切。十部。

咷　楚謂兒泣不止曰噭咷。方言

楚謂之噭咷按噭字見上从口兆聲徒刀切二部

喑　宋齊謂兒泣不止曰喑方言齊宋之閒謂之喑或謂之惄按喑之言瘖也謂啼極無聲从口音聲於今切七部

嶷　小兒有知也大雅克岐克嶷毛曰岐知意也嶷識也按此由俗人不識嶷字蒙上岐字改从山旁耳高注淮南曰軫艴之艴讀如克岐克嶷之嶷太元作凝釋文嶷牛力切又音擬擬然有所識別也从口疑聲魚力切一部詩曰克岐克嶷

咳　小兒笑也內則云孩而名之爲作小兒笑而名之也从口亥聲戶來切一部

孩　古文咳从子內則孟子皆作此字按亥部有古文亥則右當作古文亥而亦从亥者亥亦古文也於史趙之言知之

嗛　口有所銜也夏小正曰田鼠者嗛鼠也爾雅鼸鼠古本亦作嗛故孫叔然云嗛者頰裏也廣韵曰嗛蝯藏食處也嗛鼠食積於頰人食似之故頰車或曰鼸車假借爲銜字如佞幸傳大后由此嗛韓嫣是也亦假借爲歉字商銘嗛嗛之食嗛嗛之德是也亦

假借爲謙字如子夏周易漢藝文志謙卦作嗛是也志云合於易之嗛嗛一嗛而四益轉寫下句从言遂滋異說**从口兼聲**戶監切古音蓋在七部

咀 **含味也**含而味之凡湯酒膏藥舊方皆云㕮咀廣韵九麌云㕮咀嚼也按㕮卽哺字古父甫通用後人不知爲一字矣含味之上似當有哺咀二字**从口且聲**慈呂切五部

啜 **嘗也**孟子徒餔啜也**从口叕聲**昌說切十五部**一曰喙也**此別一義

㗱 **噍也**也當作皃**从口集聲讀若集**雧省作集子入切七部

嚌 **嘗也**見儀禮**从口齊聲**在詣切十五部**周書曰大保受同祭嚌**顧命文儀禮多言嚌肺啐酒據周書則酒至齒亦云嚌也

噍 **齧也**少儀侍食於君子小飯而亟之數噍按數噍句絕所謂亟之也**从口焦聲**才肖切二部古讀平聲如嚼復嚼今年尚可後年饒是也

嚼 **噍或从爵**古焦爵同部同音唐韵乃分噍切才笑嚼切才爵矣今北音去聲南音入聲

吮 **欶也**欠部

云歃吮也。从口允聲。徂沇切十四部

啐　小歙也。士冠禮注曰古文啐爲呼按呼與啐音義皆隔必是誤字當是古文啐爲啐之誤如古文酳作酌今禮酌皆誤酌也　从口卒聲。讀若𣪊。所劣切十五部

嚵　小啐也。从口毚聲。士或切八部　一曰喙也。此別一義

噬　啗也。喙也。喙上當有一曰二字各本作噬今正說文有𧭈無筮則筮者𧭈變不當用爲諧聲周禮梓人攫殺援簭正作簭從𧭈聲而省叩也又周禮卜筮字皆作簭此則假借也　从口𧭈聲。時制切十五部按詩噬肯適我毛曰噬逮也此謂噬爲逮之假借也釋言作遾方言亦作噬

啗　食也。从口臽聲。徒濫切八部　讀與含同。與今音異

嘰　小食也。大人賦曰嘰瓊華按皀部有旣字云小食也嘰與旣音義皆同而各字玉藻進禨少儀注曰已沐飲曰禨皆當作此嘰　从口幾聲。居衣切十五部

噍　噍皃。按釋元應書三引說文皆云噂[口集]噍皃也廣韵十九鐸廿六緝皆云噂[口集]噍皃釋行均書同說

文古本當先噂字云噂嘄嘄見也次嘄字云噂嘄也从口今噂字嘄字廁兩處無噂嘄之語葢口部脫誤多矣尃聲補各切五部含嗛也从口今聲胡男切古音在七部禮樂志吟青黃以吟爲含哺哺咀也哺咀葢疊韵字釋元應引許淮南注曰哺口中嚼食也又引字林哺咀食也凡含物以飼曰哺爾雅生哺鷇从口甫聲薄故切五部味滋味也滋言多也从口未聲無沸切十五部嚛食辛嚛也嚛謂辛螫火部引周書味辛而不嫪呂覽本味味辛而不烈嚛與嫪烈同義玉篇云伊尹曰酸而不嚛此古伊尹書之僅存者酸疑當作辛辛而不嚛卽本味之辛而不烈也从口樂聲火沃切古音在二部⿰口竅口滿食从口竅聲丁滑切十五部噫飽出息也各本作飽食今依玉篇衆經音義訂息鼻息也內則在父母舅姑之所不敢噦噫莊子大塊噫氣其名曰風靈樞經曰五藏氣心主噫按噫字亦作餩見廣雅玉篇廣韵於北烏克二反高注淮南書曰㦒讀如人飮食太多

以思下垓之垓以思下垓之垓乃以息上餘之餘之誤高注多言心中滿該亦謂此也從口意聲於介切古音在一部論語子曰噫天喪予鄭氏毛詩噫此皇父噫厥哲婦皆爲有所痛傷之聲

嘽喘息也小雅傳曰嘽嘽喘息也馬勞則喘息一曰喜也樂記其樂心感者其聲嘽以緩注嘽寬綽皃从口單聲他干切十四部詩曰嘽嘽駱馬證前一義

唾口液也曲禮讓食不唾內則不敢唾洟从口垂聲湯臥切十七部

涶唾或从水

咦南陽謂大呼曰咦呼外息也大呼大息也从口夷聲以之切古音在六脂

呬東夷謂息爲呬方言呬息也東齊曰呬釋詁郭注亦云今東齊謂息爲呬疑許襲方言東夷當作東齊字之誤也从口四聲虛器切十五部按大雅民之攸塈毛曰塈息也塈不訓息此正謂塈即呬之假借爾雅呬息也某氏引詩民之攸呬蓋三家詩作呬毛詩作塈說文尸部有屆字鼻部有齂字皆臥息也亦皆虛器切凡古休息與鼻息同義

詩曰犬夷呬矣大雅混夷駾矣維其喙矣合二句爲一句與日部引東方昌矣相似混作犬喙作呬蓋亦用三家詩馬部引昆夷駾矣則毛詩也毛云喙困也方言餼喙呬息也按人之安寧與困極皆驗諸息故假樂緜之呬不嫌異義同偁喙與呬不嫌異字同義

喘疾息也此分別言之息下曰喘也渾言之也从口耑聲昌沆切十四部

呼外息也外息出其息也从口乎聲荒烏切五部今人用此爲號嘑評召字非也

吸內息也內息納其息也从口及聲許及切七部

噓吹也从口虛聲朽居切五部

吹噓也从口欠口欠則气出會意昌垂切古音在十七部

喟大息也論語兩云喟然歎曰謂大息而吟歎也何晏云喟然歎聲也殊非是从口胃聲丘貴切十五部

嘳喟或从貴胃貴聲同部

啍口气也从口𦎫聲他昆切十三部詩曰大車啍啍王風毛云啍啍重遲之皃按啍言口气之緩故引伸以爲重遲

之兒

嚏 悟解气也 悟解气者欠字下云張口气悟是也悟覺也解散也通俗文曰張口運气謂之欠款鄭注周易百果艸木皆甲坼曰皆讀爲人倦解之解郭注方言蛤解曰解讀解悟聲之解皆是許意嚏與欠異音同義玉裁按許說嚏義非是不必曲徇嚏之見於月令內則者各一鄭氏終風箋曰疐讀當爲不敢嚏咳之嚏今俗人嚏云人道我此古之遺語也月令民多鼽嚏謂鼻塞而妨嚏說文噴下一曰鼓鼻而釋嚏爲欠直以其字从口不从鼻故耳殊不思內則旣云不敢嚏又云不敢欠其爲二事憭然素問說五气所病腎爲欠爲嚏亦分二事倘云嚏卽是欠則內則素問皆不可通矣故嚏解當改云歕鼻也爲安口與鼻同時气出此字之所以从口也至若詩願言則疐毛傳云疐跲也釋文疐作疌跲作劫自是古字通叚觀狼跋傳疐跲也而其疐本又作疌可證崔靈恩集注乃改劫爲欬訓以今俗人體倦則伸志倦則欬音丘據反是葢以附合許之嚏解而不知許自解嚏非解毛之疐也改疐爲嚏自鄭君始許在鄭前安得從鄭易毛各本有詩曰願言則嚏六字休寧任氏龍以爲後人妄增者是也今

刪學者可以知毛許於詩本無欵說唐石經作嚏者乃從鄭非從毛 从口疐聲 都計切古音在十二部

[㘉] 野人之言 此論語曰質勝文則野 从口質聲 之日切十二部

[唫] 口急也 从口金聲 巨錦切七部

[噤] 口閉也 史淮陰侯傳雖有舜禹之智吟而不言此假吟爲噤也吟噤義相似 从口禁聲 巨禁切七部

[名] 自命也 祭統曰夫鼎有銘銘者自名也此許所本也周禮小祝故書作銘今書或作名士喪禮古文作銘今文皆爲名按死者之銘以緇長半幅經末長終幅廣三寸書名于末曰某氏某之柩此正所謂自名其作器刻銘亦謂稱揚其先祖之德著己名於下皆祇云名已足不必加金旁故許君於金部不錄銘字從周官今書禮今文也許意凡經傳銘字皆當作名矣鄭君注經乃釋銘爲刻劉熙乃云銘名也記名其功也呂忱乃云銘題勒也不用許說 从口夕夕者冥也冥不相見也 冥幽 故以口自名 故从夕口會意武幷切十部

[吾] 我

名　篆當是从口从命省亦聲夕即命字之 [吕] 許云夕者冥也辭費而義曲

自偁也偁各本作稱誤釋詁曰吾我也从口五聲五乎切五部

哲知也釋言曰哲智也方言曰哲知也古智知通用从口斲聲按凡从折之字皆當作斤斷艸各本篆文皆作手旁用隸改篆也今悉正之陟列切十五部

悊哲或从心韵會引說文古以此爲哲字按心部云悊敬也疑敬是本義以爲哲是假借

嚞古文哲从三吉或省之作喆

君尊也此羊祥也門聞也戶護也髮拔也之例从尹口尹治也口目發號此依韵會又補一口字尹亦聲舉云切十三部

古文君古文象君坐形小徐本作[illegible]

命使也从口令令者發號也君事也非君而口使之是亦令也故曰命者天之令也眉病切古音在十二部令亦聲

咨謀事曰咨左傳曰訪問於善爲咨毛傳同从口次聲卽夷切十五部

召評也言部曰評召也从口刀聲直少切二部

問訊也言部曰訊問也引伸爲禮之聘問从口門聲

亾運切十三部

唯 諾也［此渾言之玉藻曰父命呼唯而不諾析言之也］从口隹聲［以水切十五部］

唱 導也［鄭風曰唱予和女］从口昌聲［尺亮切十部古多以倡字爲之］

和 相應也从口禾聲［古唱和字不讀去聲戶戈切十七部］

咥 大笑也［衛風毛傳曰咥咥然笑周易履虎尾不咥人馬云齕也此別一義］从口至聲［許旣切又直結切古音在十二部］詩曰咥其笑矣

啞 笑也［馬融曰啞啞笑聲鄭云樂也］从口亞聲［於革切古音在五部按字林云謚笑聲呼益反此由笑言啞啞字音形皆變而云然啞俗訓爲瘖幺下切］易曰笑言啞啞［震卦辭］

噱 大笑也从口豦聲［其虐切五部］

唏 笑也［廣雅唏笑也］从口希聲［依韵會訂虛豈切十五部］一曰哀痛不泣曰唏［方言唏痛也凡哀而不泣曰唏於方則楚言哀曰唏十二諸侯年表曰紂爲象箸而箕子唏］

听 笑皃也［司馬相如賦亾是公听然

而笑从口斤聲宜引切古音十三部呭多言也孟子毛傳皆曰泄泄猶沓沓也曰部云沓語多沓沓也言部又云詍多言也引詩無然詍詍从口世聲余制切十五部詩曰無然呭大雅今作泄泄嘄聲嘄嘄也周禮大祝注祈嘄也謂爲有災變號呼告神以求福嘄陸音叫从口梟聲古堯切二部按玉篇有噪無嘄噪古弔反聲也此以倒首之県爲聲即噪字也廣韵引漢刑法志県首今志作梟首地理志鉅鹿鄡縣今說文作鄡縣鄡與噪疑皆淺人改作非許書本字咄相謂也謂欲相語而先驚之之詈凡言咄嗟咄喈咄咄怪事者皆取猝乍相驚之意倉頡篇曰咄啐也說文啐驚也李善注曹植贈彪詩引說文咄叱也从口出聲當沒切十五部唉應也方言欸譬然也南楚凡言然者曰欸或曰譬按廣雅欸譬然譍也本方言許以唉訓應欠部欸訓訾與方言異蓋唉欸古通用也元應書引作譍聲也从口矣聲讀若塵埃烏開切一部哉言之閒也釋詁孔䲨哉延

虛無之言閒也許分別釋之曰哉爲言之閒鍇云若左傳遠哉遙遙論語君子哉若人是哉爲閒隔之詞按如鍇說則必句中乃爲言之閒豈句末者非耶句中哉字皆可斷句凡兩者之際曰閒一者之竟亦曰閒一之竟卽兩之際也言之閒歎多用哉字若哉生明初哉首基則又訓哉爲始凡竟卽爲始**从口𢦏聲**將來切一部

噂　聚語也小雅傳曰噂猶沓沓**从口尊聲**子損切十三部**詩曰噂沓背憎**人部又引詩僔沓背憎詩釋文曰噂說文作僔五經文字亦云僔詩小雅作噂陸張皆不云說文有噂則知淺人依詩增也

咠　聶語也耳部曰聶附耳私小語也按聶取兩耳附一耳咠取口附耳也**从口耳**七入切七部**詩曰咠咠幡幡**巷伯三章緝緝翩翩四章捷捷幡幡許引當云咠咠翩翩而云咠咠幡幡者誤合二章爲一耳咠咠今詩作緝緝毛云緝緝口舌聲

呷　吸呷也司馬相如賦曰翕呷萃蔡張揖曰翕呷衣起張也海賦猶尚呼呷餘波獨湧李善曰呼呷波相呑之皃吳都賦曰諠譁喤呷廣韵喤

唪　虎按集韵作大聲　廣韵作大笑
錢氏斠詮曰此今俗唪腹大笑字

呷衆聲也从口甲聲呼甲切八部

嘒小聲也小雅鳴蜩嘒嘒毛曰嘒嘒聲也按商頌嘒嘒管聲毛曰嘒嘒和也从口彗聲呼惠切十五部詩曰嘒彼小星嚖或从慧

嘫語聲也方言欸然也廣雅欸䜣然譍也按然即嘫應聲也从口然聲如延切十四部

唪大笑也玉篇手鑑皆作大聲从口奉聲讀若詩曰瓜瓞菶菶方蠓切九部按今生民作瓜瓞唪唪而玉口二部㒳引皆作菶菶

嗔盛气也門部曰闐盛皃聲義與此同今毛詩振旅闐闐許所據作嗔嗔玉藻盛氣顛實注云顛讀爲闐盛身中之氣使之闐滿孟子塡然鼓之是則聲同得相假借也古音陳今俗以爲謓恚字从口眞聲待年切十二部詩曰振旅嗔嗔小雅

嘌疾也檜風匪車嘌兮毛曰嘌嘌無節度也按無節度者即上章所云疾驅非有道之車也从口票聲撫招切二部詩曰匪車嘌兮

嘑號也号部曰號嘑也是爲轉注雞人

夜嘑旦以嘂百官此嘑字之僅存者也若銜枚氏嘂呼歎嗚大雅式號式呼以及諸書云叫呼者其字皆當作嘑不當用外息之字嘑或作謼崔靈恩毛詩式號式謼 从口虖聲 荒烏切五部

喅 音聲喅喅然从口昱聲 余六切古音在七部

嘯 吹聲也 召南箋曰嘯蹙口而出聲也 从口肅聲 穌弔切古音在三部

歗 籒文嘯从欠 欠部重出歗字引詩其歗也謌今詩作條其歗矣作歗

台 說也 台說者今之怡悅字說文怡訓和無悅字今文尚書舜讓于德不台見漢書王莽傳班固典引而五帝本紀本之作舜讓于德不台懌自序曰唐堯遜位虞舜不台惠之早霣諸呂不台皆謂不爲百姓所悅也古文禹貢祇台德先鄭注敬悅天子之德既先 从口㠯聲 与之切一部按湯誓高宗肜日西伯戡黎皆云如台般本紀皆作柰何釋詁台子同訓我此皆以雙聲爲用何予台三字雙聲也

嗂 喜也从口䍃聲 余招切二部此字與䚻義相近

启 開也 按後人用啟字訓開乃廢启不行矣

台　虎按尚書不台猶言無喜色段氏謂不爲百姓所悅則不台上當加民字且与漢書史記文气不合
或云此說意不懌意不悅者不從其諫

某不自足招弄玩史漢文可知

段注引五帝本紀不台懌衍台字

啟教也玉篇引堯典〔胤〕子朱启明釋天明星謂之启明从戶口會意康禮切十五部此字不入戶部者以口戶爲開戶也

嗿聲也周頌傳曰嗿衆皃按許以字从口故釋與毛異从口貪聲他感切古音在七部詩曰有嗿其饁

咸皆也悉也咸皆也見釋詁从口从戌會意胡監切古音在七部戌悉也此从戌之故戌爲悉者同音假借之理

呈平也今義云示也見也从口壬聲直貞切十一部壬之言挺也故訓平

右助也从口又又者手也手不足以口助之故曰助也今人以左右爲ナ又字則又製佐佑爲左右字于救切古音在一部

啻語時不啻也〔玄〕應引倉頡篇曰不啻多也按不啻者多之辭也秦誓曰不啻若自其口出世說新語云王文度弟阿智惡乃不啻玉篇云買賣云不啻也可知爲帝井常談矣不啻如楚人言夥頤啻亦作翅支聲帝聲同部也广部疷下曰病不翅孟子曰奚翅食重从口帝聲施智切十六部一曰啻諟也言部曰諟理也

亦用諟爲宷諦字讀若鞮疑此謂後一義之讀吉善也从士口居質切十二部

周密也密山部曰山如堂者引伸訓爲周𦂳也左傳晏子曰清濁小大短長疾徐哀樂剛柔遲速高下出入周疏以相濟也以周與疏反對又襄二十七年春胥梁帶使諸喪邑者具車徒以受地必周杜皆云周密也按忠信爲周謂忠信之人無不周密者从用口善用其口則密不密者皆由於口職畱切三部周古文周字从古文及及之者周至之意

唐大言也引伸爲大也如說尙書者云唐之爲言蕩蕩也見論衡又爲空也如梵書云福不唐捐凡陂塘字古皆作唐取虛而多受之意𨸏部曰隄唐也从口庚聲徒郎切十部啺古文唐从口昜亦形聲

𠷎誰也从口𢑚又聲𢑚古文疇按此篆疑有誤白部曰𠷎䛐也从白𢑚聲引唐書帝曰𠷎咨與此音義大同但其字从口𢑚聲足矣不當兼从又聲又在一部非聲也老部耇酉部醻巾部幬皆从𢑚聲竹部籌火部燾言部譸邑

部鄭皆从𠷎聲絶無从壽聲之字可知此正當作𠷎爲壽之聲直由切三部

嘾　含深也莊子曰大甘而嘾　从口覃聲徒感切古音在七部

噎　飯窒也王風中心如噎毛曰謂噎憂不能息也噎憂雙聲憂即終日號而不嚘之嚘氣逆也今本毛傳譌脱惟玉篇不誤鄭風傳憂不能息憂亦讀爲嚘欠部曰欭嚘也欭嚘即噎嚘劉氏台拱說　从口壹聲烏結切十二部

嗢　咽也咽當作噎聲之誤也欠部曰歖咽中息不利也與嗢音義同笑云嗢噱者嗢在喉中噱在口也　从口昷聲烏沒切昷聲在十三部與十五部合音取近也

哯　不歐而吐也欠部曰歐吐也渾言之此云不歐而吐也者析言之歐以匈喉言吐以出口言也有匈喉不作惡而已吐出者謂之哯玉篇廣韵作不顧而唾非也　从口見聲胡典切古音在十四部

吐　寫也　从口土聲他魯切五部

噦　气啎也啎逆也通俗文曰氣逆曰噦內則曰不敢噦噫靈樞經說六府氣胃爲氣逆噦　从口歲聲於月切十五部

咈違也違與韋同相背也从口弗聲符弗切十五部周書曰按說文引微子篇咈其耇長我與受其退皆系周書引子顯躋則曰商書未知孰是誤字洪範一篇商周說異微子則必是商書也咈其耇長玉篇引易咈經于丘今易作拂蓋誤

嚘語未定皃東方朔傳曰伊嚘亞者辭未定也集韵云嚘或作嚘又老子終日號而不嗄玉篇作不嚘云嚘氣逆也太玄柔兒于號三日不嚘傳奕校定老子作歔歔同嚘从口憂聲於求切三部師古一侯反

吃言蹇難也从口气聲居乙切十五部

嗜喜欲之也此依韵會本喜當作憙憙悅也經傳多假耆爲嗜从口耆聲常利切十五部

啖噍啖也荀子王霸篇啖啖常欲人之有注啖啖幷呑之皃从口炎聲徒敢切八部一曰噉韵會無此三字云或作噉按口部無噉字玉篇廣韵皆正作噉云啖同以雙字例之蓋說文本作噉

哽語爲舌所介也哽介雙聲漢書祝哽在前从口更聲讀若

楚語當作楚詞

井汲綆古杏切十一部嘐誇語也孟子何以謂之狂也曰其志嘐嘐然曰古之人古之人夷考其行而不掩焉者也从口翏聲古肴切古音在三部啁啁此複舉字未刪者嘐也楚語鵾雞啁哳而悲鳴啁大聲哳小聲也从口周聲陟交切古音在三部倉頡篇啁調也謂相戲調也今人啁作嘲哇諂聲也淫哇也王莽傳又假鼃爲哇从口圭聲於佳切古音十六部讀若醫醫在第一部相隔遠甚疑是翳字翳在十六部𠯑語相訶歫也歫今之拒字訶歫者訶而拒之从口辛音愆辛惡聲也口辛以口拒惡聲也讀若櫱五葛切十五部吺讘吺逗多言也言部曰讘多言也讘吺玉篇作嗫吺从口殳聲當侯切四部呧苛也苛者訶之假借字漢人多用荷爲訶亦用苛爲訶从口氐聲都禮切十五部按言部有詆字云訶也口部呧似複出集韵詆呧爲一字呰苛也苛亦當作訶[元]應引作訶凡言呰毀當用呰喪服四

制呰者莫不知禮之所生也鄭云口毀曰呰〔元〕應引如此今禮記作訾按少儀注兩云訾思也从口此聲將此切十六部

嗻　遮也廣韻嗻多語之皃然則遮者謂多言遏遮人言也从口庶聲之夜切古音在五部

唊　妄語也廣韻唊唊多言也从口夾聲讀若莢古叶切八部

嗑　多言也从口盍聲讀若甲候榼切八部

嗙　訶聲嗙喻也从口旁聲補盲切十部司馬相如說淮南宋蔡舞嗙喻也上林賦巴渝宋蔡淮南于遮此所偁非賦文葢凡將之一句也劉逵引黃潤纖美宜製襌歐陽詢引鐘磬竽笙筑坎侯知凡將七言爲句

噧　高气多言也廣韻曰高聲皃又多言从口蠆省聲按篆文作蠆此直云蠆聲可矣不當云省訶介切十五部春秋傳曰噧言未見所出惟公羊襄二十四年經鄭公孫蠆二傳作蠆疑噧言二字有誤當云鄭公孫噧

叴　高气也从口九聲巨鳩切三部詩𠮷子

錢少詹云噧言即哀二十四年是躗言也之躗
虎按杜注躗過也釋文躗謂過謬之言服云僞不信
言也正義服虔云躗僞不信言也注云躗過謬言也
僞是不實之義杏自以意訓耳　虎按過謬不
信与高气多言義亦相因　躗噧音義俱近錢說
是也

是此叴字臨淮有叴猶縣見地理志按韓子智伯伐仇猶非此縣地嘮嘮呶讙也从口勞聲敕交切二部呶讙聲也从口奴聲女交切古音在五部詩曰載號載呶見小雅毛曰號呼呶讙也叱訶也訶大言而怒也从口七聲昌栗切十二部噴吒也从口賁聲普魂切十三部一曰鼓鼻此別一義許釋嚏爲欠以鼓鼻繫之噴吒噴也叱怒也此三字明叱噴吒三字互訓也曲禮曰毋吒食謂當食而叱怒他事嫌於怒食故注云嫌薄之淮陰侯傳曰項王喑噁叱吒千人皆廢从口乇聲陟駕切古音在五部亦作咤噊危也見釋詁从口矞聲余律切十五部啐驚也从口卒聲七外切十五部儀禮今文以爲啐酒字唇驚也後人以震字爲之从口辰聲側鄰切十三部吁驚也从口亏聲況于切五部按此篆當刪説見亏部嘵懼聲也豳風

毛傳曰嘵嘵懼也。从口堯聲。許幺切二部。詩曰予維音之嘵嘵。玉篇廣韵作予維音之嘵嘵本說文也今本說文作唯予音之嘵嘵。

嘖　大呼也。呼當作嘑廣韵嘖嘖叫也左傳定四年嘖有煩言。从口責聲。士革切十六部。

讀　嘖或从言。百官公卿表典客太初元年更名大鴻臚應劭曰郊廟行禮讚九賓鴻聲臚傳之也今漢書譌讚。

嗸　眾口愁也。董仲舒傳嗸嗸苦不足食貨志天下嗸嗸陳湯傳嗸嗸苦之皆同音假借字也。从口敖聲。五牢切二部按此字五經文字玉篇廣韵經典釋文皆下口上敖本說文也今說文作嗷後人所妄改。詩曰哀鳴嗸嗸。小雅。

唸　唸吚。逗。呻也。今本無唸者淺人以爲複字而刪之無呻者淺人所改也今依全書通例補正。从口念聲。都見切古音在七部郭音坫今切都見者因詩作殿也。詩曰民之方唸吚。大雅文今作殿屎。

吚　唸吚也。釋訓殿屎呻也毛傳殿屎呻吟也陸氏詩爾雅音義皆云殿屎說文

作唸吚　从口伊省聲　依詩爾雅音義五經文字云㕧說文作吚然則今本說文作㕧者俗人妄改也以虫部蛜字例之亦爲伊省聲馨伊切十五部

㘙　呻也从口嚴聲　五銜切八部廣韵作巖

呻　吟也　按呻者吟之舒吟者呻之急渾言則不別也　从口申聲　失人切十二部

吟　呻也从口今聲　魚音切七部

吟或从音

嗞　嗟也　嗟言部作䜊云䜊嗞也與此爲互訓今本言部作咨也淺人妄改耳謀事曰咨音義皆殊戰國策秦策五平原令見諸公必爲言之曰嗟嗞乎司空馬詩綢繆子兮子兮如此良人何毛傳子兮者嗟茲也茲當作嗞古言䜊嗞今人作嗟咨非也廣韵嗞嗟憂聲也　从口茲聲　子之切一部

哤　哤異之言　齊語曰四民者勿使襍處襍處則其言哤其事易韋注哤亂也　从口尨聲　莫江切九部　一曰襍語　漢人多用襍爲集字集語猶聚語也　讀若尨　兩義讀同

叫　嘑也从口丩聲　古弔切古音在三部按吅部䚹言部

虎按詩殿屎字疑殿爲㘙之譌，念㘙同部聲近，唸即㘙之異文，殿則与嚴形相涉也。玉篇、亦作㗘㕧又作歞屎，屎蓋㕧之誤，吚之爲吚亦形相似而譌
㗘同唸，又𠿑歆呻也，歞同歆。廣韵唸吚呻也，亦
錢氏𦑡詮云釋名吟嚴也，當用此字

訓皆訓大嘷與此音同義小異疑吅字淺人所增嘅歎也从口旣聲苦蓋切十五部詩曰嘅其嘆矣王風唌語唌嘆也梁鴻傳競舉枉兮措直咸先佞兮唌唌注唌音延讒言捷急之皃郭注爾雅假爲次字夕連切从口延聲十四部嘆吞歎也九經字樣作吞聲也非按嘆歎二字今人通用毛詩中兩體錯出依說文則義異歎近於喜嘆近於哀故嘆訓吞歎吞其歎而不能發詳欠部从口歎省聲他案切十四部一曰大息也此與喟義同別一義喝㵣也疑當作㵣音也今脫音字耳莊子庚桑楚終日嘷而嗌不嗄崔譔本作不喝云啞也子虛賦榜人歌聲流喝郭璞曰言悲嘶也又謝希逸文喝邊簫於松霧从口曷聲於介切十五部哨不容也鄭注考工記曰哨頃小也記投壺曰某有枉矢哨壺从口肖聲才笑切二部吪動也見釋詁毛詩傳从口化聲五禾切十七部詩曰尚寐無吪王風又小雅或寢或吪今各本作訛非也

訛卽譌字噆嗛也元應引作銜也嗛銜音義同从口朁聲子荅切七部吝恨惜也慳吝亦恨惜也从口文聲按此字蓋从口文會意凡恨惜者多文之以口非文聲也良刃切十二部易曰吕往吝蒙初六爻辭按辵部引以往遴不同者許易偁孟氏或兼偁他家或孟易有或本皆未可知也𠰻古文吝从彣各異䛐也䛐者意內而言外異爲意各爲言也从口夂陟侈切夂者有行而止之不相聽意夂部曰從後至也象人兩脛後有致之者致之止之義相反而相成也古洛切五部否不也从口不按否字見不部此誤增也

唁弔生也鄘風歸唁衞侯春秋齊侯唁公于野井穀梁傳毛傳皆云弔失國曰唁此言弔生者以弔生爲唁別於弔死爲弔也何注公羊云弔亡國曰唁弔死曰弔與此相發明今本公羊注弔死國曰弔衍國字从口言聲魚變切十四部詩曰歸唁衞侯哀閔也閔弔者在門也引伸之凡哀皆

[段云非文聲也　虎按疑當从忞省心部忞彊也篇韵忞自勉彊也引伸爲恨惜之意　出納之吝通於勉彊]

曰閔**从口衣聲**烏開切古音在十五部 嗁 **号也**号各本作號今正号下曰痛聲也此可證嗁号與嘑號不同字也号痛聲哭哀聲痛在內哀形於外此嗁與哭之別也喪大記始卒主人嗁兄弟哭婦人哭踊注悲哀有淺深也若嬰兒中路失母能勿嗁乎按鄭用褋記語也嗁俗作啼士喪禮作謕古多假謕爲嗁**从口虒聲**杜兮切十六部

㱿 **歐皃**今俗語如此 **从口㱿聲**許角切三部 **春秋傳曰君將㱿之**左哀廿五年文之玉篇作焉

咼 **口戾不正也**通俗文斜戾曰咼 **从口冎聲**苦媧切古音十七部

⿰口叔 **⿰口叔嗼也**三字一句俗本刪⿰口叔字非也宀部曰寂無人聲也 **从口叔聲**前歷切古音在三部

嗼 **⿰口叔嗼也**按夕部云寂䆮義略同爾雅釋詁曰嗼定也呂覽首時篇嗼然高注嗼然無聲也今毛詩求民之莫毛曰莫定也又貊其德音左傳韓詩貊皆作莫韓云莫定也 **从口莫聲**莫各切五部玉篇从格切

昏 **塞口也**廣雅釋詁曰昏塞也易巛六二括囊

耳誤當作身

无各括郎𠯑字也

从口氏省聲氏郎氏部𠯑字隸變或作𠯑或作𠯑凡𠯑聲字隸變皆爲舌如括刮之類古活切十五部

𠯑古文从甘戴先生曰古文氏不省誤爲从甘按汗簡古文四聲韵云𠯑𠯑皆同厥出古尚書𠯑郎𠯑字不省者也

嗾使犬聲見左傳宣二年使犬者作之噬也方言曰秦晉之西鄙自冀隴而西使犬曰哨郭音騷哨與嗾一聲之轉公羊疏云今呼犬謂之屬从口族聲穌奏切三部釋文素口反春秋傳曰公嗾夫獒按嗾服本作取云取嗾也嗾夫獒使之噬盾也今本釋文正義皆譌亂取誤爲嗾

吠犬鳴从口犬口犬者動口之犬也字林作吠則爲形聲字太元曰鴟鳩在林吠彼衆經文選注引戰國策作𠰺亦是形聲字符廢切十五部

咆嗥也廣韵曰咆虓熊虎聲从口包聲薄交切二部

嗥咆也廣韵嗥熊虎聲左傳曰狐貍所居豺狼所嗥从口皋聲乎刀切古音在三部

獋譚長說嘷从犬公羊春秋經趙盾弑其君夷獋

喈

鳥鳴聲也从口皆聲古諧切十五部一曰鳳皇鳴聲喈喈按此八字蓋後人所增鳳皇亦鳥耳詩風雨曰雞鳴喈喈卷阿曰邕邕喈喈

哮豕驚聲也按哮亦作㺃許角切吳都賦曰封豨䝐李云䝐豨聲呼學切亦即哮字但字形有譌耳从口孝聲許交切亦許角切古音在三部

喔雞聲也从口屋聲於角切三部

呃喔也呃喔雙聲射雉賦良遊呃喔引之規裏廣韵卅一麥曰呃喔鳥聲疑兩篆文下本皆云呃喔後人亂之耳从口戹聲烏格切十六部

咮鳥口也今人噣咮啄三字同音通用許分別甚明人口不曰咮从口朱聲章俱切古音在四部按廣韵十虞曰鼈咮多言皃四十九宥曰咮鳥口然則大徐用章俱切誤也

嚶鳥鳴也小雅鳥鳴嚶嚶毛曰嚶嚶驚懼也釋訓曰丁丁嚶嚶相切直也鄭曰嚶嚶兩鳥聲也按詩鳥鳴嚶嚶出自幽谷本不言何鳥昔人因嚶嚶似離黃之聲出谷遷喬亦似離黃出蟄土而登樹故就嚶嚶改鸎爲倉庚之名唐試士以鸎出谷

咮　虎按龤讋咮即讘哫說文讘哫多言也玉篇哫丁侯反哫哫也重文咅咅即咮字廣韵十九侯哫輕出言也集韵十九侯哫說文讘哫多言也或作咅讋咮亦即囁嚅𠾬蒼囁嚅多言也凡从朱

从殳从从需之說古入侯部今入虞部大徐切韵俱從今音也則章俱一切未爲誤

此條非是　但段不當引廣韵謂咮之爲誤

命題本毛詩也古者倉庚名離黃名鵹黃名楚雀名黃栗留黃鸝留不名黃鸎亦無鸎字也惟高誘注呂覽曰含桃鸎桃鸎鳥所含陸璣詩疏云黃鸝留幽州人謂之黃鸎鸎字始見要因其聲製字耳果名依高誘作鸎桃爲是鄭注月令作櫻桃者乃俗人所改詩交交桑扈有鶯其羽毛公云鶯然有文章也鶯絕非鸎唐人耕韵鶯注鳥羽文也鸎注黃鸎也一韵中可竝用舊本唐詩黃鸎字皆如此元明以後淺人乃謂古無鸎字盡改爲鶯而鶯失其本義而昔人因嚶製鸎之理晦矣玉篇鶯鳥有文鸎黃鳥也分別亦是而謂倉庚爲黃鳥失詩之訓毛詩黃鳥非倉庚也至集韵一類篇乃皆合鶯鸎爲一字斯謂不識字**从口嬰聲**鳥莖切十一部

啄　鳥食也鳥咮銳食物似豖吳都賦說水鳥曰彫琢蔓藻**从口豖聲**丁角切三部

唬　虎聲也鍇本不誤鉉本改爲嗁聲誤甚自吹篆已下皆言鳥獸矣通俗文曰虎聲謂之哮唬當讀呼去聲亦讀如罅字从虎口虎亦聲也五部**从口虎**與吹意同主於說口故不入犬虎部○此下鍇有一曰虎聲四字鉉本此四字在从口之上皆

淺人誤增讀若暠說文無此字鉉用唐韵呼訝切玉篇呼交切與此讀合

呦　鹿鳴聲也从口幼聲伊虯切三部

𣄕　呦或从欠

噳　麌鹿羣口相聚皃大雅麀鹿噳噳毛曰噳噳然衆也小雅麀鹿麌麌毛曰麌麌衆多也按毛意麌麌卽噳噳之假借也說文無麌从口虞聲魚矩切五部詩曰麀鹿噳噳

喁　魚口上見師古元應皆作衆口按魚是也淮南書水濁則魚噞喁劉逵注吳都賦曰噞喁魚在水中羣出動口皃喁本狀魚引伸他用如論語素王受命讖莫不喁喁延頸歸德淮南書羣生莫不喁喁然仰其德司馬相如傳延頸舉踵喁喁然皆是也从口禺聲魚容切古音在四部

局　促也以疊韵爲訓从口在尺下復局之尺所以指尺規榘事也口在尺下三緘其口之意一曰博所以行棊象形當作簙簙局戲也六箸十二棊簙有局以行十二棊局之字象其形此別一義渠錄切三部

㕣　山間陷

喁　虎按莊子前者唱于而隨者唱喁　喁亦隨衆動口之意讀如愚与于叶此古音矦部四虞之濫觴　錯

泥地閒玉篇作澗陷當作臽字之誤水部曰臽泥水臽臽也从口謂山閒从水敗皃謂臽泥谷字皆从水半見㕣亦从水半見出於口也水敗土而臽泥多是曰㕣讀若沇州之沇按漢隸沇州字已多作兖以轉切十四部九州之渥地也毛傳曰渥厚也故目沇名焉此釋州名之意沇爲九州之渥地如㕣爲山閒之渥地其義同其音亦同也古文谷按下蓋从谷上从列骨之殘𣦵字𣦵象水敗也漢人作兖字者蓋合和容沇二字爲之

文一百八十錯一百八十二重二十一張次立曰重二十補遺許一字

共重二十一按許字今不補

張口也象形也廣韵作皃口犯切八部凡凵之屬皆从凵

文一

吅　驚嘑也　玉篇云吅與讙通按言部讙譁二字互訓與驚嘑義別　从二口凡吅之屬皆从吅讀若讙　況袁切十四部

𤕦　亂也从爻工交吅　疑有譌脫寸部尋繹理也从口从工从又从寸工口亂也又寸分理之彡聲與𤕦同意是則从吅从爻从工者亦亂也从己分理之𤕦不云理尋不云亂者互見其義也乙部曰亂治也𤔔部曰𤔔治也幺子相亂受治之凡言亂而治在焉易窮則變也莊子在宥傖囊崔譔作戕囊云戕囊猶搶攘晉灼注漢書曰搶攘亂皃也搶攘疊韵本在陽唐韵轉入庚韵攘卽𤕦之假借凡髮亂曰鬇鬡艸亂曰莗薴皆搶攘同意　一曰窒𤕦　𤕦玉篇作穰蕠誤窒𤕦蕠浣塞之意周漢人語也　讀若穰　㒳義同讀在十部唐韵女庚切

𤕦　籀文𤕦

嚴　教命急也　嚴急疊韵趙注孟子曰事嚴喪事急　从吅　敎促之意　厰聲　語杴切八部

𠵍　古文嚴

咢　譁訟也　引伸爲徒擊鼓曰咢又韋賢傳咢咢黃髮　从吅屰屰亦聲　五各切五部

單　虎按天保傳單信也或曰單厚也箋曰單盡也厚與盡皆有大義

單大也當爲大言也淺人刪言字如誣加言也淺人亦刪言字爾雅廣雅說大皆無單引伸爲雙之反對大雅其軍三單毛云三單相襲也鄭云丁夫適滿三軍之數無羨卒也从吅單大言故从吅吅亦聲都寒切十四部闕當云單闕謂單形未聞也

喌呼雞重言之當云喌喌呼雞重言之也淺人刪之耳夏小正正月雞桴粥粥也者相粥之時也案相粥之時也一本作相粥粥呼也粥喌古今字雞聲喌喌故人效其聲評之風俗通曰呼雞朱朱俗說雞本朱公化而爲之今呼雞曰朱朱也謹按說文解字喌从二口二口爲讙州其聲也讀若祝祝者誘致禽畜和順之意喌與朱音相似耳今按應仲遠似當引小正爲原本从吅从州聲之六切三部讀若祝依風俗通則祝當重謂喌喌讀若祝祝也左傳州吁穀梁作祝吁博物志云祝雞翁善養雞故呼祝祝

文六　重二

哭　哀聲也从吅从獄省聲　苦屋切三部按許書言省聲多有可疑者取一偏旁不載全字指爲某字之省若家之爲豭省哭之从獄省皆不可信獄固从㹜非从犬而取㹜之半然則何不取穀獨倏狢之省乎竊謂从犬之字如狡獪狂默猝猥㹻狠獷狀獳狎狃犯猜猛犺狘狟戾獨狩臭獘獻類猶卅字皆从犬而移以言人安見非哭本謂犬嘷而移以言人也凡造字之本意有不可得者如禿之从禾用字之本義亦有不可知者如家之从豕哭之从犬愚以爲家入豕部从豕宀哭入犬部从犬吅皆會意而移以言人庶可正省聲之勉強皮傅乎哭部當廁犬部之後

凡哭之屬皆从哭

喪　亡也　亡部曰亡逃也亡非死之謂故中庸曰事死如事生事亡如事存尚書大傳曰王之於仁人也死者封其墓況於生者乎王之於賢人也亡者表其閭況於在者乎皆存亡與生死分別言之凶禮謂之喪者鄭禮經目錄云不忍言死而言喪喪者棄亡之辭若全居於彼焉己失之耳是則死曰喪之義也公子重耳自偁身喪魯昭公自偁喪人此喪字之本義也凡喪失字本皆平

聲俗讀去聲以別於死喪平聲非古也　从哭亡亡亦聲此從禮記奔喪之禮釋文所引息郎切十部

文二

走趨也釋名曰徐行曰步疾行曰趨疾趨曰走此析言之許渾言不別也今俗謂走徐趨疾者非　从夭止夭者屈也依韵會訂夭部曰夭屈也止部曰止爲足从夭止者安步則足肵較直趨則屈多子苟切四部大雅假本奏爲奔走　凡走之屬皆从走

趨走也曲禮注曰行而張足曰趨按張足過於布武大雅左右趨之毛曰趨趨也此謂假借趨爲趨也　从走芻聲七逾切古音在四部

赴趨也聘禮赴者未至士喪禮赴曰君之臣某死注皆云今文赴作訃按古文訃告字祇作赴者取急疾之意今文从言急疾意轉隱矣故言部不收訃字者从古文不从今文也凡許於禮經从今文則不收古文字如

口部有名金部無銘是也从古文則不收今文字如赴是
也禶記作計不作赴者禮記多用今文禮也左傳作赴者
左氏明述春秋傳以古文故與古文禮同也**从走卜聲**芳遇切古音在三部**趣疾也**大雅
來朝趣馬箋云言其辟惡早且疾也玉篇所引如是獨爲
不誤早釋來朝疾釋趣馬也又濟濟辟王左右趣之箋云
左右之諸臣皆促疾於事周禮趣馬大鄭曰趣馬趣養馬
者也按趣養馬謂督促養馬古音七口反音轉乃有淸須
七句二反後人言歸趣言趣者乃引伸之義**从走取聲**七句
輒讀爲七句以別於七苟非古義古音也
切古音在四部**超跳也**跳一曰躍也躍迅也迅疾也然則超與趣同義**从走召聲**敕宵切二
部**趫善緣木之士也**依二京賦注衆經音義訂吳都賦曰趫材悍壯此焉比廬成公綏洛
禊賦曰趫才逸態習水善浮按張注列子說符篇異伎云
僑人郭注山海經長股國言有喬國今伎家僑人象此僑
人今俗謂之蹻僑去蹻切
僑郎趫字去蹻切**从走喬聲**去蹻切二部**讀若王子蹻**王子蹻蓋郎王

子喬周靈王太子晉也又有王喬者蜀武陽人也淮南齊俗訓王喬赤誦子誦同松師古注王褒傳僑松云王僑赤松子凡辭賦言喬松者皆謂王喬非王子喬

赳 輕勁有才力也 周南傳曰赳赳武皃釋訓曰洸洸赳赳武也詩音義引爾雅武作勇 从走丩聲 居黝切三部 讀若鐈 喬聲在二部合韵取近

⿺走支 緣大木也 與蚑音義略同 一曰行皃 此別一義小雅鹿斯之奔維足伎伎玉篇作趆趆 从走支聲 巨之切之當作支十六部

趮 疾也 考工記羽豐則遲殺則趮鄭云趮旁掉也按今字作躁 从走喿聲 則到切二部

趯 躍也 召南傳曰趯趯躍也足部曰躍迅也 从走翟聲 以灼切古音在二部平聲

⿺走厥 蹷也 蹶跳起也足部曰楚人謂跳躍曰蹷 从走厥聲 居月切十五部

越 度也 與辵部迊字音義同周頌對越在天箋云越於也此假借越爲粵也尚書有越無粵大誥文侯之命越字魏三體石經作粵說文引粵三日丁亥今召誥作越三日丁巳 从走戉

聲王伐切十五部趁䞴也从走㐱聲讀若塵丑忍切十三部按趁當平聲同馬部
駗張人切今人趁逐字作此反語寫丑刃非古義古音也䞴趁也按趁䞴卽屯六二屯如亶如馬融云
難行不進之皃亶俗本作邅葉林宗抄宋版釋文呂祖謙音訓皆作亶馬部作駗驙駗驙馬載重難也皆雙聲疊韵
疑兩篆下本皆作趁䞴也从走亶聲張連切十四部趞趬趞也从走昔聲七雀
切古音在五部一曰行皃趬行輕皃今俗語輕趬當用此字从走堯聲牽遙
切二部一曰趬舉足也今俗語謂舉足正如此按趬趞雙聲字疑篆當先趬後趞趬下曰趬趞行
輕皃一曰趬舉足也从走堯聲趞下云趬趞也从走昔聲今本葢淺人所亂⿺走弦急走也从走
弦聲形聲包會意从弦有急意也胡田切十二部趀倉卒也倉俗从廾誤夬九四其行次且
次鄭作趀論語造次必於是造次馬云急遽也鄭云倉卒也然則次者趀之假借字錢氏大昕說从走朿

聲讀若資取私切十五部䞄輕行也从走票聲撫招切二部⿺走臤行皃从走臤聲讀若菣棄忍切十二部趥行皃从走酋聲千牛切三部⿺走蜀行皃篇韵皆曰小兒行从走蜀聲讀若燭之欲切三部⿺走匠行皃从走匠聲讀若匠疾亮切十部⿺走叡走皃走疾於行从走叡聲讀若紃詳遵切十三部按此字今篆作趨說云叡聲讀若紃若郝部分絕遠依廣韵十八諄作趨則與玉部璿字同一諧聲取韵詳遵與似沿分十三十四部而取近也玉篇亦作趨祀傳切今改正⿺走薊走意廣韵走皃从走薊聲讀若髫結之結結者今之髻字鄭注經少牢饋食追師弁師襍記用紒字从禮今文也許造說文髟部四用結字此一用結字从禮古文也士冠禮宋衣紒注云古文紒爲結許不从今文故系部無紒𩯭古屑切十五部⿺走困走意廣韵走皃从走困聲丘忿切十三部⿺走坴走意

花間詞曰荳蔻花間趖晚日今京師人謂日跌爲晌午趖从走坐聲穌和切十七部⿺走憲走意从走憲聲許建切十四部石鼓詩⿺走憲⿺走憲⿺走夔⿺走夔⿺走臱走意从走臱聲布賢切十二部按鍇本作臱省聲而其篆文不省⿺走戴走也从走戴聲讀若詩威儀秩秩此偁假樂威儀抑抑德音秩秩誤合二句爲一如東方昌矣昆夷咽矣亦然也秩秩李仁甫本作袟袟少牢饋食禮注曰古文替爲秩秩或爲戴與趩讀如秩相似直質切十一十二部合韵冣近⿺走有走也篇韵皆作走皃从走有聲讀若又于救切古音在一部⿺走烏走輕也从走烏聲讀若鄔安古切五部⿺走瞿走顧皃从走瞿聲此形聲包會意瞿鷹隼之視也記曰見似目瞿讀若劬其俱切五部⿺走𡨄走皃从走寒省聲今本寒作蹇誤篇韵皆巨言虛言二切鉉三九輦切⿺走才疑之等赲而去也等讀若躉等赲疊韵字濡滯之皃疑之故等赲而去

等在之止韵音變入咍海韵音轉入拯等韵　从走才聲　倉才切一部

趀　淺渡也　从走此聲　雌氏切十五十六部

赹　獨行也　唐風獨行煢煢毛曰煢煢無所依也煢聲勻聲合音取近故煢赹同義　从走勻聲讀若煢　渠營切十一部勻聲古在十二部

⿺走與　安行也　廣韵九魚⿺走與⿺走與安行皃按欠部歟安气也心部懙趣步懙懙也馬部驀馬行徐而疾也論語曰與與如也漢書長倩懙懙　从走與聲　余呂切五部

起　能立也　起本發步之偁引伸之訓爲立又引伸之爲凡始事凡興作之偁　从走巳聲　五經文字云从辰巳之巳是字鑑从戊巳之己非也墟里切十五部

⿺辶巳　古文起从辵

⿺走里　留意也　从走里聲　讀若小兒咳　咳今本作孩誤許用小篆也戶來切一部

⿺走臭　行也　廣韵一送曰⿺走夢⿺走臭疲行皃大人賦說螭蚴沛艾赳螑仡以佁儗兮張揖曰赳螑申頸低卬也按赳螑猶⿺走夢⿺走臭　从走臭聲　香仲切古音在三部

趛　低頭

疾行也从走金聲牛錦切七部趌趨逗怒走也从走吉聲去吉切十二部趨趌趨也凡異部疊韵必部分相近从走曷聲居謁切十五部趯疾也齊風子之還兮毛曰還便捷之皃按毛以還爲趯之假借也或毛詩本作趯从走睘聲讀若讙況袁切十四部趖直行也从走乞聲魚訖切十五部趩趨進趩如也有但引經文不釋字義者如此及詞之許矣結衣長短右袂是也又色艴如也又足躩如也从走翼聲與職切一部趌踶也足部曰踶躗也按踶蹋也从走叏聲各本作決省聲非古穴切十五部趩行聲也石鼓詩其來趩趩从走異聲讀若敕丑亦切一部一曰不行皃按趩字鍇本在部末疑趩趩本一字而二之如水部之湜瀷也趆趨也玉篇走皃廣韵趨走皃从走氐聲都禮切十五部篇韵皆去聲趍趍趙逗二字句夂

也夊行遲曳夊夊也楚危切各本皆譌久玉篇廣韵不䞫趍趙雙聲字與峙𨇨䠍箸蹢躅字皆爲雙聲轉語从
走多聲直离切古音在十七部 趍趙也从走肖聲治小切 行
難也廣雅趚難也按今人靳固字當作此趚字从走斤聲讀若菫巨菫切十三部
走意也从走复聲讀若繘居聿切十五部复古音在十四部今音取近故䡓繘亦同字
遠也䢜部曰逴遠也音義同上林賦捷垂條逴希閒元應引如是史記作踔郭璞曰踔懸擿也吴都
賦狖鼯猓然騰趠飛超按許云遠者騰擲所到遠也从走卓聲敕角切李善吐教切今俗語如綽二部
趫趫也三字一句趫趫疊韵字廣韵趫趫行皃方言蹻行也蹻卽趫字从走龠聲以灼
切二部 大步也从走矍聲丘縛切五部 超特也廣韵曰趒同跳
按足部有跳字蹶也蹶踰也禮樂志體容與迣萬里迣迾也於義隔史記樂書作迣吴都賦迣踰竹柏李善引如淳

曰跐超踰也恥曳切趩與跐音義同从走契聲丑例切十五部⿺走幾走也从走幾聲居衣切十五部⿺走弗走也篇韵皆作⿺走弗云走皃从走弗聲敷勿切十五部⿺走矞狂走也東京賦捎魑魅斮獝狂薛曰獝狂惡戾之鬼按獝當作⿺走矞从走矞聲余律切十五部廣韵⿺走矞同遹⿺走曼行遲也今人通用慢字从走曼聲莫還切十四部趉走也玉篇曰卒起走也按今俗語有之从走出聲讀若無尾之屈尾部曰屈無尾也高注淮南云屈讀如秋雞無尾屈之屈方言隆屈郭音屈尾瞿勿切十五部趜窮也毛傳鞫窮也說文窾窮也鞫窮治皋人也皆於雙聲疊韵求之廣韵曰趜困人也从走匊聲居六切廣韵又巨竹切三部趑趑趄逗行不進也易其行次且釋文次本亦作趑或作欧馬云郤行不前也且本亦作趄或作跙馬云語助也王肅云趑趄行止之礙也按馬云郤行不前者於次本字得其義也云語助者王風毛傳所云且辭也馬鄭同用

費氏易而馬次鄭趑不同趑者後出俗字趄又因趑而加走旁者也許斷不錄鉉之前已有趑字注曰趑趄鉉因又補趄篆爲十九文之一今姑皆存之俟好學者深思焉從走次聲取私切十五部

趄　趑趄也從走且聲七余切五部

□　□行□□也從走虔聲讀若愆去虔切十四部

□　行□□也廣韵□曲走皃從走雚聲巨員切十四部一曰行曲脊皃玉篇無行字

趢　□趢也東京賦曰狹三王之趢趗薛云趢趗局小皃也從走彔聲力玉切三部

□　行速□□也錯本行速□□者行速皃鉉本改下□爲也字非夊部曰夋行夋夋也廣雅釋室曰□犇也予綏反今本綏譌繡從走夋聲七倫切十三部

趚　側行也側行者謹畏也從走朿聲資昔切十六部詩曰謂地蓋厚不敢不趚小雅趚作蹐毛曰蹐累足也足部引不敢不蹐此不同者蓋三家文異也朿聲脊聲同部

□　半步

也今字作跬司馬法曰一舉足曰跬跬三尺兩舉足曰步步六尺从走圭聲讀若跬同丘弭切十六部讀若跬同當作讀若圭三字淺人所改也伍被傳作窺同部假借祭義作頃異部假借支與淸轉移亦近也荀卿子作頍

⿺走虒隲逗輕薄也⿺走虒隲周漢人語从走虒聲直离切十六部讀若池錯本作地

僵也僵僨也此與足部之踣音義竝同未審孰爲本字孰爲後增从走音聲讀若匐朋北切一部

距也距當作歫歫止也一曰槍也按蹠弩主於足歫故曰趚張从走廗聲錯本不曰省聲五經文字廗蔾省作厈㴥字林作泝九經字樣廗蔾省作垪又錯本㴥鉉作許是知今本篆作趚云廗省聲非也今正車者切古音在五部漢令曰趚張百人史漢申屠嘉傳材官蹶張如淳曰材官之多力能腳蹋強弩張之故曰蹶張律有蹶張士孟康曰主張強弩蹶音其月反漢令蹶張士百人考許書⿺走厥趚二字竝出⿺走厥云蹠也趚云歫也引漢令趚張百人與如孟引作蹶張不合今尋繹字義⿺走厥

者跳起也趆者拓也如孟二家作蹶張皆由認蹶趣趨爲一字耳讀說文者因席厥相似合趣趨爲一字篇韵皆云趣同趨正誤合二爲一之

⿺走樂　動也　篇韵皆云躒同大戴禮曰騏驥一躒不能千步　證也厥之省不得作席

从走樂聲　郎擊切古音在二部

讀若春秋傳曰輔⿺走樂　當作春秋傳有輔⿺走樂六字見襄廿四年今傳作躒又有荀躒

趡　動也　楊雄河東賦曰神騰鬼趡師古子笑才笑二反按說文有趡無趡廣雅釋室騰趡犇也曹音子肖今疑趡恐誤字子肖恐誤音耳然大人賦曰騰而狂趡師古音醮吳都賦狂趡獷猤李子召反則古非無趡字矣

从走隹聲　千水切十五部

春秋傳曰盟于趡　見桓十七年陸翠軌反

趡地名　此三字後人增

⿺走亘　⿺走亘田　逗　易居也　周禮大司徒不易之地家百晦一易之地家二百晦再易之地家三百晦大鄭云不易之地歲種之地美故家百晦一易之地休一歲乃復種地薄故家二百晦再易之地休二歲乃復種故家三百晦遂人辨其野之土上地中地下地以頒田里上地夫

一廛田百晦萊五十晦中地夫一廛田百晦萊百晦下地夫一廛田百晦萊二百晦注萊謂休不耕者公羊何注曰司空謹別田之高下美惡分爲三品上田一歲一墾中田二歲一墾下田三歲一墾肥饒不得獨樂墝埆不得獨苦故三年一換主易居財均力平漢書食貨志曰民受田上田夫百晦中田夫二百晦下田夫三百晦歲耕種者爲不易上田休一歲者爲一易中田休二歲者爲再易下田三歲更耕自爰其處地理志曰秦孝公用商君制轅田張晏云周制三年一易以同美惡商鞅始割列田地開立仟佰令民各有常制孟康云三年爰土易居古制也末世浸廢商鞅相秦復立爰田上田不易中田一易下田再易爰自在其田不復易居也按何云換主易居班云更耕自爰其處孟云爰土易居許云趄田易居爰轅趄換四字音義同也古者每歲易其所耕則田廬皆易云三年者三年而上中下田徧焉三年後一年仍耕上田故曰自爰其處孟康說古制易居爲爰田商鞅自在其田不復易居爲轅田名同實異孟說是也依孟則商鞅田分上中下而少多之得上田者百畝得中田者二百畝得下田者三百畝不令得

田者彼此相易其得中田二百畝者每年耕百畝二年而徧得下田三百畝者亦每年耕百畝三年而徧故曰上田不易中田一易下田再易爰自在其田不復易居周禮之制得三等田者彼此相易今年耕上田百畝明年耕中田二百畝之百畝又明年耕下田三百畝之百畝又明年而仍耕上田百畝如是乃得有休一歲休二歲之法故曰三歲更耕自爰其處與商鞅法雖異而同也鞅之害民在闢仟伯 从走亘聲 羽元切 十四部

走頓也 此與足部曰蹎跋也音義同 从走眞聲讀若顚 都年切 十二部

喪擗⿺走甬也 今禮經禮記皆作踊足部曰踊跳也是二字義殊也左傳曲踊三百三踊于幕庭之類當从足若卽位哭三踊而出之踊當从走擗鉉作辟詩邶風爾雅諸家本多作擗撫心爲擗跳躍爲⿺走甬 从走甬聲 余隴切 九部

止行也 今禮經皆作蹕惟大司寇釋文作趩云本亦作蹕是可見古經多後人改竄亦有僅存古字也五經文字曰趩止行也梁孝王傳出稱警入言趩 一曰竈上祭名也 篇韵皆有禪字云竈

上祭从走畢聲畢吉切十二部䟆進也按水部漸云漸水也則訓進者當專作䟆許所見周易卦名當如是矣从走斬聲藏濫切八部廣韵作𨄣慈染切趧趧婁四夷之舞各自有曲趧婁今周禮作鞮鞻氏注云鞻讀爲屨鞮屨四夷舞者扉也今時倡蹋鼓沓行者自有扉按今說文革部鞮革履也無鞻字釋文引說文鞮屨也字林鞮革屨也鞻者軨屨是則字林乃有鞻字許鄭周禮所無鄭注當本作婁讀爲屨革部之鞮是常用之屨走部之趧婁乃四夷舞者之屨曲當作屨聲之誤也四夷之舞各自有屨正與鄭注說同許意當亦婁讀爲屨从走屨也故从走是聲都兮切十六部趒雀行也今人槩用跳字从走兆聲徒遼切二部赶舉尾走也从走干聲巨言切十四部按此後人所增非許書本有也衆經音義曰通俗文曰舉尾走曰揵律文作赶馬走也然則唐初說文無赶卽有赶亦不訓舉尾走都人士鄭箋蠆螫蟲也尾末揵然似婦人髮末上曲卷然釋文引漢書音義揵舉也

此舉尾用揵不用赾之證

文八十五　重一

止　下基也與丌同部同義象艸木出有阯止象艸木生有阯屮象艸木初生形止象艸過中枝莖益大出象艸木益茲上出達也故目止爲足此引伸假借之法凡以韋爲皮韋以朋爲朋黨以來爲行來之來以西爲東西之西以子爲人之偁皆是也以止爲人足之偁與以子爲人之偁正同許書無趾字止卽趾也詩麟之止易賁其止壯于前止士昬禮北止注曰止足也古文止爲趾許同鄭从今文故不錄趾字如从今文名不錄古文銘也或疑銘趾當爲今文名止當爲古文周尚文自有委曲煩重之字不合於倉頡者故名止者古文也銘趾者後出之古文也古文禮今文禮者猶言古本今本也古本出於周從後出之古文今本行於漢轉從冣初之古文猶隸楷之體時或有捨小篆用古籒體者也諸市切一部凡止之屬皆从止

踞也之上當重峙字

歱 跟也 [足部曰跟足踵也跟踵雙聲釋名曰足後曰跟或曰踵踵鍾也上體之所鍾聚也按劉熙作踵許歱踵義別] 从止重聲 [之隴切九部]

𣥺 歫也 [今音丑庚切古音堂今俗語亦如堂考工記維角𣥺之大鄭曰𣥺讀如牚距之牚牚距卽𣥺歫字之變體車𣥺急就篇釋名作車棠說文金部作車樘木部曰樘衺柱也今俗字𣥺作撐] 从止尚聲 [丑庚切古音十部]

歭 䠧也 [足部曰䠧者峙䠧不前也峙䠧爲雙聲字此以䠧釋峙者雙聲互訓也心部曰篤箸足部曰蹢躅毛詩曰踟躕廣雅曰蹢躅跢跦皆雙聲疊韵而同義] 从止寺聲 [直离切按离當作䍦一部假借以峙爲待以䠧爲儲峙乃糗糧峙卽峙變止爲山如岐作歧變山爲止非眞有从山之峙从止之歧也峙䠧之峙平聲峙具峻峙之峙亦作跱上聲]

歫 止也 [許無拒字歫卽拒也此與彼相抵爲拒相抵則止矣書傳云歫至也至則止矣其義一也漢石經論語其不可者距之字作距許歫與距義別] 从止巨聲 [其呂切五部] 一曰槍也 [木部曰槍歫也兩字互訓]

槍者謂觝觸也**一曰超距**史記投石超距超一作拔漢書甘延壽投石拔距絕於等倫張晏曰拔距超距也劉逵曰拔拒謂兩人以手相按能拔引之也

歬　不行而進謂之歬从止在舟上昨先切十二部按後人以齊斷之前爲歬後字又以羽生之翦爲前齊字

歷　過也傳也引伸爲治厤明時之厤**从止厤聲**郎擊切十六部

𡳿　至也从止叔聲昌六切三部

𨇵　人不能行也王制瘖聾跛躃按跛說文作彼蹇也蹇行䞐䞐是能行而躃邪不正者也躃說文作壁有足而不能行者如有牟子而無見曰矇也荀卿書賈誼傳皆假辟字爲之服虔曰辟病躃不能行也**从止辟聲**必益切十六部

歸　女嫁也公羊傳毛傳皆云婦人謂嫁歸此非婦人假歸名乃凡還家者假婦嫁之名也**从止婦省**當云从婦止婦省寫者奪之婦止者婦止於是也**𠂤聲**舉韋切十五部林罕妄改爲追省聲

𡚒　籒文省會意

疌　疾也凡便捷之字當用此捷獵也非其義

豫九四朋盍簪子夏傳云簪疾也鄭云速也晁說之云陰宏道按張揖古今字詁疌作揩埤倉云揩疾也說之案揩簪同一字王原叔謂卽詩不寁字祖感反玉裁按釋詁寁速也本或作疌从又又手也从止曰止足也手足共爲之故疾屮聲疾葉切按屮聲在十五部疌在八部合音也[illegible]機下足所履者疌者躡也从止从又入聲尼輒切八部𣥂蹈也从反止讀若撻廣韵引文字音義同他達切十五部歰不滑也从四止色立切七部

文十四　重一

癶足剌癶也剌癶疊韵字剌盧達切从止𣥂凡癶之屬皆从癶隸變作癶讀若撥北末切十五部登上車也引伸之凡上陞曰登从癶豆象登車形都滕切六部𤼷籒文登从収按籒文省𢍃之肉小篆併肉収省之癹以足

歲　虎按察中星者以初昏故从戌亦以會意包形聲

蹋夷艸周禮夷氏掌殺艸一作雉氏从癶从殳从癶謂以足蹋夷也从殳殺之省也艸部芟亦从殳癶亦聲普活切十五部春秋傳曰癹夷蘊崇之隱六年左傳今癹作芟音衫又班固荅賓戲夷險發荒晉灼曰發開也今諸本多作芟按發亦癹之誤

文三　重一

步　行也行部曰人之步趨也步徐趨疾釋名曰徐行曰步从止出相背止出相竝者上登之象止出相隨者行步之象相背猶相隨也薄故切五部凡步之屬皆从步

歲　木星也五星水曰辰星金曰太白火曰熒惑木曰歲星土曰塡星越歷二十八宿歲越疊韵宣徧陰陽宣歲雙聲此二句謂十二歲而周十二次也十二月一次也釋天云載歲也夏曰歲商曰祀周曰年孫炎云歲星行一次也賈公彥引星備云歲星一日行十二分度之一十二歲而周天从步於

天有常戌聲戌悉也亦是會意律厤書名五星爲五步此釋故从步相銳切十五部从步之意漢書律歷志云五步

文二

此止也釋詁曰已此也正互相發明於物爲止之處於文爲止之言从止匕句匕相比次也此釋从匕之故相比次而止也雌氏切十五部漢人入十六部凡此之屬皆从此

呰窳也闕將此切十五十六部按此非許本文史記貨殖傳云呰窳偷生無積聚漢地理志呰窳媮生而無積聚應劭曰呰弱也晉灼曰呰病也窳惰也徐廣曰呰窳苟且惰嬾之謂也師古曰呰短也窳弱也言短力弱才不能勤作是皆呰窳爲雙字不以窳釋呰小顏云呰短者本方言今說文以窳釋呰非史漢文義又凡云闕者或闕其義或闕其音或闕其形旣釋爲窳則義非闕也其音則如渟音紫其形則从此从吅此亦聲皆非蓋闕無可

呰　虎按説解窳上疑有重文呰字闕者闕其从吅之義又不入吅部而入此部之故段説未經

言者許以訾入言部以呰入口部惟呰不入吅部入此部許必審知其說今本蓋許說亡後淺人補之也釋詁曰茲斯咨呰已此也疑呰本作𣦵訓此

𣦵識也从此朿聲遵誺切古音在十六部

一曰藏也藏今字也古作臧廣雅石鍼謂之柴與識訓相近又柴拳也與藏訓相近拳同舒卷之卷

文三

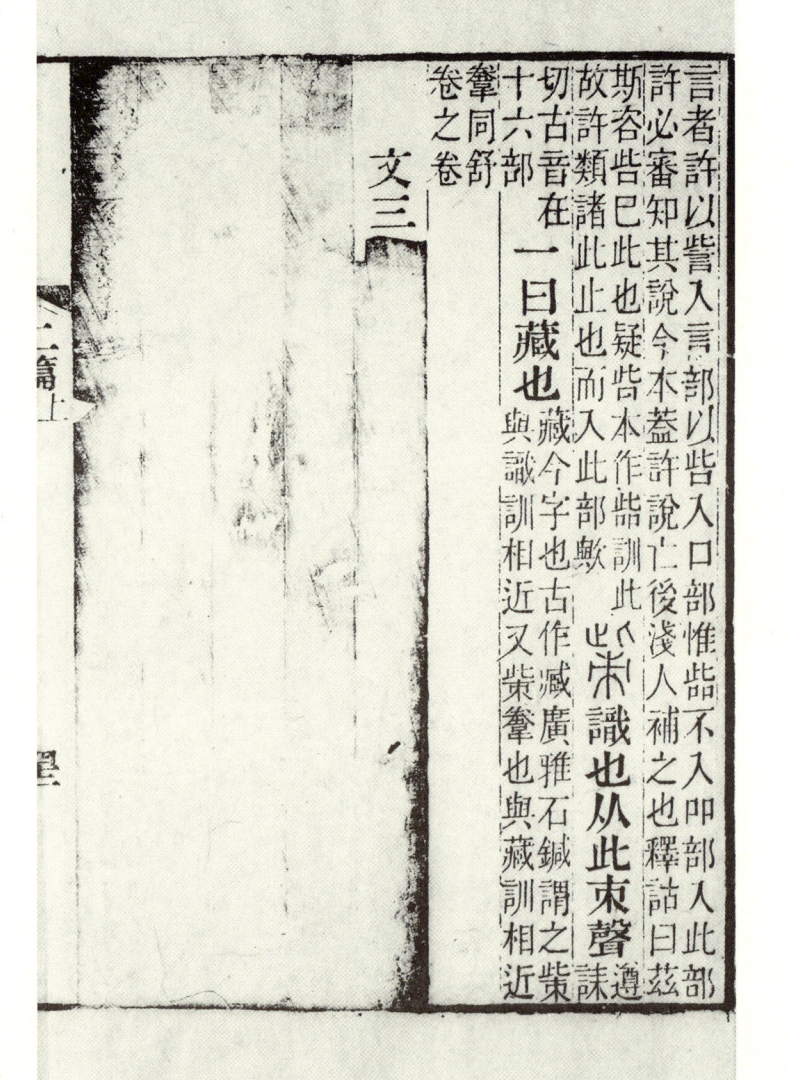

説文解字第二篇上

正

虎按止下基也所以立也從一則能正矣於古文徵之

說文解字第二篇下

金壇段玉裁注

正　是也从一　句　一㠯止　江沅曰一所㠯止之也如乍之止亡毋之止姦皆以一止之之盛切十一部　凡正之屬皆从正　𤴓　古文正从二二古文上字　此亦同辛示辰龍童音章皆从二　𤴔　古文正从一足足亦止也　止部曰止爲足

乏　春秋傳曰反正爲乏　左傳宣十五年文此說字形而義在其中矣不正則爲匱乏二字相鄉背也禮受矢者曰正拒矢者曰乏以其禦矢謂之乏以獲者所容身謂之容房法切古音在七部

文二　重二

是　直也　直部曰直正見也　从日正　十目燭隱則曰直以日爲正則曰是从日正會意天下之物莫

正於日也左傳曰正直爲正正曲爲直五經文字是入凡
曰部則唐本从曰也恐非承旨切旨當作紙十六部

是之屬皆从是。是籒文是从古文正按此知籒是篆是皆从日韙是
也古文尚書曰時五者來備今文尚書作五是來備李賢
於李雲荀爽傳皆引史記五是來備可證凡史記多用
今文尚書也荀爽對策曰五韙咸備韙與是義同六書之
轉注也李雲上書曰五氏來備氏與是音同在十六部六
書之叚从是韋聲于鬼切春秋傳曰犯五不韙左傳隱十
借也十五部一年文
愇籒文韙从心玉篇云愇怨恨也廣韵引尟是少也
字書愇恨也皆不云同韙
易斆辭故君子之道鮮矣鄭本作尟云少也又尟不及是
矣本亦作鮮又釋詁鮮善也本或作尠尠者尟之俗
少逗俱存也是少二字各本譌作尟字此釋上文是少从
之意是此也俱存而獨少此故曰是少
是少於其形得賈侍中說此字說得諸侍中
其義也也穌典切十四部

文三　重二

辵　乍行乍止也公食大夫禮注曰不拾級而下曰辵鄭意不拾級而上曰栗階亦曰歷階不拾級下曰辵階也廣雅辵奔也从彳止彳者乍行止者乍止丑略切古音葢在二部讀如超凡辵之屬皆从辵讀若春秋傳曰辵階而走讀若二字衍春秋傳者公羊宣二年文今公羊作躇何休曰躇猶超遽不暇以次

迹　步處也莊子云夫迹履之所出而迹豈履也从辵亦聲迹本作速朿聲故音在十六部小篆改爲亦聲則當入五部而非本部之形聲矣李陽冰云李丞相持朿作亦謂此字也資昔切古音在十六部

蹟　或从足責責亦朿聲也小雅念彼不蹟毛傳不蹟不循道也

速　籒文迹从朿釋獸鹿其跡速釋文本又作麤素卜反引字林鹿跡也按速正速字之誤周時古本云其速速速之名不嫌專繫鹿也廣雅躔踈解亢跡也郎爾雅麋跡躔鹿跡速麢跡解兔跡迒也曹

憲踈音匹迹反集韵云迹或作踈然則字林從鹿速聲素卜反之字紕繆實甚或以竄入爾雅又或以麛入鹿部麢麤二字之閒其誤可不辯自明矣

無違也舛部曰舝車軸耑鍵也兩相背从舛𨕖从舝而曰無違猶祀從巳而曰祭無巳也从辵舝聲讀若害胡蓋切十五部廣韵音會

先道也道今之導字達經典假率字爲之周禮燕射帥射夫以弓矢舞故書帥爲率鄭司農云率當爲帥大鄭以漢人帥領字通用帥與周時用率不同故也此所謂古今字毛詩率時農夫韓詩作帥時許引周禮率都建旗鄭周禮作帥都聘禮注曰古文帥皆爲率皆是也又釋詁毛傳皆云率循也此引伸之義有先導之者乃有循而行者亦謂之達也从辵率聲疏密切十三部

遠行也釋言毛傳曰邁行也从辵萬聲莫話切十五部萬聲在十四部合音也

邁或从蠆按虫部蠆字上不从萬而𠂉部厂部蠆皆从萬从虫未聞其詳

視行也也各本作皃今依篇韵訂視行者有所省視之行也天子適諸侯曰巡狩

注延字當作延

巡所守也視行一作延行延巡雙聲从辵川聲詳遵切十三部⿺辶𣪊恭謹行也从辵𣪊聲讀若九居又切三部⿺辶土步行也賁初九舍車而徒引伸爲徒搏徒涉徒歌徒擊鼓从辵土聲同都切五部辻隸變作徒⿺辶䌛行⿺辶䌛徑也玉篇⿺辶䌛疾行也按此當作行徑也或作行由徑也从辵䌛聲以周切三部延正行也釋言毛傳皆曰征行也許分別之征爲正行邁爲遠行从辵正聲形聲包會意諸盈切十一部夊部又有延字行也征延或从彳引伸爲征伐孟子曰征之爲言正也隨從也行可委曲從迹謂之委隨从辵隋聲旬爲切古音在十七部⿺辶朩行皃从辵朩聲按各本篆文作迷非也从郎禮切之朿則不得云朩聲云蒲撥切矣朩普活切隸變作市廣韻迹北末切急走也跡蒲撥切行皃趚上同此三字實一字二音實一音也許書言刺癶癶與迹音義同自下文迷譌爲迹因改此迹爲迹而以蒲撥北末分隸之其誤久矣十五部

二篇下　三

攷當作考

迋　往也。迋往疊韻。从辵王聲。于放切。十部。春秋傳曰：子無我迋。左傳昭廿一年文。鄭風無信人之言，人實迋女。毛曰：迋，誑也。傳意謂迋爲誑之叚借。左氏此迋正同。迋本訓往，而經傳叚借爲誑，故偁之以明依聲託事。如玫本人姓，而無有作玫借爲好字。狟本訓犬行，而尚狟狟借爲桓桓。莫本訓火不明，而布重莫席借爲蔤字。皆其理也。

逝　往也。釋詁、方言同。方言曰：逝，秦晉語也。从辵折聲。讀若誓。時制切。十五部。各本篆文不从斲艸，非也。

𨑯　往也。釋詁、方言皆曰：徂，往也。按鄭風匪我思且，箋云：猶非我思存也。此謂且卽徂之叚借。釋詁又云：徂，存也。是也。从辵且聲。全徒切。五部。𨑯，齊語。方言文。

徂　𨑯或从彳。

𨒪　籒文从虘。

述　循也。述循疊韻。述或叚借術爲之，如詩報我不述，本作術是也。古文多叚借遹爲之，如書祇遹乃文攷，詩遹駿有聲，遹追來孝，釋言、毛傳皆曰：遹，述也。是也。孫炎曰：遹，古述字。蓋古文多以遹爲述，故孫云爾，謂今人用述，古人用遹也。凡言古今字者視此从辵术聲食聿切十五部𨔼籒文从秫术者秫之省遵循也遵循疊韵見釋詁从辵尊聲將倫切十三部適之也釋詁適之往也方言逝徂適往也適宋魯語也按此不曰往而曰之許意蓋以之與往稍別逝徂往自發動言之適自所到言之故變卦曰之卦女子嫁曰適人从辵啻聲施隻切十六部適宋魯語過度也引伸爲有過之過釋言郵過也謂郵亭是人所過愆郵是人之過皆是分別平去聲者俗說也从辵咼聲古禾切十七部遦習也此與手部摜音義同从辵貫聲工患切十四部亦假貫或假串左傳曰貫瀆鬼神釋詁貫習也毛詩曰串夷載路𨖷媟嬻也女部作媟嬻黑部作黷今經典作瀆从辵賣聲徒谷切三部進登也从辵閵省聲即刃切十三部造就也造就疊韵廣雅造詣也从辵告聲七到切古音在三部譚長說造上士也王制升於司徒者不征於鄉升於學者不

征於司徒曰造士注造成也能習禮則爲成士按依鄭則與就同義艁古文造从舟釋水天子造舟毛傳同陸氏云廣雅作艁按艁者謂並舟成梁後引伸爲凡成就之言

逾越進也有所逾進超越而从辵俞聲羊朱切四部周書曰無敢昏逾顧命文昏从民者誤

遝迨也廣韵迨遝行相及也文賦紛葳蕤以馺遝方言遝及也東齊曰迨關之東西曰遝或曰及公羊傳祖之所逮聞漢石經作遝聞从辵眔聲目部云眔目相及也是遝亦會意徒合切八部按褱䍝字皆眔聲是合韵之理也

迨遝也迨遝疊韵从辵合聲侯閤切七部

迮迮迮起也此與人部作音義同公羊傳今若是迮而與季子國何云迮起也倉卒意按孟子作見孺子將入於井作者倉卒意卽迮之叚借也引伸訓爲迫迮卽今之窄字也从辵乍聲阻革切古音在五部子各切

逪这逪也这各本作迹依廣韵玉篇正小雅獻醻交錯毛曰東西爲交邪行爲錯儀禮交錯以辯旅

酬行禮一逪一遣也从辵昔聲倉各切五部遄往來數也數所角桑谷二切釋詁曰遄疾也速也崧高蒸民傳同从辵耑聲市緣切十四部易曰巳事遄往巳依韵會虞翻曰祀舊作巳是也今本鉉作目鍇作以速疾也見釋詁从辵束聲桑谷切三部遬籒文从敕二傳作速公羊作遬如衛侯遬仲孫遬是也呂覽辨志注遬疾也玉藻見所尊者齊遬假遬爲肅也𨘂古文从敕从言籒古皆敕聲迅疾也見釋詁迅疾疊韵从辵卂聲息進切十二部适疾也从辵𠯑聲讀與括同古活切十五部逆迎也逆迎雙聲二字通用如禹貢逆河今文尚書作迎河是也今人假以爲順屰之屰逆行而屰廢矣从辵屰聲宜戟切古音在五部關東曰逆關西曰迎方言逢逆迎也自關而西或曰迎或曰逢自關而東曰逆逢遇也夆啎也逢遇也其理一也从辵夆聲疑卿切古音在

十部

䢒　會也　東西正相值爲䢒今人假交脛之交爲䢒會字　从辵交聲　古肴切二部

遇　逢也　从辵禺聲　牛具切古音在四部

遭　遇也　見釋詁　从辵曹聲　作曹切古音三部　一曰邐行　俗云週遭是也

遘　遇也　見釋詁易姤卦釋文曰薛云古文作遘鄭同按襍卦傳遘遇也柔遇剛也可以證全經皆當作遘矣遘遇疊韵　从辵冓聲　古候切四部

逢　遇也　見釋詁　从辵夆聲　符容切九部按夆啎也啎逆也此形聲包會意各本改爲峯省聲誤說文本無峯

遻　相遇驚也　釋詁遇遻也遻見也　从辵屰屰亦聲　五各切五部

迪　道也　見釋詁按道兼道路引導二訓方言由迪正也迪道疊韵　从辵由聲　徒歷切古音在三部

遞　更易也　招魂二八侍宿射遞代些王云遞更也遞易疊韵　从辵虒聲　特計切十六部

通　達也　通達雙聲達古音同闥禹貢達于河今文尚書作通于河按達之訓行不相遇也通

遻玉篇　遻同迕遇也
迪又　迪作也教也導也進也道也青州之間相正謂之迪也
遞又　遞遠也

正相反經傳中通達同訓者正亂亦訓治徂亦訓存之理从辵甬聲他紅切九部徙迻也从辵止各本有聲字非也止在一部徙在十六部從辵止會意者乍行乍止而竟止則移其所矣斯氏切𢓊徙或从彳彳者行也𡳐古文徙未詳其形聲會意韵會云說文古作徙集韵作𥻆遂然則此字不出說文也集韵字體亦不同迻遷徙也今人假禾相倚移之移爲遷迻字从辵多聲弋支切古音在十七部遷登也从辵䙴聲七然切十四部𢝾古文遷从手西形聲運迻徙也釋詁遷運徙也从辵軍聲王問切十三部遁遷也此字古音同循遷延之意凡逡遁字如此今之逡巡也儀禮鄭注用逡遁十有一一曰逃也此別一義以遁同遯蓋淺人所增从辵盾聲徒困切十三部遜遁也从辵孫聲穌困切十三部按六經有孫無遜大雅孫謀聘禮孫而說學記不陵節而施之謂孫論語孫以出之皆愻

之叚借也春秋夫人孫于齊公孫于齊詩公孫碩膚尚書序將孫于位皆逡遁遷延之意故穀梁云孫之爲言猶孫也公羊云孫猶孫也何休云孫猶遁也鄭箋云孫之言遁也釋言云孫遁也釋名曰孫遜也遜遁在後生也古就孫義引伸卑下如兒孫非別有遜字也至部䇟字下云從至至而復孫孫遁也此亦有孫無遜之證今尚書左氏經傳爾雅釋言淺人改爲遜許書遜遁也葢後人據今本爾雅增之非本有也

返 還也 返還疊韵 从辵反 反覆也覆復同 反亦聲 扶版切十四部 商書曰祖伊返 西伯戡黎文各本作祖甲今依集韵訂

彶 春秋傳返从彳 謂左氏傳也漢書曰左氏多古字古言許亦云左丘明述春秋傳以古文今左氏無彶字者轉寫改易盡矣

還 復也 釋言還復返也今人還繞字用環古經傳祇用還字 从辵睘聲 戶關切十四部

選 遣也 還遣疊韵左傳秦后子有寵於桓如二君於景其母曰弗去懼選鍼適晉其車千乘按此選字正訓遣后子懼遣故適晉實非出奔也 从辵巺 句巺

逗遺之巽為風故云遺之巽亦聲思沇切十四部一曰擇也此別一義邶風不可選也毛曰物有其容不可數也小雅選徒囂囂毛云維數車徒者為有聲也數與擇義通選與筭音同周禮注曰筭車徒謂數擇之也

送遣也从辵倴省倴送也是會意蘇弄切九部𨔵籀文不省

遣縱也糸部曰縱緩也一曰舍也从辵𠳋聲去衍切十四部

邐行邐邐也紆皃邐邐縈从辵麗聲力紙切十六部

逮唐逮逗及也唐逮雙聲蓋古語也从辵隶聲隶部曰隶及也此形聲包會意徒耐切古音在十五部

遲徐行也今人謂稽延為遲平聲謂待之為遲去聲从辵犀聲直尼切十五部詩曰行道遲遲邶風文毛曰遲遲舒行皃

遟遲或从尸按此字疑後人因楊雄傳而增也甘泉賦曰靈遟迟兮說者皆云上音棲下音遲迟即遲字也然文選作迡迟與漢書異玉篇汗簡

二篇下　七

亦皆作遟集韻引尚書遟任又未必眞壁中古文也遟籒文遲从屖兼會意形聲也五經文字曰今从籒文謂唐人經典用遲不用遟也⿺辵黎徐也或假黎爲之史記衞霍傳遲明遲待也一作黎傅毅賦黎收而拜李注言舞將罷徐收斂容態而拜引倉頡篇遬徐也又或假犂爲之史記尉佗列傳犂旦城中皆降伏犂旦卽黎明漢書犂旦爲遲旦晉世家重耳妻笑曰犂二十五年吾冢上柏大矣益可見犂之爲遲也从辵黎聲郎奚切十五部遰去也夏小正九月遰鴻鴈遰往也从辵帶聲特計切十五部遄行皃从辵耑聲烏懸切十二部⿺辵䮴不行也不上有馬者誤从辵䮴聲按䮴馬小皃从馬垂聲讀若箠則⿺辵䮴不得讀若住倘云會意則又無取馬小也疑此字當在十六十七部下文讀若住三字當在从辵豆聲之下豆主同部讀若住按住當作侸人部曰侸立也立部曰立住也住卽侸之俗也中一逗逗止也从辵豆聲田候切四部迟曲行也迟曲句切四部

雙聲乚部曰迟曲隱蔽孟康注子虛賦曰文理蕭鬱迟曲軍法有逗留有迟橈光武紀不拘以逗留法如淳曰軍法行而逗留畏愞者要斬此謂止而不進者史漢韓安國傳廷尉當恢迟橈當斬服虔曰迟音企應劭曰迟曲行避敵也橈顧望也軍法語也此謂有意回遠遲誤者淮南書云兩軍相當屈橈者要斬是也漢書一本作逗橈蘇林逗音豆小顏小司馬從之而改服應之注作逗不可通矣迟通作枳明堂位注枳椇謂曲橈之莊子吾行郤曲郤曲即迟曲異部叚借也从辵只聲綺戟切字林丘亦反服子慎音企十六部

逶逶迆逗疊韵衺去皃从辵委聲於爲切十六十七部

迆衺行也从辵也聲移尒切十六十七部夏書曰東迆北會于匯禹貢

遹回辟也依韵會作辟小雅謀猶回遹毛曰回邪遹辟也按辟僻古今字大雅兩言回遹箋皆云回邪韓詩遹作穴或作泬或作駃皆叚借字也遹古多假爲述字釋言云遹述也言叚借也釋詁云遹遵率循釋訓云不遹不蹟也皆謂遹即述字也言轉注也不遹者今邶風

鷙鍇作騺

之報我不述也。从辵矞聲。余律切十五部

避　回也。上文回辟之回訓衺，𡇒之叚借字也。此回依本義訓轉，俗作迴是也。然其義實相近。从辵辟聲。毗義切十六部。經傳多假辟爲避。

違　離也。邶風中心有違，毛曰違離也。从辵韋聲。羽非切十五部

遴　行難也。漢書遴柬布章，遴簡謂難行封也。引伸爲遴選，選人必重難也。从辵粦聲。良刃切十二部。易曰以往遴。見口部吝下。

逡　復也。彳部曰復往來也。方言邐逡循也。日運爲邐，月運爲逡。从辵夋聲。七倫切十三部

⿺辶氐　怒不進也。一曰鷙也。惟鍇本有此四字，而鷙从鳥則誤。馬部曰鷙馬重皃，艸部曰⿱埶艸鷙不行也。从辵氐聲。都禮切十五部

達　行不相遇也。此與水部滑泰字音義皆同。讀如撻。今俗說不相遇尚有此言，乃古言也。讀徒葛切，訓通達者，今言也。从辵羍聲。十五部。詩曰挑兮達兮。鄭風文。挑當同又部作叏，叏滑也。

达　達或从大。亦形聲也。或

曰迭下脫字字或曰此迭字之異體也鳥部𪇰一曰鷃字蚰部𧖅一曰螟字彳部𢓜一曰此與駆同是其例也

䢩 行謹逯逯也張衡賦趢趗謂局小皃義與此同廣雅逯逯衆也女部娽隨從也蕭相國世家平原君列傳作錄錄義皆相近从辵录聲盧谷切三部

迵 迵迭也此複舉字之未删者迭當作达玉篇云迵通達也是也水部洞疾流也馬部駧馳馬洞去也義皆相同倉公傳曰臣意診其脈曰迵風裴駰曰迵音洞言洞徹入四肢从辵同聲徒弄切九部

迭 更迭也或假佚字迭字載字為之从辵失聲徒結切十二部一曰达下脫字字一曰此达字之異體也蓋达迭二字互相爲用

迷 惑也見釋言惑宋本作或心部曰惑亂也从辵米聲莫兮切十五部

連 負車也負車各本作負連今正連即古文輦也周禮鄉師輂輦故書輦作連大鄭讀爲輦巾車連車本亦作輦車管子海王服連軺輂立政刑餘戮民不敢服絻不敢畜連負車者人輓車而行車在後如負也字从辵車會意猶輦从扶

車會意也人與車相屬不絕故引伸爲連屬字耳部曰聯連也大宰注曰古書連作聯然則聯連爲古今字連輦爲古今字假連爲聯乃專用輦爲連大鄭當云連今之輦字而云讀爲輦者以今字易古字令學者易曉也許不於車部曰連古文輦而入之辵部者小篆連與輦殊用 从辵車 故云聯連也者今義也云連負車也者古義也 會意 依韵會訂力延切古力展切十四部

逑 斂聚也 勹部曰勼聚也音義略同 从辵求聲 巨鳩切三部 虞書曰 虞書當本是唐書轉寫妄改之耳凡許偁堯典曰唐書說詳禾部 旁逑孱功 今堯典之方鳩僝功也人部僝下作旁救僝功凡儀禮古文作旁今文作方凡尚書古文作方今文作旁然則此所偁者今文尚書也今堯典逑作鳩說者亦云鳩聚 又曰怨匹曰逑 又曰與一曰同別一義也桓二年左傳曰嘉耦曰妃怨耦曰仇古之命也謂古者命名之法如是逑仇古多通用關雎君子好逑亦作仇兔罝云好仇毛傳逑匹也釋詁仇匹也孫炎曰相求之匹則孫本釋詁亦作逑可知逑爲怨匹而詩多以爲美言者

退

錢氏斠詮曰詩無俾正敗箋敗斁也

庚按商周字形相近而譌段謂許所據不系商書未然

取匹不取怨也渾言則不別爾雅仇妃匹也是也析言則別左氏嘉耦怨耦異名是也許所據左氏爾雅作逑大元方言之執卽逑字

退斁也攴部曰斁毀也退與敗音義同从辵貝聲薄邁切十五部周書曰我興受其退微子文云周書者蓋許所據不系於商書也亦見口部咈下

逭逃也緇衣引大甲曰天作孽可違也自作孽不可以逭逭本又作逭鄭注逭逃也亦見釋言从辵官聲胡玩切十四部

𨓦逭或从藋从兆从兆者从逃省也从藋者藋聲也

遯逃也鄭注周易曰遯者逃去之名从辵豚聲徒困切十三部

逋亡也亡部曰亡逃也訟九二曰歸而逋从辵甫聲博孤切五部

逋籒文逋从捕亦形聲

遺亡也廣韵失也贈也加也按皆遺亡引伸之義也从辵貴聲以追切十五部

遂亡也廣韵達也進也成也安也止也往也從志也按皆引伸之義也从辵㒸聲徐醉切十五部

𨗨古文遂

按不得其所從疑是从艸木𣎵孛之𣎵　逃　亡也亡逃互訓从辵兆聲徒刀切二部

追　逐也詩禮假爲治金玉之鎚从辵𠂤聲陟隹切十五部　逐　追也从辵豖省聲按鉉本作从豚省鍇本韵會作豖省二字正豖省聲三字之誤也直六切三部　遒　迫也大雅似先公酋矣正義酋作遒按酋者遒之叚借字釋詁毛傳皆曰酋終也終與迫義相成遒與揫義略同也从辵酉聲字秋切三部　遒　遒或从酋　近　附也許附爲附婁字坿爲坿益字疑附近當作坿也經典釋文遠近上聲近之去聲古無此分別从辵斤聲渠遴切古音十三部廣韵其謹巨靳切　𢓊　古文近　邋　搚也手部曰搚摺也公羊傳曰搚幹而殺之邋搚疊韵从辵巤聲良涉切八部　迫　近也釋言曰逼迫也逼本又作偪許無逼偪字葢祇用畐从辵白聲博陌切古音在五部　𨕖　近也釋言馹傳也郭云本或作遷按此假遷爲馹也聲類云遷亦馹

字則附會爾雅或本而合爲一字從辵臸聲按至部臸到也重至與並至一也人質切十二部

邇近也見釋詁小雅毛傳从辵爾聲兒氏切三百篇在十五部漢人在十六部

迩古文邇以尒形聲

遏微止也釋詁遏止也按微者細密之意从辵曷聲讀若桑蟲之蝎之字衍烏割切十五部桑蟲蝎見虫部蜀也亦名蝤蠐

遮遏也从辵庶聲止車切古音在五部易用錫馬蕃庶鄭讀爲蕃遮

遾遮遾也此當是遾遮也之倒刪複字之僅存者从辵羨聲于線切十四部

迣迾也晉趙曰迣鮑宣傳部落鼓鳴男女遮迣此其義也禮樂志體容與迣萬里孟康迣音逝此段借也从辵世聲讀若寘按許有寘無寘寘者寘之誤凡寘彼周行寘諸河之干皆當作寘眞聲而入十五部者合音也迣征例切十五部

迾遮也周禮假厲爲之山虞澤虞卝人迹人厲禁大鄭云遮列守之是也禮記假列爲之玉藻山澤列而不賦鄭云列

之言遮列也是也漢書假迣爲之禮樂志鮑宣傳晉灼云迣古迾字是也西京賦迾卒淸候李引禮記注迾遮也此可證玉藻注本作列之言迾遮也今本誤**从辵列聲**良薛切十五部

迁　進也干求字當作迁干犯字當作奸**从辵干聲讀若干**古寒切十四部

⿺辶侃　過也本義此爲經過之過心部愆寒僁爲有過之過然其義相引伸也故漢書劉輔傳云元首無失道之⿺辶侃**从辵侃聲**去虔切十四部

遱　連遱也連遱雙聲集韵連遱謂不絕皃**从辵婁聲**洛侯切四部

⿺辶枼　前頓也从辵枼聲各本篆作述汲古改本作述解說作市聲皆非也今依玉篇正廣韵八三十怗先頰切云迺遱走也**賈侍中說一讀若拾**一疑衍錯本作一曰**又若郅**手部揲字易音有時設息列思頰三反不同此讀若拾則在七部讀若郅則在十二部猶西茜音皆岐也玉篇口黠竹季二切則十五部

迦　迦牙逗**令不得行也**牙各本作互今依玉篇正迦牙今音疊韵古音雙聲行篇韵皆

作進从辵枷聲古牙切古音在十七部𨒅踰也足部曰踰越也踰與逾義小別从辵戉聲王伐切十五部易曰雜而不𨒅𣪊辭傳文逞通也方言曰逞快也自山而東或曰逞江淮陳楚之閒曰逞又曰逞疾也楚曰逞又曰逞解也从辵呈聲丑郢切十一部楚謂疾行爲逞方言本春秋傳曰何所不逞欲左傳昭十四年文遼遠也小雅山川悠遠維其勞矣箋云其道里長遠邦域又勞勞廣闊勞者遼之叚借也从辵尞聲洛蕭切二部遠遼也从辵袁聲雲阮切十四部𨘢古文遠逖遠也釋詁逷遠也按集韵云說文引詩舍爾介逖王伯厚詩攷因之攷大雅作介狄毛訓遠也葢謂狄同逖言叚借也用逷蠻方云逷遠也則言轉注也集韵所據不足信从辵狄聲他歷切十六部逷古文逖大雅用逷蠻方牧揞逷矣西土之人郭樸注爾雅顏之推觀我生賦李善文選注引書皆作逷衞包始改爲逖也左傳古

茗當作苕

字後人多妄改如襄十四年豈敢離逷用古文信廿八年糾逖王慝則用小篆豈非改之不盡一乎易狄同部

迥 遠也 見釋詁大雅洞酌彼行潦毛曰洞遠也謂洞爲迥之叚借也 从辵同聲 戶穎切十一部

逴 遠也 哀時命曰處逴逴而日遠九章曰道逴遠而日忘 从辵卓聲 敕角切古音在二部 一曰蹇也 此別一義蹇尳也莊子夔謂蚿曰吾以一足踸踔而行謂腳長短也踔卽逴字今莊子作趻卓 讀若掉苕之掉 掉苕未聞或曰苕者末也禽獸之趠於木杪曰掉苕葢漢時語

迂 避也 迂曲回避其義一也 从辵于聲 憶俱切五部

⿺辶𦘒 自進極也 建進疊韵埤倉云建至也 从辵𦘒聲 子僊切古音在十二部廣韵則前切

邍 高平曰邍 此依韵會各本作高平之野非也大司徒山林川澤丘陵墳衍邍隰鄭云下平曰衍高平曰原下溼曰隰釋地廣平曰原高平曰陸此及鄭注皆以高平釋原者謂大野廣平偁原高而廣平亦偁原下文所謂可食者曰原也凡陸𠂤陵阿皆高地其可種

穀給食之處皆曰原是之謂高平曰原也序官遼師注云遼地之廣平者與大司徒注不同者單言原則爲廣平䢜衍原隰並言則衍爲廣平原爲高平也遼字後人以水泉本之原代之惟見周禮**人所登从辵备彔闕**此八字疑有脫誤當作从辵从略省从彔人所登也故从辵十四字今本淺人所亂耳人所登蒙高解从辵之意也略者土地可經略也彔者土地如刻木彔彔然西都賦溝塍刻鏤是也䢜从三字會意愚袁切十四部

道　所行道也毛傳每云行道也道者人所行故亦謂之行道之引伸爲道理亦爲引道**从辵首**首者行所達也首亦聲徒晧切古音在三部**一達謂之道**釋宮文行部偁四達謂之衢九部偁九達謂之馗按許三偁當是一例當作一達謂之道从辵首道人所行也故从辵此猶上文遼人所登故从辵也自遼以下字皆不系於人故發其例如此許書多經淺人改竄遂不可讀矣

𨗨　古文道从首寸从寸者如九軌七軌五軌

遽　傳也釋言馹遽傳也孫炎曰傳車驛馬也左傳僖卅三年使遽告於鄭遽

與義戎昭二年乘遽而至傳中變反一曰窘也窘迫也从辵㡿聲其倨切五部

迒獸迹也釋獸兔迹迒按序曰黃帝之史倉頡見鳥獸蹏迒之迹知分理之可相別異也是凡獸迹皆偁迒不專謂兔也从辵亢聲胡郎切十部

䟘迒或从足更亦形聲更亢同在十部

𨑩至也从辵弔聲都歷切古音在二部小雅盤庚皆作弔釋詁毛傳皆云弔至也至者弔中引伸之義加辵乃後人爲之許蓋本無此字如本有之則不當與遷道遽迒爲伍

邊行垂崖也釋詁曰邊垂也土部曰垂遠邊也厂部曰厓山邊也屵部曰崖高邊也行於垂崖曰邊因而垂崖謂之邊然則邊不當廁於此从辵臱聲布賢切十二部

文一百一十八　重三十張次立注小徐本曰重二十七補遺螐儛二字

重二十九

彳小步也象人脛三屬相連也三屬者上爲股中爲脛下爲足也單舉脛者舉中以該上下也脛動而股與足隨之丑亦切李斯作彳筆迹小變也凡彳之屬皆从彳

德升也升當作登辵部曰遷登也此當同之德訓登者公羊傳公曷爲遠而觀魚登來之也何曰登讀言得得來之者齊人語齊人名求得爲得來作登來者其言大而急由口授也唐人詩千水千山得得來得卽德也登德雙聲一部與六部合韵又取近今俗謂用力從前曰德古語也从彳悳聲多則切一部

徑步道也周禮夫閒有遂遂上有徑鄭曰徑容牛馬畛容大車涂容乘車一軌道容二軌路容三軌此云步道謂人及牛馬可步行而不容車也从彳巠聲居正切十一部按辵部道路皆廁部末此廁部首不同者錯見之意

復往來也辵部曰返還也還復也皆訓往而仍來今人分別入聲去聲古無是分別也从彳夏聲房六切三部

⿰彳柔復也此字引伸爲狃忕之義故玉篇云習也忕也或與狃同按狃行

而徯廢矣左傳有㥌字㥌者狃忕之意即 从彳柔聲 人九切三部按廣韵女久切復字之變也復之引伸之義亦爲狃忕習也从廣韵是 徑 徑行也 廣韵丈井切雨後徑也玉篇力整丈井二切徑也 从彳呈聲 丑郢切十一部按依今本說文音義則徑與逞同 徃 之也从彳㞷聲 于兩切十部 𨑃 古文从辵 按左辵右㞷古文㞷也汗簡云迬尚書往字甘泉賦曰迬迬離宮般以相燭 㣘 行皃 此與足部躍音義同走部又有趯 从彳瞿聲 其俱切五部 彶 往有所加也 彼加疊韵 从彳皮聲 補委切古音在十七部 徼 循也 百官表曰中尉掌徼循京師如淳曰所謂游徼徼循禁備盜賊也按引伸爲徼求爲邊徼今人分平去古無是也 从彳敫聲 古堯切二部 循 行也 各本作行順也淺人妄增耳依大誓正義衆經音義所引訂行今音讀下孟反如月令循行國邑出行田原循行縣鄙周禮注行夜皆是也釋詁遹遵率循也引伸爲撫循爲循循有序 从

彳盾聲詳遵切十二部彶急行也急彶疊韵凡用汲汲字乃彶彶之叚借也从彳及聲居立切七部𢕖行皃吳都賦𢕖譶衆𢖍𢕖當从彳廣韵𢕖衆行皃从彳歰聲穌合切七部一曰此與馺同一說𢕖即馺字也馺馬行相及也微隱行也散訓眇微从彳訓隱行叚借通用微而散不行邶風微我無酒又假微爲非从彳散聲無非切十五部春秋傳曰白公其徒微之左傳哀十六年文杜曰微匿也與釋詁匿微也互訓皆言隱不言行散之叚借字也此偁傳說叚借徥徥徥行皃也方言徥用行也郭曰徥皆行皃度揩反集韵曰徥徥行皃於佳度皆二切从彳是聲是支切十六部爾雅曰徥則也今本釋言作是則也蓋古爾雅假徥爲是也此偁爾雅說叚借徐安行也从彳余聲似魚切五部𢓊行平易也廣雅𢓊𢓊行也按凡平訓皆當作𢓊今則夷行𢓊廢矣从彳夷聲以脂切十五部

⿰彳⿰言甹使也疑使上當有⿰彳⿰言甹⿰彳夆二字周頌莫予荓蜂蜂本又作夆毛曰荓夆摩曳也釋訓作甹夆摩曳也⿰彳⿰言甹⿰彳夆蓋甹夆之正字摩曳者使之也大雅傳曰荓使也从彳⿰言甹聲按此疑誤言部無⿰言甹當作从彳从言甹聲普丁切十一部玉篇云俗作⿰彳甹

⿰彳夆使也疑當作⿰彳甹⿰彳夆也三字从彳夆聲敷容切九部讀若⿱夆䖵各本作⿱夆蟲誤⿱夆䖵者蠭之省

⿰彳戔迹也豳風籩豆有踐箋云踐行列皃按踐同⿰彳戔故云行列皃从彳戔聲慈衍切十四部

徬附行也牛人共兵車之牛與其牽徬注曰牽徬在轅外輓牛也人御之居其前曰牽居其旁曰徬按徬附也从人傍附行也从彳此音同義微別也从彳旁聲蒲浪切十部

徯待也孟子引書徯我后趙曰徯待也从彳奚聲胡計切十六部按書孟音義廣韵玉篇集韵說文篆韵譌皆上聲疑胡計誤

蹊徯或从足左傳牽牛以蹊人之田孟子山徑之蹊月令塞徯徑凡始行之以待後行之徑曰蹊引伸之義也今人畫爲二字音則徯上蹊平誤矣

⿰彳⿱㞢夂竢

也立部曰竢待也从彳寺聲徒在切一部今人易其語曰等𢓜行𢓜𢓜也𢓜𢓜蓋與小弁踧踧同行平易也皆徒厤切玉篇云𢓜除又切與宙同古往今來無極之名从彳由聲古音在三部徧帀也帀部曰帀匊也勹部曰匊帀徧也从彳扁聲比薦切十二部禮禮記多假辯字爲之徦至也方言曰假洛至也邠唐冀兗之間曰假或曰洛按洛古格字假今本方言作假非也集韵四十禡可證毛詩三頌假字或訓大也或訓至也訓至則爲假之假借尚書古文作格今文作假如假于上下是也亦假之假借从彳叚聲古雅切五部郭樸音駕𢓚卻也从彳日夊彳行也行而日日遲曳是退也夊行遲曳夊夊也他內切十五部一曰行遲四字疑後增𢓴復或从內𨒉古文从辵今字多用古文不用小篆後遲也从彳幺夊幺夊者後也各本奪二字今補幺者小也小而行遲後可知矣故从幺夊會意胡口切四部𨒇

古文後从辵　徲久也　久疑當作文　从彳犀聲讀若遲　杜兮切十五部　按廣韵徲杜奚切久待也無徲字玉篇集韵有徲徲往來也丈尸反

很不聽從也一曰行難也从彳皀聲　胡懇切十三部　一曰盭也　盭弼戾也韵會無此四字

種相迹也　後迹與前迹相繼也元應合踵種爲一字　从彳重聲　之隴切九部

得行有所㝵也　㝵各本作得誤今正見部曰㝵取也行而有所取是曰得也左傳曰凡獲器用曰得　从彳㝵聲　多則切一部　㝵古文省彳　按此字已見於見部與得並爲小篆義亦少異

徛舉脛有渡也　釋宮曰石杠謂之徛郭曰聚石水中以爲步渡彴也音居義反　从彳奇聲　去奇切古音在十七部

𢓊行示也　大司馬斬牲以左右徇陳曰不用命者斬之小子凡師田斬牲以左右徇陳陸德明引古今字詁曰徇巡也按如項羽傳徇廣陵徇下縣李奇曰徇略也如淳曰徇音撫

循之循此古用循巡字漢用徇字之證此古今字詁之義也　从彳匀聲古匀旬同用故亦作徇詞閏切十二部

司馬法斬以徇許引司馬法者凡八

律　均布也均律雙聲均古音同匀也易曰師出以律尚書正日同律度量衡爾雅坎律銓也律者所以范天下之不一而歸於一故曰均布也　从彳聿聲呂戌切十五部

𢓊　使馬也周禮六藝四曰五馭大宰注曰凡言馭者所以敺之內之於善此引伸之義也　从彳卸按卸亦聲牛據切五部

馭　古文御从又馬惟見周禮

亍　步止也魏都賦曰澤馬亍阜白馬賦曰秀騏齊亍　从反彳讀若畜丑玉切三部

文三十七　重七

廴　長行也玉篇曰今作引是引弓字行而廴廢也　从彳引之引長之也余忍切十二部

凡廴之屬皆从廴。廷　朝中也。朝中者中於朝也古外朝治朝燕朝皆不屋在廷故雨霑服失容則廢　从廴壬聲　特丁切十一部甘祿字書偑鸞音定廣韵同　延　行也　與乏部延征字音義同漢武帝年號延和字如此作今漢書多誤爲以然切之延又或改爲从辵之延亦非也　从廴正聲　諸盈切十一部　建　立朝律也　今謂凡豎立爲建許云立朝律也此必古義今未攷出　从聿　律省　从廴　延省也居萬切十四部

文四

㢟　安步㢟㢟也　从廴止　引而復止是安步也丑連切十四部魏志鍾會兒子毅及峻㢟下獄裴曰㢟勅連反按卽㢟字也止之隸變作山　凡㢟之屬皆从㢟　延　長行也　本義訓長行引伸則專訓長方言曰延長也凡施於年者謂之延又曰延偏也　从㢟丿聲　丿部曰丿抴引

於當作于

之形余制切㢟延㕜皆以爲聲今篆體各異非也𠂆延㢟㕜古音在十六部故大雅施於條枚呂氏春秋韓詩外傳新序皆作延于條枚延音讀如移也今音以然切則十四部

文二

行　人之步趨也　步行也趨走也二者一徐一疾皆謂之行統言之也爾雅室中謂之時堂上謂之行堂下謂之步門外謂之趨中庭謂之走大路謂之奔析言之也引伸爲巡行行列行事德行　从彳亍　彳小步也亍步止也戶庚切古音在十部　凡行之屬皆从行

衕　邑中道也　邑國也引伸爲技術　从行朮聲　食聿切十五部

街　四通道也　風俗通曰街攜也離也四出之路攜離而別也按此以疊韵爲訓　从行圭聲　古膎切十六部

衢　四達謂之衢　釋宮文釋名曰四達曰衢齊魯閒謂四齒杷爲欋欋杷地則有四處此道似之也按中山經宣山桑枝四衢少室山木曰

二篇下　六

帝休枝五衢天問靡萍九衢淮南書木大則根權皆謂交道岐出 从行瞿聲其俱切五部

衝 通道也爲當也向也突也衝通疊韵引伸之義 从行童聲昌容切九部今作衝 春秋傳曰及衝以擊之左傳昭元年文各本以下有戈字李燾本無按上云子南執戈逐之則云以擊之不再出戈是也今傳作擊之以戈亦是淺人所改

衕 通街也衕衕通疊韵今京師衚衕字如此作 从行同聲徒弄切九部

𧗝 迹也此與彳部後音義同 从行戔聲才綫切十四部

衙 衙衙依廣韵九魚補二字 行皃九辯導飛廉之衙衙王注風伯之意後人因以所治爲衙 从行吾聲魚舉切又音牙五部

衎 行喜皃小雅毛傳曰衎樂也 从行干聲空旱切十四部

衒 行且賣也周禮飾行儥慝大鄭云儥賣也慝惡也謂行且賣姦僞惡物者後鄭云謂使人行賣惡物於市巧飾之令欺誑買者 从行言黃絢切十四部言亦聲也

衒　虎按貝部賣衒也正与此互訓

衛 衛或从元 依或字諧聲則在十二部

衛 將衛也 衛也今本作衛也誤將如鳥將雛之將古不分平去也衛導也循也今之率字率行而衛廢矣率者捕鳥畢也將帥字古祇作將衛帥行而衛又廢矣帥者佩巾也衛與辵部達音義同 从行率聲 所律切十五部

衛 宿衛也 宮正夕擊柝而比之注暮行夜以比直宿者宮伯掌王宮之士庶子凡在版者大鄭云庶子宿衛之官後鄭云衛王宮者必居四角四中於徼候便也漢有衛尉掌宮門衛屯兵 从韋帀行 韋者圍之省圍守也帀翔也韋亦聲于歲切十五部 行 逗 列也 依韵會訂此釋从行之意行者列也今音讀如杭別於步趨之行衛从三字會意

文十二　重一

齒 口齗骨也 鄭注周禮曰人生齒而體備男八月女七月而生齒 象口齒之形 [illegible]者象齒餘日字也 止聲 昌里切一部 凡齒之屬皆从齒

𠚕 从小徐也大徐本誤 古

文齒字古文獨體象形不加聲旁

𪗊 齗本肉也各本無肉元應兩引作齗肉也篇韵皆作齗根肉也今補齗爲肉故上文齒爲齗骨此骨出肉外故肉爲骨本魯世家甚矣魯道之衰也洙泗之閒齗齗如也地理志云魯濱洙泗其民涉渡幼者扶老者而代其任俗既薄長老不自安與幼者相讓故曰魯道衰洙泗之閒齗齗如也按彼此爭辯露其齗本故曰齗齗徐廣五鞎反又按曲禮笑不至矧鄭云齗本曰矧大笑則見矧正齗之近部段借字也 从齒斤聲 魚斤切十三部

𪗊 毀齒也男八月生齒八歲而齔女七月生齒七歲而齔从齒匕 各本篆作齔云从齒从七初忍初覲二音殆傳會七聲爲之今按其字从齒匕匕變也今音呼跭切古音如貨本命曰陰以陽化陽以陰變故男以八月生齒八歲而毀女七月生齒七歲而毀毀與化義同音近元應書卷五齔舊音差貴切卷十一舊音羌貴切然則古讀如未韵之毳蓋本从匕匕亦聲轉入寘至韵也自誤从七旁元應云初忍切孫愐云初堇切廣韵乃初覲切集韵乃初

齔

張按段說是也毳音丘畏反即羌貴也誤羌為差遂轉為初覲恥問矣今吳人謂毀齒為旭倨切即毀之轉音猶讀圜如于讀貴如倨也篆从七者非郭璞邱畏反即丘畏之轉与旭倨之音彌近

問恥問二切其形唐宋人又譌齓从乚絕不可賣通矣今當依舊音差貴切古音葢在十七部

齰 齒相値也今左傳作幘譌字也古無幘則述傳時無此字也杜云齒上下相値也按謂上下齒整齊相對詩所云如瓠犀从齒責聲士革切十六部一曰齧也別一義春秋傳曰晳齰定九年文按晳謂人色白與齰二事

齘 齒相齘也齘各本誤齗李本不誤廣韵齰齘齒不正上士佳下五佳切玉篇曰一齜亦作䶔一曰開口見齒之皃管子曰東郭有狗啀啀旦莫欲齧我猳啀啀露齒之皃从齒此聲各本作柴省聲淺人改也讀若柴仕街切十六部

齘 齒相切也謂上下齒緊相摩切也相切則有聲故三倉云齘鳴齒也函人爲甲衣之欲其無齘也大鄭云齘謂如齒齘不齘則隨人身便利方言齘怒也郭曰言噤齘也噤亦作類篇韵皆云類齘切齒怒从齒介聲胡介切十五部

齞 張口見齒也依文選注訂登徒子好色賦齞脣歷齒从齒只聲研繭切古音在

齞 文選登徒子好色賦注及韵會注引作張口見齒也，廣韵云開口見齒，惟玉篇引作口張齒見，集韵同，不知孰爲許氏元文。又从只聲而讀研繭切，於聲頗若不可通，特當云从口从八从齒會意。以篇韵皆有齴字，音魚蹇切，釋云齒露，則即齞之異文。

十六部。

齸　齒差也。差當作齹。从齒兼聲。五緘切，七部。廣韻語廉切。

齺　齒搚也。搚今本作擠。手部曰：搚，一曰拉也。齒拉者，謂齒折也。一曰馬口中糜也。司馬相如傳：猶時有銜糜之變。張揖曰：銜，馬勒銜也。糜，騑馬口長銜也。司馬貞曰：周遷輿服志云：鉤逆上者爲糜，糜在銜中，以鐵爲之，大如雞子。鹽鐵論云：無銜糜而禦悍馬。是也。从齒芻聲。側鳩切，四部。廣雅、廣韻及管子注士角切。一曰齰也。廣雅：齺，齰也。本此。按管子：車轂齺，騎連伍而行。荀卿子：齺然上下相信，而天下莫之敢當。二書於齺義差近。齰則齒近物。廣韻曰：齺，齒相近皃。

齱　齱齵，逗。疊韻。齒不正也。廣韻齱下曰：齱齵，齒偏。齵下曰：齱齵。从齒取聲。側鳩切，四部。

齵　齱齵也。从齒禺聲。五婁切，四部。按二字各本譌亂，今依廣韻正之。

齬　齇齬，逗。疊韻。齒不相值也。廣韻曰：齟齬，不相當也。或作鉏鋙。上牀呂切，下魚巨切。按金部𨪕下云：鉏𨪕也。𨪕或作鋙。周禮注作鉏牙，左傳西鉏吾，以鉏吾爲名。牙、吾古音皆在

齇齱齬齺一聲之轉音義皆同

九魚古齟字有單用者東方朔傳曰齟者齒不正也許書各本齬訓齬齒也齬訓齒不相值也二篆自當類廁各本離之甚遠又齟側加切齬魚舉切全失古語疊韵之理葢由齬之字變爲齟齬之字變爲齵因以齟齵並入麻韵而與齬畫分異處耳今从鉉大徐側加切按古音在五部當依廣韵牀齵之例正之不爲專輒也 **从齒虘聲** 在五部當依廣韵牀呂切篆韵誰組阻反

齬 **齟齬也从齒吾聲** 魚舉切五部

齹 **齒差跌皃** 差者不值也跌者踼也齒差跌謂參差踼跌不平正也 **从齒佐聲** 鉉曰佐當是𨑨傳寫之誤說文無佐字昨何切十七部 **春秋傳鄭有子齹** 見左傳昭十六年今傳作齹實一字也釋文曰齹字林才可士知二反說文作𪗬云齒差跌也在河千多二反是字林始有齹各本說文乃以齹篆先𪗬而别爲音義誤甚今刪之古人名字相應或以相反爲相應齹者不齊故爲嬰齊之字也

齤 **缺齒也一曰曲齒** 缺齒者齾也曲齒者上云齒差跌今俗云齒齞也按淮南道應訓若士齤然而笑謂露其齒病而笑也 **从齒**

龹聲讀又若權按云又者謂龹讀若書卷齤讀同又讀若權也大徐刪又非巨貟切十四部

齳無齒也韓詩外傳以爲姣好邪則大公年七十二齳然而齒墮矣从齒軍聲魚吻切十三部

齾缺齒也引伸凡缺皆曰齾左傳曰兩軍之士皆未慭也杜曰慭缺也釋文慭魚覲反又魚轄反按慭得有魚轄反者正因本或作齾陸氏失於不分別言之耳正義曰慭者缺之皃今人猶謂缺爲慭所據本必作齾故如此云下文葢有一本作慭之語亦爲淺人刪之矣从齒獻聲五轄切十五部獻聲在十四部合音也

⿰齒巨齗腫也从齒巨聲巨主切五部廣韵其呂切

齯老人齒魯頌黃髮兒齒釋詁曰黃髮齯齒壽也釋名曰九十或曰齯齒大齒落盡更生細者如小兒齒也按毛詩作兒古文他書作齯今文也从齒兒聲此形聲包會意五雞切十六部

齮齧也史漢田儋傳齮齕用事者墳墓如淳曰齮齕猶齚齧也齕齮也按凡從奇之字多訓偏如掎訓偏引齮訓側齧索隱注高紀云許慎以爲側齧

从齒奇聲魚綺切古音在十七部

⿰齒出　齚齒也謂齚物而外露之齒也故從齒出从齒出聲仕乙切十五部

齰　齧也漢書灌夫傳齰舌自殺鄧通傳使大子齰癰从齒昔聲側革切古音在五部

齚　齰或从乍作聲亦五部也

⿰齒咸　齧也从齒咸聲工咸切廣韵苦洽切古音在七部

齦　齧也此與豕部豤音義同疑古祇作豤齦者後出分別之字也今人又用爲齗字矣从齒艮聲康很切十三部

⿰齒干　齒見皃廣韵曰齞齒不正从齒干聲五版切十四部

⿰齒卒　此複舉字⿰齒卒之未刪者齚也从齒卒聲昨沒切十五部

⿰齒列　齒分骨聲从齒列聲篇韵皆作⿱剌齒讀若剌盧達切十五部

齩　齧骨也俗以鳥鳴之咬爲齩齧从齒交聲五巧切二部

齹　齒差也此與齺訓齒差義異謂齒相摩切也齒與齒相切必參差上下之差即今磋磨字也引伸之義摩物曰齹衞風如切如瑳如琢如摩

釋器曰骨謂之切象謂之瑳玉謂之琢石謂之摩切亦作齺瑳亦作磋摩亦作磨差者正字瑳磋皆加偏旁字也从齒屑聲讀若切千結切十二部

齧堅聲齧各本作齒今依玉篇訂石部曰硈石堅也皆於吉聲知之从齒吉聲赫鎋切十五部按自齮至齩九文幷䶪十文皆謂齧也宜移廁齰文之上

齺牙也齺牙猶差齒也亦引伸為摩器之名刀部曰剴一曰摩也皆於豈聲知之从齒豈聲五來切古音在十五部

吐而噍也噍即嚼字也見口部釋獸郭注曰食之已久復出嚼之从齒台聲丑之切一部爾雅曰牛曰齝釋獸文

齧也如淳注漢書曰齕齩也曲禮庶人齕之从齒气聲戶骨切十五部

齒見皃从齒聯聲力延切十四部

噬也口部曰噬啗也釋名曰鳥曰啄獸曰齧齧齾也所臨則禿齾也从齒㓞聲五結切十五部

齒傷酢也酢者今之醋字酸澀也从齒所聲讀若

⿰齒至　易不咥人馬融曰咥齧也　虎按疑即⿰齒至之異文段借

楚創舉切五部亦作齼凡言痛楚楚澀意皆同

齨　老人齒如臼也如臼者齒坳从齒臼臼亦聲其久切三部一曰馬八歲也馬八歲曰馸齒亦如臼俗名之齨亦作駒

齛　羊粻也釋獸曰羊曰齛郭曰齛音漏泄按唐人諱世作齥粻米部無此字食部引峙乃餱粻从齒世聲私列切十五部

齸　鹿麋粻釋獸曰麋鹿曰齸釋文云字或作嗌按嗌咽也咽喉也郭云齸食之所在因名之是也然則齸與齡同言其自喉出復嚼故字从齒嗌嗛嗛則皆自其藏食之處言之字祇从口嗌或作齸者蓋亦謂出嚼之也从齒益聲伊昔切十六部

⿰齒至　齧堅也玉篇齧堅兒廣韵齧聲各本齧作齒恐誤从齒至聲陟栗切十二部

⿰齒骨　齧骨聲曲禮曰毋齧骨鄭云爲有聲響不敬从齒骨骨亦聲戶八切十五部

⿰齒昏　噍聲廣韵曰骨端从齒昏聲古活切十五部

⿰齒專　噍堅也口部嚩噍噍兒廣韵曰齵同嚩从齒專聲補莫切五部按此蓋

噂之或字後人竄入者也

文四十四 今刪黁字則四十三　重二

𤘓 壯齒也 壯各本譌作牡今本篇韵皆譌惟石刻九經字樣不誤而馬氏版本妄改之士部曰壯大也壯齒者齒之大者也統言之皆偁齒偁牙析言之則前當脣者偁齒後在輔車者偁牙牙較大於齒非有牝牡也釋名牙樝牙也隨形言之也輔車或曰牙車牙所載也詩誰謂雀無角誰謂鼠無牙謂雀本無角鼠本無牙而穿屋穿牖似有角牙者然鼠齒不大故謂無牙也東方朔說騶牙曰其齒前後若一齊等無牙此爲齒小牙大之明證 象上下相錯之形 五加切古音在五部 凡牙之屬皆从牙 𦣞 古文牙 从齒而象其形也𦣞古文齒

𤘗 虎牙也 虎一本作武避唐諱耳今俗謂門齒外出爲虎牙古語也大招云靨輔奇牙宜笑嫣只淮南云奇牙出𪘽醶搖高注將笑故好齒出也按奇牙所謂騎也可部曰奇異也

一曰不耦笑而露其齒獨好故曰奇牙 从牙奇奇亦聲 去奇切古音在十七部

𤘘 齒蠹也 齒釋名曰齲朽也蟲齧之缺朽也史記齊中大夫病齲淮南斲木愈齲司馬彪五行志桓帝元嘉中京都婦女作齲齒笑 从牙禹聲 區禹切五部

齲 𤘘或从齒

文三　重二

足 人之足也在體下从口止 依玉篇訂口猶人也舉口以包足已上者也齒上止下口次之以足上口下止次之以足似足者也次之以品从三口今各本从口非也即玉切三部 凡足之屬皆从足

蹏 足也 蹄俗作 从足虒聲 杜兮切十六部

跟 足踵也 踵各本作踵誤止部曰踵跟也釋名曰足後曰跟一體任之象本根也 从足𥃩聲 古痕切十三部

⿰止艮 跟或从止

踝 足踝也 釋名曰踝确也居足兩旁磽确然也按踝者人足左右骨

隆然圓者也在外者謂之外踝在內謂之內踝丮部曰𢐅擊踝也从足果聲胡瓦切十七部

跖　足下也今所謂腳掌也史記曰跖勁弩按弩以足蹋張之故曰跖跖或借蹠爲之又作蹠賈誼傳曰病非徒瘇也又苦蹠盭蹠跖字之異者也足跖反戾不可行从足石聲之石切古音在五部

踦　一足也管子佁堯之時一踦腓一踦屨而當死謂一足刖一足屨當死罪也引伸之凡物單曰踦方言倚踦奇也自關而西凡全物而體不具謂之倚梁楚之閒謂之踦雍梁之西郊凡嘼支體不具者謂之踦公羊傳匹馬隻輪無反者何曰匹馬一馬也隻踦也又相與踦閭而語何云閉一扇開一扇一人在內一人在外戰國策必有踦重者矣踦重偏重也若衣部曰襱綺踦也毛傳曰蠨蛸長踦也則皆謂足不必一足从足奇聲去奇切古音在十七部

跪　拜也手部曰拜首至手也按跪與拜二事不當一之疑當云所以拜也後人不達此書所以字往往刪之釋名跪危也兩膝隱地體危陧也从足危聲去委切十六部

跽　長跽也長跽

踦　玉篇云恐人踦乃身迋乃忌　踦曲迋避也

各本作長跪今正按係於拜曰跪不係於拜曰跽范睢傳四言秦王跽而後乃云秦王再拜是也長跽乃古語長跽俗作踞人安坐則形弛敬則小跪聳體若加長焉故曰長跽方言東齊海岱北燕之郊跪謂之踞𨄔郭曰今東郡人亦呼長跽爲踞𨄔釋名跽忌也見所敬忌不敢自安也徐廣注滑稽傳鞠䠊曰䠊其紀反與跽同謂小跪也廣雅踞𨄔跪拜也此統言之許跪跽析言之 从足忌聲 渠几切古音在一部徐廣音是也

踧 行平易也 小雅毛傳曰踧踧平易也 从足叔聲 子六切三部 詩曰踧踧周道 小弁

躩 行皃 九辯右蒼龍之躩躩 从足矍聲 其俱切五部

踖 長脛行也 小雅執爨踖踖毛曰踖踖言爨竈有容也 从足昔聲 資昔切古音在五部 一曰踧踖 見論語鄉黨馬融曰恭敬皃也廣韵一屋曰踧踖行而謹敬按左傳石碏漢石經公羊作石踖从石誤字也

踽 疏行皃 唐風獨行踽踽毛曰踽踽無所親也按許合經傳云爾疏通也引伸爲親疏孟子行何爲踽踽涼涼義同 从

足禹聲區主切五部詩曰獨行踽踽蹩行皃聘禮衆介北面蹌焉鄭云容皃
舒揚曲禮天子穆穆諸侯皇皇大夫濟濟士蹌蹌鄭曰皆行容止之皃也按許蹩爲行皃蹌訓動也然則禮言行容
者皆蹩爲正字蹌爲叚借字廣雅蹡蹡走也从足將聲七羊切十部詩曰管磬蹩蹩
周頌文今詩作磬筦將將毛曰將將集也躖踐處也此與疃同義田部曰疃禽獸所踐處也王逸九
思鹿蹊兮躖躖亦作𨈈按祇云踐處別於疃字專屬禽獸从足斷省聲不云𢇍聲者𢇍古文絕也徒管
切十四部𧿹趣越皃趣疾也小徐作趨𧿹與赴音義略同从足卜聲芳遇切古音在三部
踰越也越度也踰與逾音義略同从足俞聲羊朱切四部䟓輕也廣韵娍輕
也字从女从足戉聲王伐切十五部蹻舉足小高也蹻高疊韵各本作行高晉灼注
漢書高帝紀作小高元應引文穎曰蹻猶翹也又引三蒼解詁云蹻舉足也丘消切按今俗語猶然从足喬

聲上消切大徐居勺切非也二部 詩曰小子蹻蹻 大雅文毛曰蹻蹻驕皃此引伸之義

跾 疾也長也 二義相反而相成易其欲逐逐薛云速也子夏傳作攸攸荀作悠悠劉作跾云遠也按方言跾驚也式竹切吳都賦驚透沸亂透卽跾字音義正同今人以爲透漏字他候切 从足攸聲 式竹切三部

蹌 動也从足倉聲 七羊切十部

踊 跳也 與走部通別 从足甬聲 余隴切九部

躋 登也从足齊聲 祖雞切十五部 商書曰予顛躋 按口部引咈其耇長辵部引我興受其退皆系之周書此作商書恐此爲是 微子篇文今尚書作隮注家云顛隕隮墜按升隮降同謂之躋猶治亂同謂之亂俗作隮顧命由賓階隮毛詩朝隮于西南山朝隮周禮九曰隮皆訓升左傳知隮於溝壑矣則訓降

躍 迅也 迅疾也 从足翟聲 以灼切二部

跧 蹴也 蹴躡也 从足全聲 莊緣切十四部 一曰卑也絭也 絭當爲拳曲之拳魯靈光殿賦狡兔跧伏於柎

側注當引卑也參也李善引蹴也非蹴躡也元應云說文蹴躡也以足逆躡之曰蹴从足就
聲七宿切三部蹋踐也从足昜聲徒盍切八部俗作踏躡蹈也史記張良
陳平躡漢王足是也藉田賦注引說文躡追也不同从足聶聲尼輒切八部跨渡也謂大
其兩股閒以有所越也因之兩股閒謂之跨下史記淮陰矦傳作胯下夂部曰平跨步也苦瓦切从足夸
聲苦化切按古音在五部音轉入於十七部耳五經文字云說文作跨經典相承隸省作跨此實不然夸聲在五
部平聲在十七部絕無奎字至肉部云說文胯隸省作胯則更誤說文有平字無胯字胯即平之俗廣韵曰兩股
閒也玉裁又按蹴蹋躡跨蹈躔踐七字一氣衘接不當中絕以跨字疑許書本無跨字夊部之平釋曰跨步也跨步
當爲夸步夸步者大步也大張其兩股曰平必云夸步不云大步者平夸雙聲也後人改平作跨玉篇云平與跨同
其朙證也又專言兩股閒則作胯平字之訓則改之曰跨步皆出後人增竄此所以張參本與今本參差乖異而皆

不必是蹤踄蹈也从足步聲旁各切又音步五部蹈踐也釋名蹈道也以足踐
之如道从足舀聲徒到切古音在三部躔踐也方言躔歷行也日運爲躔从足廛
聲直連切十四部踐履也履之箸地曰履履足所依也从足戔聲慈衍切十四部
踵追也與止部歱別从足重聲之隴切九部一曰往來皃踔踶
也許意踔與踶義同从足卓聲知教切二部廣韵丑教切蝯跳也漢書上林賦趠希閒史記作踔希
閒是也又莊子一足踸踔而行謂腳長短也敕甚敕角切蹛踶也元應曰躛三蒼音帝郭訓古文奇字
以爲古文逝字漢書韋昭音徒計切按蹛郎躛字漢書躛憚作躛蹛林作蹛从足帶聲當蓋切十五部
蹩踶也集韵作蹩云反足踶也匹蔑切莊子蹩躠爲仁亦作弊薛从足敝聲蒲結切十五部
一曰跛也踶躛也李軌曰踶蹋也通俗文曰小蹋謂之踶从足是聲特計切十

六部

躛　衛也　按此必有脫誤當云躛踶也牛部𤘽下云牛踶躗也然則躛躗義略同　从足衛聲　于歲切十五部

⿱埶足　⿱埶足足也　案此三字一句⿱埶足卽蹀字也段借作啑作喋文帝紀新喋血京師服虔曰喋音蹀履之蹀如淳曰殺人流血滂沱為喋血司馬貞引廣雅喋履也然則喋血者⿱埶足血也謂流血滿地汙足下也　从足埶聲　徒叶切七部

⿰足氏　尌也　與峙侍雙聲義略同　从足氏聲　承旨切　按旨當作紙　十六部

蹢　蹢躅　各本奪此二字文選注四引皆有　逗足也　逗各本作住今正逗者止足也說文無住字人部有侸侸者立也立者侸也是為轉注侸非蹢躅之義易曰羸豕孚蹢躅三年問鳴號焉蹢躅焉蹢躅之雙聲疊韵曰踟躕曰跢跦曰峙⿰足署曰䈞箸俗用躊躇　从足啻聲　俗本作適省聲非是　直隻切十六部　或曰蹢躅　按四字衍文　賈侍中說足垢也　賈謂足垢為蹢躅

躅　蹢躅也　蹢躅雙聲　从足蜀聲　直錄切三部

踤　觸也　長楊賦帥軍踤陸漢

書音義曰踤聚也師古曰踤足蹴也从足卒聲昨沒切十五部一曰駭也一曰倉踤今人多用蒼猝古書多用倉卒

蹷僵也僵僨也方言跌蹷也左傳是謂蹷其本从足厥聲居月切十五部一曰跳也孟子今夫蹶者趨者是氣也而反動其心讀亦若橜亦者謂讀若厥矣又讀若橜也橜瞿月切

𨇨蹷或从闕

跳蹷也方言自關而西秦晉之閒曰跳从足兆聲徒遼切二部一曰躍也躍迅也

䟴動也與口部唇雨部震手部振音義略同从足辰聲側鄰切十二部

躇峙躇逗不前也峙見止部云峙躇也今按當云峙躇也淺人刪一字耳从足屠聲直魚切五部

𨁈跳也方言踏䠥𨁈跳跳也从足弗聲敷勿切十五部

蹠楚人謂跳躍曰蹠見方言从足庶聲之石切古音在五部

𨂘趿也按趿當作跳方言𨂘跳也自關而西秦晉之閒曰跳或曰𨂘从足荅聲他合部

切七部䠛 跳也 方言䠛跳也陳鄭之閒曰䠛 从足䍃聲 余招切二部 趿 進足有所擷取也 爾雅毛傳皆云執衽曰袺扱衽曰襭衣部云以衣衽扱物謂之襭或作擷 从足及聲 穌合切七部 爾雅曰扱謂之擷 按所據爾雅扱作趿無衽字與今本異亦與衣部說異蓋衣部用毛傳此據爾雅也 䟺 步行獵跋也 獵今之躐字踐也毛傳曰跋躐也老狼進則躐其胡獵跋猶踐踏也 从足貝聲 博蓋切十五部 躓 跲也 釋言毛傳皆曰疐跲也疐者躓之叚借字 从足質聲 陟利切古音在十二部詩正義引竹二反 詩曰載躓其尾 豳風載疐其尾許所據作躓 跲 躓也 中庸言前定則不跲 从足合聲 居怯切七部 跇 述也 述當作迣字之誤也樂書騁容與兮跇萬里裴引如淳曰跇謂超逾也吳都賦說田獵曰跇踰竹柏獮猭杞柟 从足世聲 丑例切十五部鄒誕生云跇一作世 蹎 跋也 經傳多叚借顚字爲之如左傳子都

自下射之顛是也貢禹傳誠恐一旦蹎仆氣竭**从足眞聲**都年切十二部豳風正義引丁千反

跋　蹎也依豳風正義訂跋經傳多段借沛字爲之大雅論語顛沛皆即蹎跋也毛傳顛仆也沛拔也拔同跋豳風狼跋亦或作拔馬融論語注曰顛沛偃仆也按豳風狼跋其胡謂纍也纍則仆矣引伸爲近人題跋字題者標其前跋者系其後也邶風傳艸行曰跋別一義**从足犮聲**北末切廣韵蒲撥切十五部

蹐　小步也毛傳蹐絫足也按絫蹐疊韵絫足者小步之至也**从足脊聲**資昔切十六部**詩曰不敢不蹐**小雅走部引作趚

跌　踼也从足失聲徒結切十二部**一曰越也**一別義

踼　跌也今本作跌踼也恐是誤倒吳都賦寬磃氣懾而自踼跃者劉曰踼跃頓伏也李引聲類踼跌也漢書音義跃扇也**从足昜聲**徒郎切十部**一曰槍也**別一義木部曰槍岠也止部曰岠槍也按踼與堂音義同堂岠也

踞　居也尸部曰居蹲也是爲轉注本作踞也以俗改正又增一各

踞篆於蹲後今正而刪之左傳蹲甲而射之蹲居也引伸爲居積之義**从足尊聲**徂尊切十三部山海經作踆

跨**居也从足夸聲**苦化切按此恐又跨字之異體

躩**足躩如也**論語苞氏曰躩盤辟皃也**从足矍聲**丘縛切五部

踣**僵也**僵卻偃也**从足咅聲**蒲北切按古音在四部爾雅釋文音赴或孚豆蒲侯二反是也然則踣與仆音義皆同孫炎曰前覆曰仆左傳正義曰前覆謂之踣對文則偃與仆別散文則通也走部趫同**春秋傳曰晉人踣之**左傳襄十四年文

蹇**𡰝也**尢部曰𡰝蹇也是爲轉注𡰝曲脛也易曰蹇難也行難謂之蹇言難亦謂之蹇俗作謇非**从足寒省聲**九輦切十四部按各本𡰝作跛又於蹇篆之上出跛篆云行不正也从足皮聲一曰足排之讀若彼此後人不知跛即𡰝之隸變而增之耳今刪曲禮立毋跛鄭云跛偏任也此謂形體偏任一邊如𡰝者然凡經傳多作跛

蹁**足不正也**南都賦說舞曰蹴蹐蹁躚即上林賦之便姍嫳屑也**从足扁**

聲部田切十二部一曰拖後足馬拖俗字當作拕讀若苹此十一部十二部合韵或曰偏讀如偏也

脛肉也从足夅聲一曰曲脛也廣韵作左脛曲讀若逵渠追切古音在三部按一曰曲脛也橫梗不貫凡似此者疑皆後人所妄增

足跌也跌當爲肤字之誤也肉部曰肤骨差也踒者骨委屈失其常故曰肤亦曰差跌从足委聲烏過切十七部

足親地也親跣疊韵古者坐必脫屨燕坐必褫襪皆謂之跣如趙盾侍君燕跣以下此褫襪之跣也如晉悼公跣而出此不暇屨之跣也喪大記主人徒跣亦謂褫襪从足先聲穌典切十二部

天寒足跔也周書大子晉解師曠束躅其足曰善哉善哉大子曰大師何舉足驟師曠曰天寒足跔是以數也此許所本莊子音義亦引周書天寒足跔今本周書作足躅誤也跔者句曲不伸之意从足句聲其俱切四部

瘃足也疒部曰瘃中寒腫覈也據趙充國傳手足皆有皸瘃之患此字

從足故訓爲瘃足 从足囷聲 囷聲錯本作囷聲非古音由斂而侈囷聲字多轉入寬韵苦本切十三部

距 雞距也 左傳季氏介其雞郈氏爲之金距服曰以金沓距也按鳥距如人與獸之叉此距與止部之歫異義他家多以距爲歫 从足巨聲 求許切五部亦作鉅作䑬

躧 舞履也 鄭注周禮曰鞮屨四夷舞者屝也史記貨殖傳躧利屣徐廣曰舞屣也躧一作跕跕吐協反地理志跕躧臣瓚曰躧跟爲跕按舞不納履故儿不著跟曳之而行曰躧履如雋不疑傳長門賦皆是也西京賦說舞曰振朱屣於盤樽薛曰朱屣赤絲履也 从足麗聲 所綺切十六部

⿰革麗 或从革

⿰足叚 足所履也 从足叚聲 乎加切凡叚聲古在五部按⿰足叚疑⿰足段之誤篇韵有踹字丁貫切今俗謂語用力踏地曰踹⿰足段音同也許書碬字譌碬轂轂錯出是其比矣

⿰足非 跀也 字亦作剕 从足非聲 扶味切十五部

跀 斷足也 此與刀部刖異義刖絕也經傳多以刖爲跀周禮司刑注云周改臏作刖按唐虞夏刑用臏去其厀頭骨

也周用跀斷足也凡於周言髕者舉本名也莊子魯有兀者叔山無趾踵見仲尼崔譔云無趾故踵行然則跀刖即漢之斬趾無足指故以足跟行也無足指不能行故別爲刖足者之屨以助其行左氏云踊貴屨賤是也髕則足廢不能行跀則用踊尚可行故跀輕於髕也跀一名䠊䠊一作剕鄭駮異義云皋陶改髕爲剕呂刑有剕周改剕爲刖此恐誤與司刖注不合

从足月聲魚厥切十五部

䟸　跀或从兀亦形聲莊子養生主注曰介偏刖之名崔本作兀又作䟸云斷足也德充符申徒嘉兀者也李云刖足曰兀

趽　曲脛馬也廣雅曰趽踦踤也踦見上踤俱達切从足方聲讀與彭同薄庚切古音在十部

趹　馬行皃戰國策史記云秦馬之良探前趹後蹄閒三尋西都賦要趹追蹤廣雅趹奔也从足夬聲各本作決省聲淺人改也古穴切十五部

趼　獸足企也釋嘼騉蹏趼善陞甗又騉駼枝蹏趼善陞甗趼者謂其足企企舉踵也故善登高趼本或作研研滑石也舍人李巡孫炎郭樸顏師古皆以蹄下平正如研釋

之从足幵聲五甸切十四部路道也釋宮一達謂之道路此統言也周禮澮上有道川上有路此析言也爾雅毛傳路大也此引伸之義也从足各聲洛故切五部蹸轢也車部曰轢車所踐也从足粦聲良忍切十二部跂足多指也从足支聲巨支切十六部按足部當終於路蹸字跂字不當廁此莊子駢拇枝指字只作枝跂葢俗體

文八十五按去蹏跛二字則八十三　重四

疋足也上象腓腸肉部曰腨腓腸也下从止止基也弟子職曰弟子職管子書篇名漢藝文志㠯列於孝經十一家是其單行久矣問疋何止謂問尊長之臥足當在何方也內則曰將衽長者奉席請何止止一作趾足也古文㠯爲詩大雅字雅各本作疋誤此謂古文叚借疋爲雅字古音同在五部也亦㠯爲足字此則㠯形相似而叚借變例也或曰胥字

此亦謂同音叚借如府史胥徒之胥經作疋可也一曰疋記也記下云疋也是爲轉注後代改疋爲疏耳疋疏古今字此與足也別一義凡疋之屬皆从疋所菹切五部

䟽門戶青疏窻也青字依篇韵補於門戶刻鏤爲窻牖之形而以青飾之也去部曰疏通也薛注西京賦曰疏刻穿之也招䰟網戶朱綴刻方連些古詩曰交疏結綺窻从疋從疋者綺文相連如足迹相緟也疋亦聲囪象䟽形囪部曰在牆曰牖在屋曰囪則囪疋爲會意矣而云象形者正謂門戶刻文如囪牖也讀若疏所菹切五部

疏通也此與去部疏音義皆同玉篇引月令其器疏以達今月令作疏諸書扶疏字太元作扶疏太元又有疑首轉寫譌作疛从爻疋爻者刻文相交也疋亦聲所菹切五部

文三

品 眾庶也。从三口。人三爲眾，故從三口。會意。丕飲切。七部。凡品之屬皆从品。

嵒 多言也。此與言部讘音義皆同。从品相連。會意。春秋傳曰：次于嵒北。僖元年左傳文。今左作聶北。邢地。杜氏說。讀與聶同。晉同也。尼輒切。七部。

喿 鳥羣鳴也。此與囂同意。俗作噪。方言假喿爲鍬臿字。从品在木上。穌到切。二部。

文三

龠 樂之竹管，此與竹部籥異義。今經傳多用籥字，非也。三孔。孔同空。按周禮笙師、禮記少儀、明堂位鄭注、爾雅郭注、應氏風俗通皆云三孔。惟毛傳云六孔，廣雅云七孔。㠯和眾聲也。和眾聲謂奏樂時也。萬舞時祇用龠以節舞，無他聲。从品侖。惟以和眾聲，故從品。侖，理也。亼部曰：侖，思也。按思猶鰓鰓，理也。大雅：於論鼓鍾。毛傳曰：論，思也。鄭曰：論之言倫也。毛鄭意一也。從侖，謂得其倫理也。以灼切。二部。

凡龠之屬皆从龠

龡籥音律管壎之樂也八字一句音律者如王者行師大師吹律合音是也竽笙籥簫篪篴管皆竹屬獨言管者舉一以該六也土屬則惟壎可吹小師言鼓瞽矇言播笙師言歙者各因其文也以人氣作音曰吹从龠炊聲昌垂切古音在十七部

𪛉管樂也管猶篪也故龠𪛉篪皆曰管樂鄭司農注周禮云篪七空廣雅云八孔賈公彥引禮圖云九孔其言多轉寫錯亂疑不能明也世本云暴辛公作塤蘇成公作篪譙周云二人善塤善篪記者因以爲作謬矣按許於壎𪛉下皆不引世本於鐘磬笙簧琴瑟則引之其匡謬不在允南之前乎从龠虒聲直离切十六部

篪𪛉或从竹樂記作篪又

龢調也言部曰調龢也此與口部和音同義別經傳多假和爲龢从龠禾聲讀與咊同禾各本作和今正此言其音同而已戶戈切十七部

龤樂龢也龤訓龢龢訓調調訓龢三字爲轉注龤龢作諧和者皆古今字變許說其未變之義今本龤下調下作和也則與龢

下謂也不爲轉注龤與言部諧音同義異各書多用諧爲龤从龠皆聲戶皆切十五部虞書曰虞書當作唐書八音克龤堯典文

文五　重一

冊符命也諸侯進受於王者也者字依韵會補尙書王命周公後作冊逸誥左傳王命尹氏及王子虎內史叔興父策命晉侯爲侯伯王使劉定公賜齊侯命及三王世家策文皆是也後人多假策爲之象其札一長一短謂五直有長短中有二編謂一横之形蔡邕獨斷曰策簡也其制長者一尺短者半之其次一長一短兩編下附札牒也亦曰簡編次簡也次簡者竹簡長短相閒排比之以繩橫聯之上下各一道一簡容字無多故必比次編之乃容多字聘禮記云百名以上書於策是也一簡可容書於簡每簡一行而已不及百名書於方則合若干行書之百名以上書於策方卽牘也牘書版也簡冊竹爲之

嗣　臣鍇按尚書祝冊謂冊必於廟史讀其冊也故從口此會意

張文虎云小徐謂讀冊故从口竊謂口者人也户口也

牘木爲之一冊不容則絫冊爲之國史冊書葢如是鄭注禮云策簡也此渾言之不分別耳冊字五直象一長一短象其意而已其簡之若干未可肊定也蔡氏云長者一尺短者半之此漢法如是鄭引鉤命決云易詩書禮樂春秋策皆長二尺四寸孝經謙半之論語策八寸尺二寸者三分居二又謙焉此古制也見於聘禮左傳序正義者乖異不同今訂之如是未知然否鄭注尚書云三十字一簡之文服注左氏云古文篆書一簡八字漢志劉向以中古文挍今文尚書古文簡有二十五字者有二十二字者是簡之長短不同而字數不同也楚革切十六部

凡冊之屬皆从冊　古文冊从竹　左傳備物典策釋文策本又作冊亦作筞或作篇按筞者策之俗也冊者正字也策者叚借字也篇者冊之古文也左氏述春秋傳以古文然則篇其是歟

嗣　諸侯嗣國也　引伸爲凡繼嗣之偁　从冊口　小徐曰冊必於廟史讀其冊故从口按當是从口音圍口者國象也故曰諸侯嗣國　司聲　祥吏切一部

古文嗣从子

二篇

署也 署者部署有所网屬也 从尸冊尸冊者署門戶之文也 署門戶者秦書八體六曰署書蕭子良云署書漢高六年蕭何所定以題蒼龍白虎二闕方沔切古音在十二部

文三　重二

三十部　文六百九十三 三小徐作二　重八十七

宋本七作八小徐作重七十九

凡八千四百九十八字 此第二篇都數

說文解字第二篇下　受業長洲陳煥校字

說文解字第三篇上

金壇段玉裁注

㗊 衆口也。从四口。凡㗊之屬皆从㗊。讀若戢。阻立切，七部。一曰呶。錯曰呶讙也。鉉本作又讀若呶。集韵五肴不載此字。

嚚 語聲也。左傳曰口不道忠信之言爲嚚。引伸之義也。从㗊臣聲。語巾切，十二部。

𡃇 古文嚚。

囂 聲也。左傳湫隘囂塵，杜曰囂聲也。廣韵曰喧也。气出頭上。欠部曰歊歊气上出皃。歊與囂音同義近。孟子人知之亦囂囂，人不知亦囂囂，言人自得無欲如气上出悠閒也。从㗊頁。聲出而气隨之，故从㗊頁會意。許嬌切，二部。頁亦首也。頁部曰頁頭也。

𡅅 囂或省。

嘂 高聲也。此與口部叫嗷聲同義異。一曰大嘄也。嘄各本譌呼，今正。此與叫嗷義略同。小雅或不知嘂號。周禮禁嘂呼歎鳴于國中者、夜嘄

三篇上　一

亘以嘂百官。从㗊丩聲。古弔切古音在三部。春秋公羊傳曰：言公羊者以別於凡偁左氏傳云春秋傳也。序言其偁春秋左氏，葢主左氏而不廢公羊。魯昭公嘂然而哭。嘂各本作叫譌。今正。昭廿五年傳文。今本昭公於是噭然而哭，何云噭然哭聲皃。

𡅿　嘑也。嘑各本作呼。今正。嘑號也。廣雅𡅿鳴也。玉篇云𡅿荒貫切，與喚同。廣韵同。按說文無喚字，然則𡅿喚古今字也。从㗊莧聲。讀若讙。呼官切十四部。

器　皿也。皿部曰皿飯食之用器也。然則皿專謂食器，器乃凡器統偁。器下云皿也者，散文則不別也。木部曰有所盛曰器，無所盛曰械。陸德明本如是。象器之口，謂㗊也。與上文从㗊字不同。犬所㠯守之。會意。去冀切。冀當作旣。十五部。

文六　重二

舌　在口所㠯言別味者也。言下各本有也剩字者，依韵會補。口下曰人所以言食也。

口云食舌云別味各依文爲義舌后字有互譌者从干口
如左傳舌庸譌后庸周書美女破后譌破舌是也凡舌
干犯也言犯口而出干在十四部與十五部
之食犯口而入之干亦聲合韵食列切十五部
之屬皆从舌䑛歠也歠歠也曲禮曰毋嚃羹廣韵嚃歠
也然則嚃卽䑛也羹之無菜者不
用梜直歠之而已禮禁䑛羹者
何也䑛者流歠許渾言之耳从舌沓聲他合切八部舓
舌取食也从舌易聲神旨切按旨當作紙十六部𦧇𦧇或从也也聲古在
十七部與十六部合韵冣近或
作䑛或作狧漢書狧康及米

文三　重一

干犯也犯侵也毛詩干旄干旌假爲竿字从一从反入反入者上犯之意古寒切十四
部凡干之屬皆从干𢆉撖也撖刺也甘泉賦洪臺崛其
獨出兮撖北極之嶟嶟

从干入一爲干入二爲羊說會意之恉讀若飪同音也如審切七部南从羊聲

言稍甚也飪甚同音入二甚於入一故讀若飪卽讀若甚也

屰不順也後人多用逆逆行而屰廢矣从干下凵屰之也凵口犯切凶下云象地穿交陷其中也方上干而下有陷之者是爲不順屰之也當作屰之意也魚戟切古音在五部

文三

𧮫口上阿也大雅有卷者阿箋云有大陵卷然而曲口上阿謂口吻已上之肉隨口卷曲毛傳臄函也卪部函谷也與毛合晉灼注羽獵賦曰口之上下名爲嗛按通俗文云口上曰臄口下曰函服析言之毛許晉皆渾言之許舉上以包下耳今說文各本函下譌作舌也古者舌無函名特牲少牢禮肵俎用心舌與加骰脾臄異用陸釋文云說文曰函舌也又云口次肉也似陸時說文已誤矣單行釋文口次譌口裏則義全非讀書之難如是

口上阿也　虎按阿謂穹然而在上者猶屋棟謂之阿矣

从口上象其理文理其虐切五部郤綌从谷聲凡谷之屬皆从谷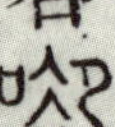谷或如此谷或从𧆓肉二皆形聲臄見大雅舌皃魯靈光殿賦[元]熊䶌談以斷斷善曰䶌談吐舌皃吐玷吐暫二切按䶌蓋即西之俗也从谷省象形象形者謂口象吐舌也从谷省者謂人也舌出於谷外故内谷外舌他念切七部古文西讀若三年導服之導士虞禮注曰古文禫或爲導檀弓喪大記注皆曰禫或作道是今文禮作禫古文禮作導鄭从今文故見古文於注許从古文故此及木穴部皆云三年導服而示部無禫今有者後人增也導服者導凶之吉也棪突西讀若導服皆七八部與三部合韵之理不於上文西下言之者以舌皃之讀別下文竹上皮之讀使人易了也不云讀若導而云三年導服之導者三年導服之導古語蓋讀如澹故今文變爲禫字是其音不與凡導同也一曰竹上皮此別一義竹上青皮顧命禮器聘義皆謂之筍筍筠古今字讀若沾沾古之添字他

兼切一曰讀若誓讀沾又讀誓此七八部與十五部合韵之理弼字从此謂弼字从㐁爲聲也弜部作弻然則从㐁者小篆从㐁作弻者古文也

文二 重三

只語巳詞也巳止也矣只皆語止之詞庸風母也天只不諒人只是也亦借爲是字小雅樂只君子箋云只之言是也王風其樂只且箋云其且樂此而巳按以此釋只與小雅箋同宋人詩用只爲祇字但也今人仍之讀如隻从口象气下引之形語止則气下引也諸氏切十六部凡只之屬皆从只

䛊聲也謂語聲也晉宋人多用馨字若冷如鬼手馨強來捉人臂何物老嫗生此寧馨兒是也馨行而䛊廢矣隨唐後則又無馨語此古今之變也从只粤聲讀若馨呼形切十一部

文二

句　古音入侯部不入曲部明从丩聲　拘笱鉤當各歸手竹金三部乃別立句部自亂其例段氏唯阿其間謂重在句故不入手竹金三部則會意兼形聲之字多矣惡乎部首不太緐乎蓋許書為後人竄亂不復可攷

[illegible]

㕯　言之訥也　檀弓作吶同其言吶吶然如不出諸其口注吶吶舒小皃此與言部訥音義皆同故以訥釋㕯　从口內　內入也會意內亦聲女滑切十五部　凡㕯之屬皆从㕯

矞　錐有所穿也从矛㕯　㕯者入意小徐作㕯聲會意兼形聲也余律切十五部　一曰滿有所出也　矞雲葢取此義

商　從外知內也从㕯章省聲　漢律厤志云商之爲言章也物成孰可章度也白虎通說商賈云商之爲言章也章其遠近度其有亡通四方之物故謂之商也按柴誓我商賚女徐仙民音章此古音也從外知內了了章箸曰商今式陽切十部

𠷎　古文商

𠶷　亦古文商

𧦝　籒文商

文三　重三

句　曲也　凡曲折之物侈爲倨斂爲句考工記多言倨句樂記言倨中矩句中鉤淮南子說獸言句爪倨

牙凡地名有句字者皆謂山川紆曲如句容句章句餘高句驪皆是也凡章句之句亦取稽留可鉤乙之意古音總如鉤後人句曲音鉤章句音屨又改句曲字爲勾此淺俗分別不可與道古也**从口丩聲**古矦切古音也四部又九遇切今音也

凡句之屬皆从句

拘　止也从手句手句者以手止之也**句亦聲**舉朱切古音在四部讀如鉤

笱　曲竹捕魚笱也邶風毛傳曰笱所以捕魚也周禮歔人掌以時歔爲梁大鄭云梁水偃偃水而爲關空以笱承其空偃堰空孔皆古今字魚梁皆石絕水笱曲竹爲之以承孔使魚入其中不得去者若以薄爲梁以笱承之則謂之寡婦之笱**从竹句**曲竹故从竹句**句亦聲**古厚切四部

鉤　曲鉤也鉤字依韵會補曲物曰鉤因之以鉤取物亦曰鉤**从金句句亦聲**鉤鑲吳鉤釣鉤皆金爲之故从金挍句之屬三字皆會意兼形聲不入手竹金部者會意合二字爲一字必以所重爲主三字皆重句故入句部古矦切四部

茻　糾　此二字亦當入茻糸二部

文四

相糾繚也丩糾疊韵糾繚亦疊韵字也毛傳曰糾糾猶繚繚也繚纏也一曰瓜瓠結丩起謂瓜瓠之縢緣物纏結而上如詩言南有樛木甘瓠纍之象形象交結之形居虯切三部眞誥一卷爲一弓弓當卽是弓字一丩猶言一縛丩卷雙聲故謂卷爲丩也凡丩之屬皆从丩

艸之相丩者艸相糾繚故从茻丩不專謂秦芔也从茻丩丩亦聲居虯切三部

繩三合也糸部曰紉單繩也劉表易章句曰兩股曰纆按李善引字林糾兩合繩纆三合繩與許不合糸部綸下曰糾青絲繩也凡交合之謂之糾引伸爲糾合諸侯之糾又爲糾責之糾从糸丩丩亦聲丩亦二字今補居黝切三部詩音義引說文已小反音之轉也出音隱按丩之屬二字不入茻糸部者說與句部同

文三

古 故也邶風大雅毛傳曰古故也攴部曰故使爲之也按故者凡事之所以然而所以然皆備於古故曰古故也逸周書天爲古地爲久鄭注尚書稽古爲同天 从十口識前言者也識前言者口也至於十則展轉因襲是爲自古在昔矣公戶切五部 凡古之屬皆从古 𠥔 古文古

嘏 大遠也釋詁小雅大雅傳少牢禮注皆曰嘏大也少牢祝嘏于主人謂予主人以大福許獨兼遠言之者大則必遠故郊特牲曰嘏長也大也此許所本也經傳嘏字多謂祭祀致福其本訓則謂大遠爾雅毛傳假大也假蓋卽嘏之假借 从古叚聲古雅切古音在五部

文二　重一

十 數之具也漢志協於十 一爲東西丨爲南北則四方中央

竊疑古从一者所謂惟初太始道立於一从丨者貫通之
亦指事亦會意段說殊淺
十　从一从丨　所謂九變復貫

備矣是執切七部凡十之屬皆从十

丈　十尺也从又持十夫部曰周制八寸爲尺十尺爲丈人長八尺故曰丈夫然則伸臂一尋周之丈也故从又持十直兩切十部

千　十百也从十人聲此先切十二部

肸　肸蠁逗布也李善注上林賦甘泉賦皆引肸蠁布也今據正上林賦曰肸蠁布寫虒注曰肸過也芬芳之過若蠁之布寫也甘泉賦薌呹肸以掍批薌蓋同蠁按虫部蠁知聲蟲也肸蠁者蓋如知聲之蟲一時雲集蜀都賦翕響義同春秋晉羊舌肸字叔向向釋文許兩切郎蠁字知肸蠁之語甚古从十㑹聲羲乙切十二部

卙　卙卙逗盛也小徐曰詩宜爾子孫蟄蟄兮毛曰蟄蟄和集也與卙卙義近从十甚聲子入切七部按廣韵昌入切玉篇又充入切汝南名蠶盛曰卙此汝南方言也今江蘇俗語多云密卙卙音如蟄

博　大通也凡取於人易爲力曰博陳風鄭箋交博好也从十尃會意尃布也亦聲補各切五部

㧉材十人也十倍於人也十人爲㧉千人爲俊王制祭十取一亦爲㑘用數之㑘注㑘什一也按一當十爲㧉故葢㑘本作㧉也从十力十人之力亦聲力亦二字今補材也盧則切一部

廿二十幷也古文省多省多者省作二十兩字爲一字十分寸之一謂之枚本於二字爲句絕故書十與上二合爲廿此可證周時凡言二十可作廿也古文廿仍讀二十兩字秦碑小篆則維廿六年維廿九年卅有七年皆讀一字以合四言廿之讀如入卅之讀如趿皆自反也至唐石經二十皆作廿三十皆作卅則仍讀爲二十三十矣人汁切七部

㕏詞之集也此依廣韵玉篇訂詞當作辭此下當有詩曰辭之㕏矣六字葢詩作㕏許以集解之今毛詩作輯傳作輯和也許所偁葢三家詩从十㕏聲秦入切七部按十部當終於二十幷之廿㕏字或寫者奪之而綴於末

文九

卅　三十幷也古文省此亦當云省多聲耳古音當先立切七部今音蘇沓切凡卅之屬皆从卅

世　三十年爲一世論語如有王者必世而後仁孔曰三十年曰世按父子相繼曰世其引伸之義也从卅而曳長之曳長之謂末筆也亦取其聲末筆曳長卽爲十二篇之乀从反厂亦是抴引之義世合卅乀會意亦取乀聲爲聲讀如曳也許書言取其聲者二禿取粟聲世取曳聲也曳从厂聲厂乀一也舒制切十五部毛詩世在十五部而枼葉以爲聲又可證八部與十五部合韵之理矣

文二

言　直言曰言論難曰語大雅毛傳曰直言曰言論難曰語論正義作荅鄭注大司樂曰發端曰言荅難曰語注襍記曰言言己事爲人說爲語按三注大略相同下文語論也論議也議語也則詩傳當從

三篇上　七

定本集注矣爾雅毛傳言我也从口辛聲語軒切十四部凡言之屬皆从言

譻聲也思元賦鳴玉鸞之譻譻原注譻譻聲也按篆下當有譻譻二字淺人刪之从言賏聲烏莖切十一部

謦欬也欬屰气也通俗文曰利喉謂之謦欬按謦欬見莊子徐無鬼从言殸聲去挺切十一部殸籀文磬字見石部

語論也此即毛鄭說也語者禦也如毛說一人辯論是非謂之語如鄭說與人相荅問辯難謂之語从言吾聲魚舉切五部

談語也談者淡也平淡之語从言炎聲徒甘切八部

謂報也卒部曰報當罪人也葢刑與罪相當謂之報引伸凡論人論事得其實謂之報謂者論人論事得其實也如論語謂韶謂武子謂子賤子謂仲弓其斯之謂與大學此謂身不脩不可以齊其家是也亦有借爲曰字者如左傳王謂叔父即魯頌之王曰叔父也亦有訓爲勤者亦以合音取近也从言胃聲于貴切十五部

諒信也方言衆信

曰諒周南召南衞之語也經傳或假亮爲諒　从言京聲　力讓切十部

詵　致言也　从言先　所謂先容也　先亦聲　所臻切十三部　詩曰螽斯羽詵詵兮　此引周南說假借也毛曰詵詵衆多也按以衆多釋詵詵謂卽𧦝𧦝之假借陸氏詩音義云詵詵說文作𧦝陸所據多部有𧦝字引詩螽斯羽𧦝𧦝兮葢三家詩此引毛詩或作駪駪莘莘侁侁皆同

請　謁也　周禮春朝秋覲漢改爲春朝秋請　从言靑聲　七井切又才性切十一部

謁　白也　廣韵曰白告也按謁者若後人書刺自言爵里姓名並列所白事　从言曷聲　於歇切十五部

許　聽言也　聽從之言也耳與聲相入曰聽引伸之凡順從曰聽許或假爲所或假爲御下武傳許進也卽御進也東平王蒼正作昭茲來御又爲鄦之叚借字　从言午聲　虛呂切五部

諾　譍也　譍者應之俗字說解中有此字或偶爾从俗或後人妄改疑不能明也大徐於此部增譍字誤矣口部曰唯諾也唯諾有急緩之別統言之則皆應也　从言

許　从午　午啎也　不啎則聽之矣

若聲奴各切五部

讎　猶譍也心部曰應當也讎者以言對之詩云無言不讎是也引伸之爲物價之讎詩賈用不讎高祖飲酒讎數倍是也又引伸之爲讎怨詩不我能慉反以我爲讎周禮父之讎兄弟之讎是也人部曰仇讎也仇讎本皆兼善惡言之後乃專謂怨爲讎矣凡漢人作注云猶者皆義隔而通之如公穀皆云孫猶孫也謂此子孫字同孫遁之孫鄭風傳漂猶吹也謂漂本訓浮因吹而浮故同首章之吹凡鄭君高誘等每言猶者皆同此許造說文不比注經傳故徑說字義不言猶惟𤼏字下云𤼏猶齊也此因𤼏之本義極巧視之於𤼏从𤼏義隔故通之曰猶齊此以應釋讎甚明不當曰猶應蓋淺人但知讎爲怨詈以爲不切故加之耳然則爾字下云麗爾猶靡麗也此猶亦可刪與曰此則通古今之語示人麗爾古語靡麗今語魏風傳糾糾猶繚繚摻摻猶纖纖之例也○物價之讎後人妄易其字作售讀承臭切竟以改易毛詩賈用不讎此惡俗不可從也　从言雔聲此以聲苞意市流切三部

諸　辯也辯當作辨判也按辨下奪詈字諸不訓辨辨之詈也詈者意內而言

外也自部曰者別事詞也諸與者音義皆同釋魚前弇諸果後弇諸獵諸卽者郊特牲或諸遠人乎亦作或者遠人乎凡舉其一則其餘謂之諸以別之因之訓諸爲衆或訓爲之或訓爲之於則於雙聲疊韵求之**从言者聲**此以聲苞意章魚切五部

詩　志也毛詩序曰詩者志之所之也在心爲志發言爲詩按許不云志之所之徑云志也者序析言之許渾言之也所以多渾言之者欲使人因屬以求別也又特牲禮詩懷之注詩猶承也謂奉納之懷中內則詩負之注詩之言承也按正義引含神霧云詩持也假詩爲持假持爲承一部與六部合音取近也上林賦葴持持音徵**从言寺聲**書之切一部

𧥒　古文詩省左从古文言右从之省寸

讖　驗也驗本馬名葢卽譣之假借讖驗疊韵**有徵驗之書河雒所出書曰讖**注十二字依李善鵩鳥魏都二賦補釋名讖纖也其義纖微也**从言韱聲**楚蔭切七部

諷　誦也大司樂以樂語教國子興道諷誦言語注倍文曰諷以聲節之曰誦倍同背謂不開讀也誦則

非直背文又爲吟詠以聲節之周禮經注析言之諷誦是二許統言之諷誦是一也从言風聲芳奉切古音在七部

誦諷也从言甬聲似用切九部

讀籒書也籒各本作誦此淺人改也今正竹部曰籒讀書也讀與籒疊韵而互訓庸風傳曰讀抽也方言曰抽讀也蓋籒抽古通用史記紬史記石室金匱之書字亦作紬抽繹其義薀至於無窮是之謂讀故卜筮之辭曰籒謂抽繹易義而爲之也尉律學僮十七已上始試諷籒書九千字乃得爲吏諷謂背其文籒謂能繹其義大史公作史記曰余讀高祖侯功臣曰大史公讀列封至便侯曰大史公讀秦楚之際曰余讀諜記曰大史公讀春秋厤譜諜曰大史公讀秦記皆謂紬繹其事以作表也漢儒注經斷其章句爲讀如周禮注鄭司農讀火絕之儀禮注舊讀昆弟在下舊讀合大夫之妾爲君之庶子女子子嫁者未嫁者是也擬其音曰讀凡言讀如讀若皆是也易其字以釋其義曰讀凡言讀爲讀曰當爲皆是也人所誦習曰讀如禮記注云周田觀文王之德博士讀爲厥亂勸寧王之德是也諷誦亦爲讀如禮言讀賵讀書左

傳公讀其書皆是也諷誦亦可云讀而讀之義不止於諷誦諷誦止得其文辭讀乃得其義蘊自以誦書改籒書而讀書者尟矣孟子云誦其詩讀其書則互文見義也**从言賣聲**徒谷切三部**訲快也**喜快**也从言中**會意中之言得也言而得故快於力切一部**訓說教也**說教者說釋而教之必順其理引伸之凡順皆曰訓如五品不訓聞六律五聲八音七始訓以出內五言是也**从言川聲**許運切十三部**誨曉教也**曉教者明曉而教之也訓以柔克誨以剛克周書無逸胥訓告胥教誨是也曉之以破其晦是曰誨**从言每聲**荒內切十五部**譔專教也**專教者專壹而教之也鄭注論語異乎三子者之撰撰讀曰譔譔之言善也廣韵曰譔善言也本鄭**从言巽聲**此緣切十四部**譬諭也**諭告也譬與諭非一事此亦統言之也**从言辟聲**匹至切十六部**謜徐語也从言原聲**魚怨切十四部**孟子曰故謜謜而來**萬章篇文趙曰如流水之與源通據

此源本作源源古作原葢許引孟原原而來謟從原會意之恉淺人加之言旁如百穀艸木麗于地加艸頭之比

詇　早知也　从言央聲　於亮切十部

諭　告也　凡曉諭人者皆舉其所易明也周禮掌交注曰論告曉也曉之曰論其人因言而曉亦曰諭諭或作喻　从言俞聲　羊戍切四部

詖　辯論也　此詖字正義皮剝取獸革也柀析也凡从皮之字皆有分析之意故詖爲辯論也　古文目爲頗字　此古文同音假借也頗偏也　从言皮聲　彼義切古音在十五部

諄　告曉之孰也　大雅誨爾諄諄左傳年未盈五十而諄諄如八九十者孟子諄諄然命之乎大雅諄諄鄭注中庸引作忳忳云忳忳懇誠皃也按其中懇誠其外乃告曉之孰義相足也方言曰諄辜也又曰宋魯凡相惡謂之諄憎此則敦字之假借攴部曰敦怒也詆也詩王事敦我　从言𦎫聲　讀若庉　章倫切十三部

䛐　語諄䛐也　諄䛐葢猶鈍遲也此諄字與上文不同錯本䛐本在詑篆下　从言屖聲

誾　虎按和說而諍蓋無犯無隱之義故曰中正而其字从門會意从言亦聲段氏[illegible]疑从門聲而謂自來反語皆誤殆非也

讀若行道遲遲直离切古音在十五部廣韵直利切

詻　論訟也訟當作頌論頌郎言容也玉藻曰戎容暨暨言容詻詻注詻詻教令嚴也周禮保氏六儀五曰軍旅之容注軍旅之容暨暨詻詻傳曰詻詻孔子容未聞論語曰子溫而厲从言各聲五陌切五部

誾　和說而諍也論語鄉黨孔注侃侃和樂皃誾誾中正皃先進皇侃亦云爾按侃侃爲和樂者謂侃侃卽衎衎之假借也誾誾爲中正者謂和悅而諍柔剛得中也言居門中亦有中正之意从言門聲語巾切按此字自來反語皆恐誤凡齗齗爲辨爭狺狺爲犬吠皆於斤聲言聲得語巾之音若門聲字當讀莫奔切或讀如瞞如䜌斷不當反從言之雙聲切語巾也楊子何後世之訔訔也司馬曰爭辨皃是訔訔同漢書之齗齗自來字書韵書與門聲之誾同又恐誤也誾誾與穆穆慔慔勉勉亹亹等爲雙聲古音在十三部

謀　慮難曰謀左傳叔孫豹說皇皇者華曰訪問於善爲咨咨難爲謀魯語作咨事爲謀韋曰事當爲難吳語大夫種曰夫謀必素見成事焉

三篇上

而後履之口部曰圖畫計難也圖與謀同義从言某聲莫浮切古音在一部謀古文謀錯本作悔不誤从母非从毋也母聲某聲同在一部士冠禮古文某爲謀葢古文禮某作㖼也謀亦古文上从母下古文言

謨議謀也釋詁曰謨謀也許於雙聲釋爲議謀詩巧言假莫爲謨从言莫聲莫胡切五部虞書曰咎繇謨曰當作有謂自曰若稽古咎繇至帝拜曰往欽哉一篇也謨古文謨从口此葢壁中尚書古文如此作也上文言咎繇謨者孔安國以隸寫之作謨也

訪汎謀曰訪汎與訪雙聲方與旁古通用溥也洪範王訪于箕子晉語文王諏於蔡原而訪於辛尹韋曰諏訪皆謀也本釋詁許於方聲別之曰汎謀从言方聲敷亮切十部

諏聚謀也左傳咨事爲諏魯語作咨才韋曰才當爲事按釋詁諏謀也許於取聲別之曰聚謀儀禮今文假詛爲諏大元諏从言取聲子于切古音在四部

論議也論以侖會意亼部曰侖思也侖部曰侖理也此

非兩義思如玉部䚏理自外可以知中之䚏靈臺於論鼓鍾毛曰論思也此正許所本詩於論正侖之假借凡言語循其理得其宜謂之論故孔門師弟子之言謂之論語皇侃依俗分去聲平聲異其解不知古無異義亦無平去之別也王制凡制五刑必即天論周易君子以經論中庸經論天下之大經皆謂言之有倫有脊者許云論者議也議者語也似未盡 **从言侖聲** 當云从言侖侖亦聲盧昆切十三部

議　語也 上文云論難曰語又云語論也是論議語三字爲與人言之稱按許說未盡議者誼也誼者人所宜也言得其宜之謂議至於詩言出入風議孟子言處士橫議而天下亂矣 **一曰謀也** 韵會引有此四字 **从言義聲** 當云从言義義亦聲宜寄切古音在十七部

訂　平議也 考工記注參訂之而平 **从言丁聲** 他頂切十一部

詳　審議也 審悉也經傳多假爲祥字又音羊爲詳狂字 **从言羊聲** 似羊切十部

諟　理也 左傳君與大夫不善是也國語作王弗是韋曰是理也是者諟之假借字韋注與許合理猶今

人言是正也臣之行諟者王不能是正也大學引大甲顧諟天之明命注諟猶正也某氏僞大甲傳諟是也皆與許合大學諟或爲題**从言是聲**承言切按言當作紙十六部**諦審也**毛傳曰審諦如帝**从言帝聲**都計切十六部**識常也**常當爲意字之誤也草書常意相似六朝以草寫書迨草變眞譌誤往往如此意者志也志者心所之也意與志志與識古皆通用心之所存謂之意所謂知識者此也大學誠其意卽實其識也**一曰知也**矢部曰知識䛐也按凡知識記識標識今人分入去二聲古無入去分別三者實一義也**从言戠聲**賞職切一部**訊問也**釋言曰訊言也小雅訊之占夢毛曰訊問也鄭箋執訊皆兼言問爲訓**从言卂聲**思晉切十二部**𧦝古文訊从卤**卤古文西西古音詵與十二部取近**詧言微親察也从言祭省聲**鉉祭作察誤楚八切十五部**謹愼也**心部曰愼謹也**从言堇聲**居隱切十三部**訒厚也**因仍則加厚訒

與仍音義略同从言乃聲如乘切六部諶誠諦也釋詁諶信也許曰誠諦未詳疑諦乃締之誤从言甚聲是吟切七部詩曰天難諶斯大雅文今詩作忱毛曰忱信也按諶忱義同音近古通用今詩其命匪諶心部作天命匪忱信誠也釋詁誠信也从人言序說會意曰信武是也人言則無不信者故从人言息晋切十二部古多以爲屈伸之伸𠆨古文信省也𧥻古文信言必由衷之意訦燕代東齊謂信訦也方言允訦恂展諒穆信也燕代東齊曰訦从言冘聲是吟切古音在八部誠信也从言成聲氏征切十一部誡敕也支部曰敕誡也从言戒聲古拜切古音在一部誋誡也淮南繆稱注曰誋誡也从言忌聲渠記切一部誥告也見釋詁按以言告人古用此字今則用告字以此誥爲上告下之字又秦造詔字惟天子獨稱之文選注卅五引獨斷曰詔猶告也三代無其文秦漢有

也據此可證秦已前無詔字至倉頡篇乃有㓜子承詔之語故許書不錄詔字鉉補之非也 从言告聲 古到切古音在三部

[古文篆形] 古文誥 按此从言肘聲是古音在三部之證

誓 約束也 周禮五戒一曰誓用之於軍旅按凡自表不食言之辭皆曰誓亦約束之意也 从言折聲 時制切十五部

譣 問也 按言部讖驗也竹部籤驗也驗在馬部爲馬名然則云徵驗者於六書爲假借莫詳其正字今按譣其正字也譣訓問謂按問與試驗應驗義近自驗切魚窆譣切息廉二音迥異尟識其關竅矣 从言僉聲 息廉切七部 周書曰勿以譣人 立政文按此偁周書說假借也立政勿用譣人其惟吉士此譣正憸之假借心部曰憸詖也憸利於上佞人也依今音訓問則魚窆切譣人則息廉切

詁 訓故言也 故言者舊言也十口所識前言也訓者說教也訓故言者說釋故言以教人是之謂詁分之則如爾雅析故訓言爲三三而實一也漢人傳注多偁故者故即詁也毛詩云故訓傳者故訓猶故言也謂取故言爲傳也取故

造 古文[?] 左旁段依毛本从肉以爲从言肘聲誤 獻之依汗簡从舟以爲舟聲 案疑是从言从古文艁 左从舟古从告 爛文存中耳
桂以爲聲之重文甚是

古文 从言肘聲 虎按疑古文造字从舟从告 右旁告爛文存中耳

言爲傳是亦詁也賈誼爲左氏傳訓故訓故者順釋其故言也　从言古聲　公戶切　五部　詩曰詁訓此句或謂即大雅古訓是式或謂即毛公詁訓傳皆非是按釋文於抑告之話言下云戶快反說文作詁則此四字當爲詩曰告之話言六字無疑毛傳曰話言古之善言也以古釋詁正同許以故釋詁陸氏所見說文未誤也自有淺人見詩無告之詁言因改爲詩曰詁訓不成語耳

譪　臣盡力之美　釋訓曰譪譪萋萋臣盡力也大雅毛傳曰譪譪猶濟濟也濟濟多威儀也　詩曰譪譪王多吉士　卷阿文　从言葛聲　於害切　十五部

諫　餔旋促也　未聞疑有誤字廣雅諫促也集韻手鑑云飾也　从言束聲　桑谷切　三部

諝　知也　周禮詩皆假胥爲之天官胥十有二人注胥讀爲諝謂其有才知爲什長秋官象胥注胥其有才知者也小雅君子樂胥箋云胥有才知之名也周易假須爲之鄭云須有才知之稱天文有須女屈原之妹名女須按荀爽一名諝　从言胥聲　私呂切　五部

証　諫也　呂覽士尉

諫　餔旋促也　張云玉篇諫從也廣韻諫飾也　疑餔飾皆餝之誤從即促之誤　義与諫近疑即此字之異文（走部遫古文作警。詩伐木以速諸）劉宜从此
錢氏斠詮云言日至餔而旋促此促速字

諫　餔旋促也　廣韻雅促也廣韻飾也集韻就秋手鑑同之飾當作餝古二字每相亂易穆卦盤則餝也王肅作飾𥘅記合情飾貌者本作飾莊子漁父飾禮樂本作餝本此餔字亦餝之誤文廣雅諫督促也餝促即督促之意旋与促形相似而衍　玉篇從也從亦促之誤

以証靜郭君高曰証諫也今俗以證爲證驗字遂改呂覽之証爲證从言正聲讀若正月之盛切十一部按古音凡正皆讀如征獨言正月者隨舉之耳諫証也从言柬聲古晏切十四部諗深諫也諗深疊韵深諫者言人之所不能言也小雅是用作歌將母來諗箋云諗告也以養父母之志來告於君左傳昔辛伯諗周桓公此皆於深諫義近毛曰諗念也此則謂諗爲念之同音假借从言念聲式荏切七部春秋傳曰辛伯諗周桓公左傳閔二年文桓十八年諗作諫課試也廣韵第也稅也皆課試引伸之義从言果聲苦臥切十七部試用也从言式聲式吏切一部虞書曰明試以功堯典皋陶謨兩見偁堯典則虞書當爲唐書諴和也和當作龢某氏注尚書同从言咸聲胡毚切七部周書曰不能諴于小民洛誥文不今各本作丕宋本說文宋本集韵皆作不詩書丕多通不也能鉉有錯無[illegible]

徒歌釋樂曰徒歌曰謠魏風毛傳曰曲合樂曰歌徒歌曰謠又大雅傳曰歌者比於琴瑟也徒歌曰謠徒擊鼓
曰咢今本或妄刪之从言肉聲各本無聲字缶部䍃从缶肉聲然則此亦當曰肉聲無疑肉聲則在弟三
部故䚻卽由字音轉入弟二部故䚻䍃繇傜皆讀如遙䚻謠古今字也謠行而䚻廢矣凡經傳多經改竄僅有存者
如漢五行志女童䚻曰檿弧萁服余招切二部篇韵皆曰䚻與周切從也此古音古義詮具也淮南
書有詮言訓高注曰詮就也就萬物之指以言其徵事之所謂道之所依也故曰詮言欠部歠下曰詮詈也然則許
意謂詮解从言全聲此緣切十四部訢喜也从言斤聲許斤切十三部按此與欠
部欣音義皆同萬石君傳僮僕訢訢如也晉灼引許慎曰訢古欣字蓋灼所據說文訢在欠部欣下云古文欣從言
說說釋也說釋卽悅懌說悅釋懌皆古今字許書無悅懌二字也說釋者開解之意故爲喜悅采部
曰釋解也从言兌聲儿部曰兌說也本周易此從言兌會意兌亦聲弋雪切十五部一曰談說

此本無二義二音疑後增此四字別音爲失蓺切　計　會也筭也　會合也筭當作算數也舊書多假筭爲算　从言十　會意古詣切十五部　諧　詥也　此與龠部龤異用龤專謂樂和　从言皆聲　戶皆切十五部　詥　諧也　詥之言合也　从言合聲　候閤切七部　調　龢也　龢各本作和今正龠部曰龢調也與此互訓和本係唱和字故許云相應也今則槩用和而龢廢矣　从言周聲　徒遼切古音蓋在三部　話　會合善言也　語會疊韵大雅愼爾出話毛曰話善言也　从言𠯑聲　胡快切十五部　傳曰告之話言　此當作春秋傳曰箸之話言見文六年左氏傳淺人但知抑詩故改之刪春秋字妄擬詩可稱傳也抑詩作告之詁言於詁下稱之又妄改爲詩曰詁訓　譮　籒文話从言會　𠯑會同在十五部故檜亦作栝　諈　諈諉絫也　絫累正俗字今人槩作累而絫廢矣見釋言孫炎曰楚人曰諈齊人曰諉郭璞曰以事相屬累爲諈諉　从言垂聲　竹寘切音在十

六十七部閒

諉　諈諉也舊作纍也今依全書通例正从言委聲女恚切音在十六十七部閒

警　言之戒也廾部曰戒警也小雅徒御不警毛曰不警警也大雅以敬爲之常武既敬既戒箋云敬之言警也亦作儆从言敬　敬亦聲己皿切十一部

謐　靜語也今文尚書維刑之謐哉周頌誐以謐我釋詁曰謐靜也按周頌謐亦作溢亦作恤堯典謐亦作恤釋詁溢愼也溢愼謐靜也恤與謐同部溢蓋恤之譌體愼靜二義相成許云靜語者爲其從言也从言𥁕聲彌必切十二部一曰無聲也今多用此義

謙　敬也敬肅也謙與敬義相成从言兼聲苦兼切七部謙或假嗛爲之

誼　人所宜也周禮肆師注故書儀爲義鄭司農云義讀爲儀古者書儀但爲義今時所謂義爲誼按此則誼義古今字周時作誼漢時作義皆今之仁義字也其威儀字則周時作義漢時作儀凡讀經傳者不可不知古今字古今無定時周爲古則漢爲今漢爲古則晉宋爲今隨時異用者謂之古今字非如今人

所言古文籒文爲古字小篆隸書爲今字也云誼者人所宜則許謂誼爲仁義字今俗分别爲恩誼字乃野說也中庸云仁者人也義者宜也是古訓也**从言宜宜亦聲也**儀寄切古音在十六部

詡大言也禮器德發揚詡萬物注詡猶普也按詡之本義爲大言故訓爲普則曰猶凡古注言猶者視此詡之引伸之義爲大故周弁殷吁夏收白虎通吁作詡鄭注禮云吁名出於幠幠覆也義可相發明**从言羽聲**況羽切五部

諓善言也善上當有諓諓二字古文秦誓戩戩善諞言諞字下引之今文秦誓戔戔戈部戔字下引之釋云巧言也戔戔公羊傳作諓諓云惟諓諓善竫言劉向九歎漢書李尋傳亦皆作諓諓王逸注楚辭引尚書諓諓靖言正皆今文尚書也諸家作諓許作戔者同一今文而有異本如同一古文而馬作偏許作諞不同也戔下既引戔戔矣而諓下又云善言者此又用王逸所據諓諓靖言之本也善言釋靖言何休曰靖猶撰也撰同譔譔言善言也廣雅釋訓曰諓諓善也賈逵外傳注曰諓諓巧言也韋昭注曰諓諓巧辨之言然則此善言謂善爲

言辭者不同語下之善言也　从言戔聲慈衍切十四部　一曰謔也別一義　誐　嘉善也誐嘉疊韵部嘉美也　从言我聲五何切十七部　詩曰誐以謐我周頌文謐鉉本作溢此用毛詩改竄也廣韵引說文作謐按毛詩假以溢我傳曰假嘉溢愼與誐謐字異義同許所偁葢三家詩誐謐皆本義假溢皆假借也然謐溢並見釋詁可知周時已有此二本之殊矣若左氏作何以恤我何者誐之聲誤恤與謐同部堯典惟刑之謐哉古文亦作恤　詷　共也从言同聲徒紅切九部　周書曰在后之詷顧命文某氏尚書作在後之侗釋文曰馬本作詷共也許葢用馬說祭統鋪筵設詷几注詷之言同也祭者以其妃配之亦不特几也按此經注本如是假令經本作同几又何煩以詷釋之哉鄭必云之言者鄭意詷本不訓同於其疊韵訓爲同非若馬許徑云共也引書後作后者儀禮注引孝經說云后者後也此依韵會用錯本　一曰譀也通俗文言過謂之謥詷麤痛徒痛二切按言過者言之太過也與譀訓合廣韵作言

急恐誤

設　施陳也。設施雙聲。㫃部曰：施，旗旖施也。有布列之義。𨸏部曰：陳，列也。然則凡言陳設者，敶之假字。陳行而敶廢矣。从言殳。會意。言殳者，以言使人也。凡設施必使人爲之。識列切，十五部。殳，使人也。殳者，可運旋之物，故使人取意。於殳般字下曰：殳，所以旋也。

護　救視也。尚書中候握河紀：堯受河圖，伯禹進迎，舜契陪位，稷辨護。注云：辨護者，供時用相禮儀。周禮注亦云辨護。蕭何世家：數以吏事護高祖。从言蒦聲。胡故切，五部。

譞　譞此複舉字之未刪者慧也。與人部儇音義皆同。从言睘聲。許緣切，十四部。

誧　大也。廣雅同。从言甫聲。博孤切，五部。一曰人相助也。廣韵曰：誧，諫也。讀若逋。

諰　思之意。廣韵曰：言且思之。疑古本作言且思之意也。方言而又思之，故其字從言思。意者，𧮪下意內言外之意。荀卿曰：諰諰然常恐天下之一合而軋己也。漢書諰作鰓。蘇林曰：讀如慎而無禮則葸之葸。鰓，懼皃也。按又作𢝊，又作偲，皆訓懼，與思訓義近。从言思。會意。

思亦聲思亦二字今補胥里切一部託寄也與人部侂音義皆同从言乇聲他各切五部記疋也疋各本作疏今正疋部曰一曰疋記也此疋記二字轉注也疋今字作疏謂分疏而識之也廣雅曰註紀疏記學栞志識也按晉唐人作註記字註從言不從水不與傳注字同从言己聲居吏切一部譽稱也稱當作偁轉寫失之也偁舉也譽偁美也从言與聲羊茹切五部譒敷也手部播一曰布也此與音義同从言番聲補過切十七部番聲本在十四部商書曰王譒告之般庚上篇文今尚書作播謝辭去也辭不受也曲禮大夫七十而致事若不得謝則必賜之几杖此謝之本義也引伸爲凡去之偁又爲衰退之偁俗謂拜賜曰謝从言䠶聲辭夜切古音在五部按經典無榭字祇作謝釋宮無室曰榭轉寫俗字也木部不錄謳齊歌也師古注高帝紀曰謳齊歌也謂齊聲而歌或曰齊地之歌按假令許意齊聲而歌則當曰衆歌不曰齊歌也李善注吳都

賦引曹植妾薄相行曰齊謳楚舞紛紛太平御覽引古樂志曰齊歌曰謳吳歌曰歈楚歌曰豔淫歌曰哇若楚辭吳歈蔡謳孟子河西善謳則不限於齊也　从言區聲　烏侯切四部

詠　歌也　堯典曰歌永言樂記曰歌之爲言也長言之也說之故言之言之不足故長言之　从言永聲　爲命切古音在十部

咏　詠或从口

諍　止也　經傳通作爭　从言爭聲　側迸切十一部

評　召也　口部曰召評也後人以呼代之呼行而評廢矣　从言乎聲　荒烏切五部

謼　評也　依韵會訂此與口部嘑異義而通用大雅崔本式號式謼　从言虖聲　荒故切五部

訖　止也　見釋詁穀梁傳毋訖糴范曰訖止也按孟子謂之遏糴　从言气聲　居迄切十五部

諺　傳言也　諺傳疊韵傳言者古語也古字從十口識前言凡經傳所偁之諺無非前代故訓而宋人作注乃以俗語俗論當之誤矣元應引此下有謂傳世常言也葢庾儼默注　从言彥聲　魚變切十四部按此與尚書乃逸乃

喭論語由也喭皆訓畔喭者各字衛包改尚書之喭爲諺大誤

訝相迎也周禮曰諸侯有卿訝也秋官掌訝職文惟周禮作訝他經皆作御如詩百兩御之毛曰御迎也以御田祖箋云御迎也書予御續乃命于天弗御克奔以役西土御衛不迷某氏皆訓迎故衛包遂皆改爲迓士昏禮媵御曲禮大夫士必自御之穀梁傳跛者御跛者眇者御眇者列子遇駭鹿御而擊之皆訓迎則皆訝之同音假借**从言**迎必有言故從言**牙聲**吾駕切古音在五部此下鉉增迓字云訝或從辵爲十九文之一按迓俗字出於許後衛包無識用以改經不必增也

詣候至也候至者節候所至也致下云送詣也凡謹畏精微深造以道而至曰詣關中記建章宮有駁娑駘盪枍詣承光四殿西京西都賦皆作枍詣俗作栺誤**从言旨聲**五計切十五部

講和解也和當作龢不合者調龢之紛糾者解釋之是曰講易曰君子以朋友講習史記虞卿甘茂二傳漢書項羽傳皆假媾爲講古音同也**从言冓聲**古項切古音在四部

謄迻書

也今人猶謂謄寫从言朕聲徒登切六部訒頓也訒頓疊韵頓之言鈍也从言刃聲而振切十三部論語曰其言也訒顏淵篇文訥言難也與訒義同與吶音義皆同論語君子欲訥於言而敏於行苞曰訥遲鈍也从言內內亦聲也內骨切十五部謯謯娽也廣雅曰謯諫也篇韵皆曰謯諫也諫謯也按許書有娽無諫故仍之其義則未聞謯娽當是古語許當是三字句从言虘聲側加切古音在五部廣韵子邪切䛛待也小徐曰此與徯字義相通从言伿聲讀若翳胡禮切古音在十六部譥痛嘑也嘑作呼誤與噭義略同痛嘑若顏氏家訓所云北人呼羽罪反之音南人呼于來反之音也从言敫聲古弔切二部譊恚嘑也从言堯聲女交切二部謍小聲也小上當奪謍謍二字謍謍小聲也从言熒省聲余傾切十一部詩曰謍謍青蠅小雅文毛詩作營營傳曰營營往來皃許

所偁蓋三家詩也

諎　大聲也　爾雅行扈唶唶釋文曰唶說文云借字也一云大聲也按說文入部無借字據陸則此大聲也之上今奪五字但借字也三字語不完且陸不分疏云唶說文作諎今未敢輒補要陸所據爲善本許書段下曰借也耤下曰古者使民如借序目曰六曰假借人部未必無借字而諎唶可以爲借字固非無徵矣借資昔資夜二切孔沖遠曰假借字在取者則假讀上聲借讀入聲在與者則皆讀去聲聲類曰嚄大笑唶大呼考工記侈則柞注柞讀爲咋咋然之咋聲大外也按咋咋諎同皆大聲　从言昔聲讀若笮　莊革切古音在五部

唶　諎或从口

諛　謁也　諛者所以爲謁故渾言之　从言臾聲　羊朱切四部

讇　諛也　有讇者未有不諛　从言閻聲　丑剡切八部

諂　讇或从臽

諼　詐也　公羊傳此伐楚也其言救江何爲諼也何曰諼詐也息夫躬傳虛造詐諼之策按師古注云諼詐辭也辭當是譽此蓋小顏所據說文作詐譽也淺人刪譽耳衛風終不可諼兮傳曰諼忘也此諼蓋蕿

之假借蘐本令人忘憂之艸引伸之凡忘皆曰蘐伯兮詩作諼艸淇奧詩作不可諼皆假借也許偁安得蘐艸葢三家詩也

从言憂聲況袁切十四部

謷　不省人言也省各本作肖今正言字依韵會補詩板我即爾謀聽我嚻嚻傳曰嚻嚻猶謷謷也箋云女聽我言謷謷然不肎受玉篇謷字下引廣雅不入人語也謷卽謷之俗廣韵六豪曰謷不省人也奪言字五肴曰謷不肖也則依誤本說文而又少二字東方朔傳聲謷謷亦正謂其不省人言耳此條得諸鈕非石又按釋訓曰嚻嚻傲也嚻嚻卽謷謷之叚借

从言敖聲五牢切二部

一曰哭不止悲聲謷謷此亦用朔傳爲說一說聲謷謷者詆其不勝痛呼謈也當許時朔傳已有二解矣

訹　誘也按晉語里克丕鄭告公子重耳曰子盍入乎吾請爲子鉥此假鉥爲訹也服鳥賦怵迫之徒兮或趨西東孟康曰怵爲利所誘怵然此假怵爲訹也

从言术聲思律切十五部

訑　沇州謂欺曰訑此不見於方言方言秦謂之謾郭云言謾訑訑音大和切按戰國策曰寡

人正不喜訑者言也从言它聲託何切十七部謾欺也宣帝詔欺謾季布傳面謾韋注漢書云謾相抵讕也从言曼聲母官切十四部譇譇拏逗疊韵字羞窮也方言嘝哰謰謱拏也拏楊州會稽之語也或謂之惹或謂之諵郭曰拏謂譇拏也奴加反按譇拏出此羞窮者謂羞澀辭窮而支離牽引是曰譇拏从言奢聲陟加切古音在五部詐慹語也與心部怍音同義近論語其言之不怍則爲之也難當作此詐从言作聲鉏駕切古音在五部按玉篇云慹語也疑左傳定八年桓子咋謂林楚杜云咋暫也當作詐字讋讋讘也讋讘當是疊韵雙字但不類列而讘在後讘字下葢後人亂之从言執聲之涉切七部謰謰謱也方言嘝哰謰謱拏也東齊周晉之鄙曰嘝哰嘝哰亦通語也南楚曰謰謱或謂之支註或謂之詀謕按譇拏謰謱皆雙聲从言連聲力延切十四部謱謰謱也从言婁聲洛侯切四部詒相欺詒也金縢公乃爲詩以詒

王名之曰鴟鴞鄭曰詒說也周公恐其屬黨將死恐其刑濫又破其家而不敢正言故作鴟鴞之詩以詒王按尚書字本作詒鄭注說當讀輸芮切正義改爲怡悅字誤矣周公善辭以誘王故史臣目之曰詒此鄭意也穀梁傳曰夫請者非可詒託而往也必親之者也注詒託猶假寄列子狎侮欺詒郭注方言云汝南人呼欺亦曰詒音殆史漢多假紿爲之 一曰遺也 釋言毛傳皆曰詒遺也俗多假貽爲之 从言台聲 與之切按今音前義徒亥切一部

謲 相怒使也从言參聲 倉南切七部玉篇千紺切

誑 欺也从言狂聲 居況切十部

譺 騃也 騃馬行仡仡也此騃之本義也方言癡騃也騃吾駭反此騃之別義也廣雅譺調也謂相嘲調通俗文大調曰譺按大相嘲調者如癡騃然也 从言疑聲 五介切古音在一部

謑 相誤也 廣韵相謑誤也謑誤蒸同詿誤 从言狊聲 古闃切按䀠部作䀠䀠舉朱切不得䀠聲讀古闃切

訕 謗也 論語惡居下而訕上者與女部姍誹也音義同 从言山

聲所晏切十四部 譏誹也譏誹疊韵譏之言微也以微言相摩切也引伸爲關市譏而不征之譏从言幾聲居衣切十五部 誣加也元應五引皆作加言加言者架言也古無架字以加爲之淮南時則訓鵲加巢加巢者架巢也毛詩箋曰鵲之作巢冬至加之劉昌宗加音架李善引呂氏春秋注曰結交也構架也云加言者謂憑空構架聽者所當審愼也按力部曰加語相增加也從力口然則加與誣同義互訓可不增言字加與誣皆兼毁譽言之毁譽不以實皆曰誣也方言誣䛘與也吳越曰誣荆楚曰䛘與猶齊晉言阿與表記受祿不誣注曰於事不信曰誣从言巫聲武扶切五部 誹謗也誹之言非也言非其實从言非聲敷尾切十五部 謗毁也謗之言旁也旁溥也大言之過其實論語子貢方人假方爲謗从言旁聲補浪切十部 譸訓也按訓詛也則譸亦詛也从言壽聲讀若醻張流切三部周書曰無或譸張爲幻無逸文釋訓曰侜張誑也毛詩作侜張他

書或作侏張或作輈張皆本無正字以雙聲爲形容語此偁譸張訓誑不訓詶是亦假借之理也

詶　詛也　玉篇云說文職又切詛也元應六引曰祝今作呪說文作詶詛也之授切今各本作譸也乃因俗用詶爲酬應字市流切不欲釋以詛遂改之耳詶訓以言荅之而詶詛作呪此古今之變也若經典則通用祝不用詶左傳雖其善祝豈能勝億兆人之詛此祝詛分言也大雅侯作侯祝傳云作祝詛也此祝讀呪祝詛不分也　从言州聲　三部

詛　詶也　从言且聲　莊助切五部

䛆　詶也　祝䄂字亦作䄂蓋與䛆一字也　从言由聲　直又切三部

誃　離別也　釋言曰斯誃離也郭云誃見詩今毛詩未見誃字疑析薪扡矣容有作誃者別兵列切　从言多聲　尺氏切古音在十七部　讀若論語跢予之足　泰伯篇云啓予足啓予手鄭云啓開也跢當是啓誤或曰當作哆予之足哆猶開也　周景王作洛陽誃臺　東京賦曰於南則謻門曲榭薛曰謻門冰室門也水經注穀水篇曰洛陽諸宮名曰南宮

誃

虎按郭所云見詩者乃巷伯之哆兮有作誃者邪疏亦云
但誤作侈耳段說非
誃臺猶離宮別館之意　已見郭疏

有誃臺臨照臺東京賦誃門曲宣陽門也門內有宣陽冰室按誃臺蓋謂誃門之臺也誃者誃之或體李善直移反周景王作大錢大鐘則其作誃臺也亦侈大之意釋宮連謂之簃郭云堂樓閣邊小屋今呼之簃廚連觀也鉉竹部新附有簃字按陸雲與兄書曰曹公所爲屋壞其誃堂不可壞直以斧斫之其字亦作誃爾雅之簃蓋亦誃之異體

誖　亂也从言孛聲蒲沒切十五部　悖　誖或从心　𧦝　籒文誖从二或兩國相違舉戈相向亂之意也角部觷以爲聲

䜌　亂也一曰治也與爪部𤔔乙部亂音義皆同一曰不絕也別一義从言絲治絲易棼絲亦不絕故从絲會意呂員切十四部宋景公之名左傳作欒古今人表作兜欒宋世家作頭曼趙宋祕閣有宋公䜌餗鼎與竹書宋景公䜌合　𢿥　古文䜌

誤　謬也按謬當作繆古繆誤字從糸如綢繆相戾也大傳五者一物紕繆是謬訓狂者妄言與誤義隔从言吳聲五故切五部

詿　誤也詿謂有所挂牽而然也史記吳

王濞傳詿亂天下漢書景帝詔曰吳王濞爲逆詿誤吏民从言圭聲古賣切十六部

誒可惡之䛗䛗各本作辭誤今正䛗者意內而言外也韋孟詩勤唉厥生漢書唉作誒師古曰誒歎聲項羽本紀索隱曰唉歎恨發聲之䛗皆與許此義合从言矣聲許其切一部一曰誒逗然下當有也方言欸醫然也南楚凡言然者曰欸或曰醫口部曰唉譍也廣雅欸醫然譍也是則誒與欸唉音義皆同通用也春秋傳曰誒誒出出襄三十年文此證前一義也今傳作譆譆

譆痛也當作痛聲左傳或叫于宋大廟曰譆譆出出鳥鳴于亳社如曰譆譆甲午宋大災按譆與熹同音故云痛聲从言喜聲火衣切按火衣廣韵作許其爲是一部

詯膽气滿聲在人上从言自聲葢即元曲所用咱字讀若反目相睞荒內切十五部

譺譺詍逗多言也玉篇云欺謾之言廣韵云弄言从言离聲吕之切按廣韵之作支爲是古音在十七部

詍多言也

誁　錢氏斠詮云　俗諵字即此

與口部呭音義皆同 从言世聲 余制切十五部 詩曰無然詍詍 口部偁詩作呭呭此作詍詍蓋四家之別也 訾訾 逗二字今補 不思稱意也 釋訓云翕翕訿訿莫供職也毛傳云潝潝然患其上訿訿然不思稱其上不思稱其上者謂不思報稱其上之恩也大雅傳云訿訿窳不供事也二傳辭異義同意者意內言外之意按禮記少儀注訾思也凡二見此別一義 从言此聲 將此切十五十六部按訾毀字古作呰與訾別後人混用 詩曰翕翕訿訿 小雅文 往來言也一曰小兒未能正言也一曰祝也从言匋聲 大牢切古音在三部 𧩙或从包 匋聲包聲同在三部 誁誁 逗 多語也从言冄聲 汝閻切七部 樂浪有誁邯縣 地理志郡國志同孟康音男 [言遝]誻 逗 語相及也 此依玉篇訂隶及也眔目相及也然則此從遝訓語相及無疑 从言遝聲 此形聲包會意他合

切八部

誻　譅誻也。與曰部沓字音義皆同。荀卿書愚者之言誻誻然而沸。注：誻誻，多言也。从言沓聲。徒合切。八部。

訮　諍語訮訮也。劉祥言事，蒙遜曰：汝聞劉裕入關，敢研研然也。斬之。魏書作妍妍，皆訮訮之同音也。匡謬正俗所謂殿研卽此。从言幵聲。呼堅切。十二部。

讗　言壯皃。一曰數相怒也。从言巂聲。讀若畫。呼麥切。十六部。

訇　騃言聲。騃各本作駭，依韵會訂。此本義也。引伸爲匉訇大聲。从言勻省聲。虎橫切。古音在十二部。變爲圁字。則西河郡圁陰、圁陽皆音銀是也。西京賦沸卉軯訇與鶤溫門論韵，則入十三部。今入耕韵非也。漢中西城有訇鄉。城俗本作域，誤。又讀若玄。謂讀若勻矣。其訇鄉則又讀若玄也。

訇　籀文不省。

諞　便巧言也。諞便疊韵。从言扁聲。部田切。十二部。周書曰：截截善諞言。古文尚書秦誓文。論語曰：友諞佞。季氏篇文。今作便。

[illegible]　匹也。於疊

讗

斠詮　廣韵户圭切，引本書云：自是也。此疑有誤。又古獲切，言疾言也。今俗有讗嘓嘓云云，即此字。張揖氏字与詯音義皆近。

韵釋之从言頻聲符眞切十二部

䛐扣也扣叩古今字說文有敂無叩此扣當作敂如求婦先䛐叕之此葢古語論語我叩其兩端而竭焉孔曰我則發事之始終以語之公羊傳吾爲子口隱矣何曰卬猶口語發動也按猶口當作猶叩句絕从言口會意口者叩也口亦聲苦后切四部

誽言相說司也說司猶刺探說之言意也司之言伺也从言兒聲女家切古音在十六部

誂相評誘也戰國策楚人有兩妻人誂其長者長者詈之誂其少者少者許之史記吳王濞傳使中大夫應高誂膠西王按後人多用挑字从言兆聲徒了切二部

譄加也加下曰語相譄加也按譄加誣三字互訓从言曾聲作滕切六部

詄忘也廣雅誤也从言失聲徒結切十二部

諅忌也廣韻七之曰謀也七志曰志也从言其聲渠記切一部周書曰上不諅于凶德多方文上今書作爾尚一二字諅今書作忌按宋本說文篇韵皆

作上不耆于凶德

譀　誕也　東觀漢記曰雖誇譀猶令人熱按誕也當作誇也譀與誇互訓　从言敢聲　下闞切八部

誇　譀也从言夸聲　苦瓜切古音在五部

誕　詞誕也　此三字葢有誤釋詁毛傳皆云誕大也　从言延聲　徒旱切十四部

𧦝　籀文誕省正

譪　譀也从言萬聲　莫話切十五部

謔　戲也从言虐聲　虛約切古音在二部　詩曰善戲謔兮　衛風文

詪　很戾也　廣韵難語皃　从言艮聲　乎懇切十三部

訌　讀也　大雅召旻傳曰訌潰也抑傳曰虹潰也虹者訌之假借字釋言虹潰也亦作訌郭云謂潰敗按許作讀者許以讀與潰同也詩彼童而角實虹小子天降罪罟蟊賊內訌皆謂禍由中出與中止之義合　从言工聲　戶工切九部　詩曰蟊賊內訌

讃　中止也　中止者自中而止猶云內亂魏都賦李注引說文讃列中止也此依賦文

讗　錢氏斠詮云廣韵戶圭切引本書云自是也此疑有誤又古獲切云疾言也今俗有語嘓嘓云云即此字
虎按此字与詛音義皆近

衍列字賦云齊被練而銛戈襲偏裂以讀列非中止之訓也从言貴聲胡對切十五部司馬法曰師多則民讀民各本作人今依廣韵所引讀止也此以止與中止義別也凡得經傳而又釋其義者皆必其義與字本義不同如塈讒說曰圛莧席皆是䜋聲也廣韵眾聲从言歲聲呼會切十五部詩曰有䜋其聲毛詩雲漢有嘒其星毛曰嘒眾星皃此有䜋其聲蓋三家詩也如史所云赤氣亙天砰隱有聲是也或曰聲當是星之誤有䜋其星如天官書天鼓有音天狗有聲之類也諣疾言也从言咼聲呼卦切古音在十七部⿰言魋譟也从言魋聲杜回切十五部按許書無魋字大徐據此補入鬼部譟擾也手部曰擾煩也从言喿聲穌到切二部訆大嘑也與㗊部嘂口部叫音義皆同从言丩聲古弔切三部春秋傳曰或訆于宋大廟今傳作叫襄三十年文諕號也从言虎此與号部

識　詩曰有識其聲
虎按詩無此語雲漢有嘒其星嘒訓眾星皃斯干噦噦其冥箋訓噲噲非聲許蓋誤以采菽之鸞聲噦噦合於雲漢之有嘒其星耳段以為三家詩恐未然

諕　宣當从號省聲

號音義皆同口部唬從口虎亦讀若暠凡嘑號之聲虎爲𡘍猛故皆從虎會意乎刀切二部

讙　譁也。从言雚聲。呼官切十四部

誇　譀也。从言夸聲。呼瓜切古音在五部

謣　妄言也。从言雩聲。羽俱切五部　謣或从荂。玉篇云同譁

譌　譌言也。疑當作僞言也唐風人之爲言定本作僞言箋云爲人爲善言以稱薦之欲使見進用也小雅民之訛言箋云訛僞也人以僞言相陷入按爲僞譌古同通用尚書南譌周禮注漢書皆作南僞　从言爲聲。五禾切十七部　詩曰：民之譌言。今小雅作訛說文無訛有吪吪動也訛者俗字

謬　狂者之妄言也。古差繆多用從糸之字與此謬義別　从言翏聲。靡幼切三部

詤　夢言也。夕部曰夢不明也吕覽無由接而言見詤高曰詤讀爲誣妄之誣按讀詤爲誣者正如亡無通用荒幠通用也　从言巟聲。呼光切十部

譹　大嘑自冤也。冤各本作勉今依廣韵正東方朔傳舍人不勝痛呼

謈鄧展曰謈音瓜瓝之瓝按自冤者自稱己冤枉也田蚡疾一身盡痛若有擊者謼服謝罪晉灼曰服音瓝關西俗謂得杖呼及小兒啼呼爲呼瓝然則謈亦作服作瓝也朝傳呼字亦音髐蚡傳謼字亦音火交反皆與下一字疊韵廣韵曰嗃謈大呼也是也謈古音讀如匏 从言暴省聲 蒲角切古音在二部

訬 訬此複舉字刪之未盡者擾也 手部曰擾煩也今俗語云炒鬧者當作此字 一曰訬獪 犬部獪狡獪也漢書曰江都輕訬吳都賦曰輕訬之客高注淮南曰訬輕利急疾也李善音眇 从言少聲 楚交切二部按此當爲前一義之音 讀若毚 此未詳蓋緻亦作纔之比顧氏炎武曰毚當作㲋

諆 欺也 諆欺疊韵小徐引漢書詆諆然漢書自作詆欺也 从言其聲 去其切一部

譎 權詐也益梁曰謬欺天下曰譎 方言膠譎詐也涼州西南之閒曰膠自關而東西或曰譎或曰膠詐通語也按廣雅及爾雅釋文引方言皆有謬字此欺天下曰譎不可通當爲關東西曰譎 从言矞聲 古穴切十五部

詐　欺也。从言乍聲。側駕切。古五部。

訏　詭譌也。从言于聲。況于切。五部。一曰訏蕃。今字作吁嗟。此別一義。齊楚謂信曰訏。按信當作大。釋詁：訏，大也。方言：訏，大也。中齊西楚之閒曰訏。許語本揚，作咨者淺人爲之耳。謀事曰咨，義不相涉。

⿰言𢀩　嗞也。口部曰：嗞，蕃也。此云蕃嗞也，是爲異部互訓。各本改嗞蕃，義別。从言𢀩聲。子邪切。古音在十七部。一曰痛惜。此與

讋　失气言。此與慴音義同。此从言，故釋之曰失气言。東都賦：陸讋水慄。一曰言不止也。言字各本無，依玉篇補。謂詍詍沓沓也。从言龖省聲。傅毅讀若慴。之涉切。七部。

讋　籀文讋不省。

謵　言謵讋也。疑上文失气言之上當有謵讋二字，疊韵字也。从言習聲。秦入切。七部。

⿰言亞　相毀也。从言亞聲。宛古切。五部。一曰畏⿰言亞。此與惡惡字略同。

⿰言隋　相毀也。从言隋聲。雖遂切。古音在十七部。篇韵皆

⿰言亞　張云後世相惡字當用此

虛規切

譶　嗑也口部曰嗑多言也玉篇曰譶諕多言也譶諕卽讕嗑　从言闞聲徒盍切八部

訩　訟也訟各本譌說今依篇韵及六書故所據唐本正爾雅釋言小雅魯頌傳箋皆云訩訟也按下文系之云訟爭也說文之通例如是　从言匈聲許容切九部　訩　或省今詩如是作

詾　訩或从兇　訟　爭也公言之也漢書呂后紀未敢訟言誅之鄧展曰訟言公言也　从言公聲此形聲包會意似用切九部　一曰歌訟訟頌古今字古作訟後人假頌皃字爲之

䛏　古文訟从谷聲　謓　恚也今人用嗔古用謓　从言眞聲昌眞切十二部

賈侍中說謓笑別一義　一曰讀若振　讘　多言也从言聶聲之涉切七部　河東有狐讘縣見地理志按史漢表皆有瓡讘侯徐廣小顏瓡皆音狐考漢志北海有瓡縣小顏云瓡卽執字疑瓡讘二字疊韵瓡當從爪作瓡執之或體不音狐漢志說文作狐讘皆譌字也

訶　大言而怒也。从言可聲。虎何切十七部　𧦝　訐也。訐或作許誤　从言臣聲。讀若指。臣聲而讀若指十二十五部合音也職雉切　訐　面相斥罪告訐也。依韵會訂論語惡訐以爲直者　从言干聲。居謁切十五部　訴　告也。从言厈聲。桑故切五部凡從厈之字隸變爲斥俗又譌斥　論語曰：訴子路於季孫。憲問篇文　𧦅　訴或从言朔。愬　訴或从朔心。今論語作此　譖　愬也。論語譖愬析言之此統言之　从言朁聲。莊蔭切七部　讒　譖也。从言毚聲。士咸切八部　譴　謫問也。从言遣聲。去戰切十四部　謫　罰也。从言啻聲。陟革切十六部　諯　數也。謂數責也今音讀上聲　一曰相讓也。相責讓二義亦略同耳　从言耑聲。讀若專。尺絹切十四部　讓　相責讓。經傳多以讓爲謙攘字　从言襄聲

人漾切十部

譙　嬈譊也　嬈擾戲弄也譊恚呼也方言譙讓也齊楚宋衞荆陳之閒曰譙自關而西秦晉之閒凡言相責讓曰譙讓　从言焦聲讀若嚼　才肖切二部

誚　古文譙从肖周書曰亦未敢誚公　漢人作譙壁中作誚實一字也金縢文

誎　數諫也　謂數其失而諫之凡譏刺字當用此　从言朿聲　七賜切十六部

誶　讓也　釋詁毛傳皆云誶告也許云讓也釋詁毛傳泛言之許專言之也　从言卒聲　雖遂切十五部　國語曰誶申胥　吳語文韋曰誶告讓也今國語毛詩爾雅及他書誶皆譌訊皆由轉寫形近而誤

詰　問也　从言吉聲　去吉切十二部

[言朢]　責望也　太元寇[言呈]其戶范曰[言呈]責也按朢之古文作𡈼故[言朢]之古文亦作[言呈]　从言朢聲　巫放切十部

詭　責也　漢書況自詭滅賊孔融表云昔賈誼求試屬國詭係單于　从言危聲　過委切十六部今人爲詭詐字

證　告也　从言登聲　諸應切六部今

八爲證驗字詘詰詘也二字雙聲屈曲之意一曰屈襞此謂衣襞積見衣部从言出聲區勿切十五部誳詘或从屈⿰言夗尉也尉各本作慰而集韵類篇及葉石君抄本說文皆作尉則知大徐本作尉也火部曰尉者從上案下也訛訓尉未得其證攷毛詩凱風傳慰安也車舝傳曰慰怨也二傳不同車舝傳一本作尉安也陸氏德明從怨謂作安乃馬融義今按此毛詩及傳正當作尉訛也爲許所本後人以易識之字易之耳訛者以善言案其心如火申繒然訛尉雙聲从言夗聲於願切十四部

詗知處告言之史漢淮南傳王愛陵多予金錢爲中詗長安孟康曰詗音偵西方人以反閒爲偵王使其女爲偵於中也服虔亦云偵伺之也如淳曰从詗音朽政反按說文無偵字則從服孟說詗即偵是也言同聲朽正切十一部⿰言敻流言也从言敻聲火縣切十四部詆訶也鉉本苛也一曰訶也从言氐聲鍇本荷也从言氐聲一曰訶今按二本皆誤漢人訶多假荷爲之如周禮宮正比長

注荷皆呼何反宋槧周禮及釋文可證淺人改爲苛此从亦其比也不得其說乃訶荷竝存矣今依韵會刪正言氏聲都禮切誰 誰何也三字爲句各本少誰字誤刪可證李善引有謂責問之也五字蓋注家語六韜令我壘上誰何不絕賈誼書陳厲兵而誰何史記衞綰傳歲餘不誰何綰漢書作不孰何韋注國語𧸘弩注矢以誰何有單云誰者如五行志大誰卒易林無敢誰者楊雄箴閽樂矯搜戟者不誰耤田賦靡誰督而常勤有單云何者如廣雅何問也賈誼傳大譴大何从言隹聲示隹切十五部

諽 飾也作飾誤諽與悈音義同从言革聲讀若戒古覈切一部一曰更也諽與革音義同

讕 抵讕也抵各本作詆誤文三王傳王陽病抵讕置辭師古曰抵距也讕誣讕也文帝紀韋注曰謾抵讕也按抵讕猶今俗語云抵賴也从言闌聲洛干切十四部譋 讕或从閒

診 視也倉公傳診脈視脈也從言者醫家先問而後切也从言㐱聲直刃

悉當作悉

切又之刃切十二部

[illegible]悲聲也斯析也澌水索也凡同聲多同義鍇曰今謂馬悲鳴爲嘶从言斯省聲先稽切十六部按釋詁鮮善也釋文曰本或作誓

訧罪也邶風毛傳訧過也亦作郵釋言郵過也亦作尤孟子引詩畜君何尤从言尤聲羽求切古音在一部周書曰報以庶訧呂刑文

誅討也凡殺戮糾責皆是从言朱聲陟輸切四部

討治也發其紛糾而治之曰討秦風傳曰蒙討羽也箋云蒙尨也討襍也畫襍羽之文於伐故曰尨伐據鄭所言則討者亂也治討曰討猶治亂曰亂也論語世叔討論之馬曰討治也學記古之學者比物醜類醜或作討凡言討論探討皆謂理其不齊者而齊之也从言寸寸法也或曰從肘省聲他晧切古音在三部

諳悉也此與罙義同音近从言音聲烏含切七部元應書卷廿一云說文諳於禁切大聲也豈所據本異與

讄禱也絫功德㠯求福也讄絫雙聲按讄施於生者以求福誄施於死者以作謚論

語之讄曰字當從畾毛傳曰桑紀能誄字當從耒周禮六辭鄭司農注二字已不分矣 論語云讄曰禱尒于上下神祇 述而篇文 从言畾聲 按本書無畾字靁從雨象形作此凡曰從畾聲者皆從靁省聲也力軌切十五部 䛝 讄或从纍 論語釋文或云作讄

謚 行之迹也 周書謚法解檀弓樂記表記注皆云謚者行之迹也謚迹疊韵 从言益聲 按各本作從言兮皿闕此後人妄改也攷元應書引說文謚行之迹也從言益聲五經文字曰謚說文也謚字林也字林以謚爲笑聲音呼益反廣韵曰謚說文作謚六書故曰唐本說文無謚但有謚行之迹也據此四者說文從言益無疑矣自呂忱改爲謚唐宋之閒又或改爲謚遂有改說文而依字林羼入謚笑兒於部末者然唐開成石經宋一代書版皆作謚不作謚知徐鉉之書不能易天下是非之公也近宗說文者不能攷知說文之舊如汲古閣刊經典依宋作謚矣而覆改爲謚可歎也今正謚爲謚而刪部末之謚笑兒學者可以撥雲霧而覩青天矣神至切古音在十六部 誺 謚

也當云所以爲謚也曾子問注曰誄絫也絫列生時行迹讀之以作謚 从言耒聲 力軌切十五部

諱 忌也 鉉本諱諰也在誡諰二字之下淺人妄移也錯本廁此是矣而忌作諰仍誤諰誡也忌憎惡也故諱與謚誄爲類 从言韋聲 許貴切十五部

謑 謑詬二字今補逗 恥也 漢書賈誼傳頑鈍亡恥謑詬亡節師古曰謑詬謂無志分也 从言奚聲 胡禮切十六部

謑或从奊 奊圭聲同部是以或作謑

詬 謑詬也 依全書例訂 从言后聲 呼寇切四部

訽 詬或从句 后句同部

諜 軍中反閒也 釋言閒俔也郭云左傳謂之諜今之細作也按左傳諜輅之諜告曰楚幕有烏皆是大史公書借爲牒札字 从言枼聲 徒叶切七部

該 軍中約也 凡俗云當該者皆本此 从言亥聲 古哀切一部 讀若心中滿該 該同餕飽息也詳口部噫下

譯 傳四夷之語者 依李善徐堅訂方言譯傳

也王制曰東方曰寄南方曰象西方曰狄鞮北方曰譯　从言睪聲羊昔切古音在五部

訄　迫也廣雅同　从言九聲讀又若丘謂九聲則讀如鳩矣而又讀如丘也今俗謂逼迫人有所爲曰訄音正同丘廣韵巨鳩去鳩二切三部

譶　疾言也从三言讀若沓文選琴賦紛䜀譶以流漫注䜀譶聲多也徒合切吳都賦䜀譶翏繆交貿相競注引倉頡篇譶言不止也佇立切大徐引唐韵徒合切

文二百四十七七宋本作五小徐作六於此可定論字系後增今刪論則二百四十六

重三十二毛本卅三小徐本卅四

誩　競言也从二言渠慶切古音在十部讀如彊　凡誩之屬皆从誩讀若競

譱　吉也口部曰吉善也　从誩羊此與義美同意我部曰義與善同意

羊部曰美與善同意按羊祥也故此三字從羊常衍切十四部譱篆文从言據此則譱爲古文可知矣此亦上部之例先古後篆也譱字今惟見於周禮他皆作善

競彊語也競彊疊韵彊語謂相爭从誩二人從二人二言也渠慶切古音在十部讀如彊一曰逐也別一義

讟痛怨也方言讟謗也讟痛也二義相足从誩賣聲徒谷切三部春秋傳曰民無怨讟左傳昭元年曰民無謗讟八年曰怨讟動於民疑相涉而誤

文四　重一

音聲生於心有節於外謂之音十一字一句各本聲下衍也字樂記曰聲成文謂之音宮商角徵羽聲也宋本無也絲竹金石匏土革木音也从言含一有節之意也於今切七部凡音之屬皆从音

韾聲也渾言之也天文

志曰鄉之應聲析言之也鄉者假借字按玉篇曰響應聲也　从音鄉聲　許兩切十部

韽　下徹聲　周禮典同曰微聲韽此蓋賈侍中周官解故說杜子春鄭康成說各異　从音酓聲　恩甘切古音在七部

韶　虞舜樂也　樂記曰韶繼也公羊疏引宋鈞注樂說云簫之言肅舜時民樂其肅敬而紹堯道故謂之簫韶按韶字蓋舜時始製　書曰　書上當有虞字誤衍於上句　簫韶九成鳳皇來儀　咎繇謨文　从音召聲　市招切二部或作招周禮作磬皆假借

章　樂竟爲一章　歌所止曰章　从音十　會意諸良切十部　十數之終也　說從十之意

竟　樂曲盡爲竟　曲之所止也引伸之凡事之所止土地之所止皆曰竟毛傳曰疆竟也俗別製境字非　从音儿　此猶章從音十會意儿在人下猶十爲數終也故竟不入儿部居慶切古音在十部讀如疆

文六

【辛】辠也 辠犯法也 从干二 會意二古文上字干上是犯法也 凡辛之屬皆从辛 讀若愆 去虔切十四部廣韵曰辛古文愆 張林說

【童】男有辠曰奴奴曰童女曰妾 女部曰奴婢皆古之辠人也僃周禮从女其奴男子入于辠隸女子入于舂槀 从辛重省聲 徒紅切九部今人童僕字作僮以此爲僮子字葢經典皆漢以後所改 【童】籒文童中與竊中同从廿 句 廿 逗 㠯爲古文疾字 當作古文以爲疾字廿本二十幷也古文假爲疾字此亦不同音之假借也竊字下曰廿古文疾則不言以爲童從疾者亦取有辠之意

【妾】有辠女子給事之得接於君者 十二字一句妾接疊韵有罪女子給事若周禮女酒女漿女籩女醢女醯女鹽女幂女祝女史内司服女御縫人女御女工女舂抌女饎女槀各若干人各有奚若干人是也鄭注女酒女奴曉酒者古者從坐男女沒入縣官爲奴其少才知以爲奚今之侍史官婢或曰奚宦

段云從疾者亦取有辠之意
要既从辛矣何復从廿此不得其意從而爲之辭

女云得接於君者如內司服縫人皆有女御者以衣服進或當於王廣其禮使無色過是也奚女部作

娭**从䇂女**䇂女者有罪之女**春秋傳云女爲人妾**傳字今補左傳僖十七年卜招父曰男爲人臣女爲人妾越王句踐亦云身請爲臣妻請爲妾**妾**逗**不娉也**此釋左傳妾字之義別於上文有罪女子之得接者也內則曰聘則爲妻奔則爲妾不必有罪故云爾此與釋尚書奠席曰圛例一

文三　重一

丵叢生艸也象丵嶽相竝出也謂此象形字也丵嶽疊韵字或作族嶽吳語不經見者謂丵嶽**凡丵之屬皆从丵讀若浞**士角切三部

業大版也見釋器**所㠯飾縣鐘鼓捷業如鋸齒㠯白畫之**周頌傳曰業大版也所以設栒

爲縣也捷業如鋸齒或曰畫之植者爲虡横者爲栒大雅箋云虡也栒也所以縣鐘鼓也設大版於上刻畫以爲飾按栒以縣鐘鼓業以覆栒爲飾其形刻之捷業然如鋸齒又以白畫之分明可觀故此大版名曰業業之爲言巘也許說本毛毛傳或曰畫之或曰二字乃以白二字之譌未有正其誤者凡程功積事言業者如版上之刻往往可計數也**象其鉏鋙相承也**鉏鋙相承謂捷業如鋸齒也象之故从丵**从丵从巾巾象版**巾版皆方正丵巾會意魚怯切八部俗作𨌺**詩曰巨業維樅**大雅文今詩作虡上林賦虡作鉅許作巨葢三家詩巨與鉅同也墨子貴義曰鉅者白也黚者黑也鉅業者葢謂以白畫之與

[illegible] **古文業**字形未詳其意

叢 聚也於疊韵得之**从丵取聲**徂紅切按古音在四部左傳僖三十年取訾婁公羊作鄒亦作叢

對 譍無方也聘禮注曰對荅問也按對荅古通用云譍無方者所謂善待問者如撞鐘叩以大者則大鳴叩以小者則小鳴也無方故從丵口**从丵口从寸**寸法度也

丵口而一歸於法度也都隊切十五部

對（篆）對或从士。漢文帝以爲責對而面言依廣韵訂多非誠對，故去其口以從士也。鍇曰：士，事也。取事實也。按篇韵皆作士，未知孰是。趙氏明誠曰：據古鐘鼎皆作對，是漢文亦從古耳，非肊更也。

文四　重二

菐（篆）瀆菐也。瀆菐疊韵字。瀆，煩瀆也。菐如孟子書之僕僕，趙云煩猥皃。从丵从廾，竦手也。音巩。廾亦聲。蒲沃切三部。凡菐之屬皆从菐。

僕（篆）給事者。周禮注曰：僕，侍御於尊者之名。然則大僕、戎僕以及易之童僕、詩之臣僕、左傳人有十等僕第九臺第十皆是。大雅景命有僕，毛傳：僕，附也。是其引伸之義也。大雅芃芃棫樸，毛曰：樸，枹木也。考工記樸屬，此皆取附箸之義，字當作僕。方言作樸。从人菐。人之供煩辱者也。菐亦聲。蒲沃切三部。

䑑（篆）古文从臣。

業（篆）賦事

也賦者布也魯語曰社而賦事蒸而獻功从業八以煩辱之事分責之人也八逗分之也釋從八之意八亦聲讀若頒按八古音如必平聲如賓在十二部音轉乃入十三部讀如頒者如頒首之頒也再轉入十四部讀布還切矣一曰讀若非周禮匪頒之式先鄭云匪分也凡從非之字皆有分背之意讀頒又讀非者十三十四部與十五部合韵之理玉篇敷尾切

文三　重一

𠬞竦手也竦敬也从𠂇又按此字謂竦其兩手以有所奉也故下云奉承也手部曰承奉也受也五經文字其恭反九經字樣音邛廣韵引說文居竦切以業從𠬞聲求之古音在三部凡𠬞之屬皆从𠬞𢪏楊雄說𠬞从兩手蓋訓纂篇如此作古文𢪏從二手此以古文𢪏爲𠬞也

奉承也手部曰承奉也受也从手𠬞從手𠂇又雙引也丰聲扶隴切九部

弇 虎按釋魚前弇諸果注云甲前長後弇諸獵注云甲後長謂甲長則覆下也即葢字之義

丞 翊也 翊當作翼俗書以翊爲翼翼猶輔也哀十八年左傳曰使帥師而行請承杜曰承佐也承者丞之假借文王世子引記曰虞夏商周有師保有疑丞百官公卿表丞相應劭曰丞者承也相者助也按漢凡官多有丞者皆以輔之 从廾从卪从山 四字當作從𡵂二字山部曰𡵂高山之節 山高 逗山高謂𡵂也 奉承之義 義當作意字之誤也凡高者在上必竦手以承之丞承疊韵署陵切六部

奐 取奐也 未聞 一曰大也 大雅伴奐爾游矣毛曰伴奐廣大有文章也檀弓美哉輪焉美哉奐焉注輪輪囷言高大奐言眾多 从廾夐省聲 鉉本去聲字而爲之說不知古音故也呼貫切十四部

弇 蓋也 釋言曰弇同也弇蓋也此與奄覆也音義同釋器曰圜弇上謂之鼒謂斂其上不全蓋也周禮說鐘弇聲鬱弇謂中央寛也 从廾合聲 廾合錯誤倒古南切又一儉切七部皿部有盫字葢弇之別體後人所增也

依玉篇類篇作毛刻初印本同 古文弇

引縮也 篇韵此字皆作罣非也罪與巽

不得合爲一字各本引給也不可通惟廣韵作引縉見似是隨唐相傳說文古本引繒而長之葢作僞之事與斁解也殬敗也音義相通或曰當作引給給絲勞也从廾睪聲羊益切古音在五部

𢍏舉也从廾甶聲各本作由聲誤或從鬼頭之由亦非也此從東楚名缶之甶故左傳作𢍏今左作惎糸部緷從𢍏聲或字作綦由聲其聲皆在一部也春秋傳曰晉人或以廣隊楚人𢍏之左傳宣十二年文今傳𢍏作惎黃顥說廣車陷楚人爲舉之此許偁古本古說杜本作惎云惎教也杜林㠯爲麒麟字謂杜伯山謂𢍏爲麒字也廣韵七志曰𢍏說文音其是也葢蒼頡訓纂蒼頡故二篇中語緷可作綦則麒可作𢍏其理一也麟當作麐

异舉也从廾㠯聲羊吏切一部按篆從㠯隸作异不合疑篆隸皆從已而誤也虞書曰虞書當作唐書岳曰异哉堯典文釋文曰鄭音異於其音求其義謂四嶽聞堯言驚愕而曰異哉也謂异爲異之假借也

弄玩也玉部

曰玩弄也小雅載弄之瑱左傳曰弱不好弄又曰君以弄馬之故國語曰還弄吳國於股掌之上从廾玉盧貢切九部

𢍏网手盛也从廾𠔉聲余六切三部廣韵曰說文音匊

𢍬摶飯也弆摶疊韵曲禮毋摶飯从廾釆聲釆古文辨字釆下云辨別也此云釆古文辨字互相足讀若書卷俱券切十四部

𢍘持弩拊凡弓刀把処皆曰拊今攷工記弓人作柎从木从廾肉聲按肉聲故讀如逵逵古音同仇足部跻頁部頯皆讀如仇也小徐云肉非聲大徐徑刪聲字誤矣古音在三部今渠追切讀若逵

戒警也言部曰警戒也从廾戈會意居拜切十五部持戈以戒不虞說從戈之意

兵械也械者器之總名器曰兵用器之人亦曰兵下文云從廾持斤則製字兵與戒同意也从廾持斤幷力之皃補明切古音在十部

㒷古文兵从人廾干干與斤皆兵器

兵籒文兵

龔慤也心部曰慤謹也

此與心部恭音義同从廾龍聲紀庸切九部按紀庸似從廾得聲未詳

弈　圍棊也从廾亦聲羊益切古音在五部論語曰不有博弈者乎陽貨篇文博說文作簙

具　共置也共供古今字當從人部作供从廾貝省會意其遇切古音在四部古㠯貝爲貨說從貝之意

文十七　重四

𠬜　引也上林賦仰𠬜橑而捫天晉灼曰𠬜古攀字从反廾按今字皆用攀則𠬜爲古字𠬜亦小篆也象引物於外普班切十四部凡𠬜之屬皆从𠬜

𢪃　𠬜或从手从樊樊聲也今作攀

樊　鷙不行也鷙各本譌鷙馬部曰鷙馬重皃鷙不行沈滯不行也毛詩折柳樊圃借爲棥字莊子澤雉畜乎樊中樊籠也亦是不行意从𠬜棥棥亦聲會意附袁切十

[古文] 虎按以古文徵之則廿乃重非从二十之義

四部

䜌 樊也 此與手部攣音義皆同玉篇云攣䜌也 从𠬞䜌聲 呂貟切十四部

文三　重一

共 同也 从廿廾 廿二十并也二十人皆竦手是爲同也 渠用切九部 周禮尚書供給供奉字皆借共字爲之衞包盡改尚書之共爲恭非也釋詁供峙共具也郭云皆謂備具此古以共爲供之理也尚書毛詩史記恭敬字皆作恭不作共漢石經之存者無逸一篇中徽柔懿共惟正之共皆作共嚴恭寅畏作恭此可以知古之字例矣毛詩溫溫恭人敬恭明祀溫恭朝夕皆不作共靖共爾位箋云共具也則非恭字也虔共爾位箋云古之恭字或作共云或則僅見之事也史記恭敬字亦無作共者 **凡共之屬皆从共** [古文] **古文共** 體從小徐本按𢇛有順從之象𢇛有睽異之象古文四聲韵引說文誤以癸爲共

龔 給也 糸部曰給相足也此與人部供音義同今供行而龔廢矣尚書甘誓牧誓龔行天之罰謂奉行也漢魏晉唐引此無不作

龔與供給義相近衛包作恭非也秦和鐘銘龔黃天命言奉敬天命也 从共龍聲 俱容切九部按俱容於共得聲未詳

文二 重一

異 分也 分之則有彼此之異 从廾畀 畀予也 竦手而予人則離異矣羊吏切一部 凡異之屬皆从異

戴 分物得增益曰戴 釋訓曰蓁蓁孽孽戴也毛傳云蓁蓁至盛皃孽孽盛飾是皆謂加多也引伸之凡加於上皆曰戴如土山戴石曰崔嵬石山戴土曰硈是也又與載通用言其上曰戴言其下曰載也釋山或本石載土謂之崔嵬土載石爲砠謂石載於土土載於石則與毛傳不異也周頌載弁俅俅月令載青旂皆同戴 从異𢦔聲 都代切一部

戴 籒文戴 弋聲𢦔聲同在一部菡非从戈也

文二　重一

舁共舉也从臼廾謂有叉手者有竦手者皆共舉之人也共舉則或休息更番故有叉手者凡舁之屬皆从舁讀若余以諸切五部

䢅升高也升之言登也此與辵部遷揭音義同从舁囟聲囟音信䙴音遷合音也七然切十四部

䢅䢅或从卩謂所登之階級也郊祀志湯伐桀欲䙴夏社不可地理志春秋經曰衛䙴于帝丘

䢅古文䢅

與黨與也黨當作攩攩朋群也與當作与与賜予也从舁与會意共舉而与之也舁与皆亦聲余呂切五部

與古文與

興起也廣韵曰盛也舉也善也周禮六詩曰比曰興興者託事於物按古無平去之別也从舁同會意同逗此字補同力也說從同之意虛陵切六部

文四　重三

臼 叉手也 叉部曰叉手指相錯也此云叉手者謂手指正相向也 从𠂇彐 此亦從𠂇又而變之也居玉切三部 凡臼之屬皆从臼

𦝫 身中也象人要自臼之形从臼 按各本篆作𦝫從臼下有交省聲三字淺人所妄改也今依玉篇九經字樣訂顧氏唐氏所據說文未誤也漢地理志北地大要縣注一遙反上黨沾縣大要谷清漳水所出說文水經注作大要谷今志誤爲黽字矣上象人首下象人足中象人要而自臼持之故從臼必從臼者象形猶未顯人多護惜其要故也於消切二部

𡝩 古文要 按今人變爲要以爲要約簡要字於消於笑切

文二　重一

晨 早昧爽也 日部曰早晨也昧爽旦明也文王世子注曰早昧爽擊鼓以召衆亦三字絫言之左傳僖五年正義解說文謂夜將旦雞鳴時也 从臼辰 會意 辰 逗 時也辰亦聲 食鄰切十

晨　晨 虎按从臼者謂將起而操作也䫻字義亦如此故晨字从

𦦨 疑當从田會意形近誤爲囟而囟聲 凶聲多所枝節矣

二部丮夕爲夙臼辰爲晨皆同意聖人以文字教天下之勤凡晨之屬皆从晨

農耕人也各本無人字今依玄應書卷十一補食貨志四民有業闢土殖穀曰農洪範次三曰農用八政鄭云農讀爲醲易其字也某氏因訓農爲厚矣从晨庶人明而動晦而休故從晨囟聲鍇曰當從囟乃得聲玉裁按此囟聲之誤囟者明也

𨐒籀文農从林

𡰭古文農

𨑇亦古文農小徐從艸大徐從林夏竦曰農見古尚書

文二　重三

爨齊謂炊爨各本謂下衍之字今正火部曰炊爨也然則二字互相訓孟子趙注曰爨炊也齊謂炊爨者齊人謂炊曰爨古言謂則不言曰如毛傳婦人謂嫁歸是也特牲少牢禮注皆曰爨竈也此因爨必於竈故謂竈爲爨禮器燔柴於爨同楚茨傳曰爨饔爨廩爨也此謂竈又曰踖踖爨竈有容也此謂炊𦥑象持甑

中似甑臼持之今本𠕋譌臼爲竈口廾推林內火林柴也內同納凡爨之屬皆从爨七亂切十四部籒文爨省然則爨本古文也所㠯枝鬲者从爨省鬲省渠容切九部血祭也周禮大祝注云隋釁謂薦血也凡血祭曰釁孟子梁惠王趙注曰新鑄鐘殺牲以血塗其釁郤因以祭之曰釁漢書高帝紀釁鼓應劭曰釁祭也殺牲以血塗鼓釁呼爲釁呼同罅按凡言釁廟釁鐘釁鼓釁寶鎮寶器釁龜策釁宗廟名器皆同以血血塗之因薦而祭之也凡坼罅謂之釁方言作㸑音問以血血其坼罅亦曰釁樂記作衅象祭竈也从爨省祭竈亦血塗之故從爨省爨者竈也从酉酉所㠯祭也酉者酒之省从分取血布散之意分亦聲分聲故釁或爲薰如齊語三釁三浴或爲三薰呂覽湯得伊尹釁以犧猳風俗通作熏以萑葦漢書豫讓釁面吞炭顏云釁熏也皆是也釁又讀爲徽如周禮女巫㱃人注先鄭說是也分聲讀徽此卽煇旂入微韵之比古音十三部

在問韵今韵虛振切非也

文三　重一

說文解字第三篇上

嘉興受業沈濤校字

說文解字第三篇下

金壇段玉裁注

革　獸皮治去其毛曰革　各本獸皮治去其毛革更之象古文革之形文義句讀皆不可通今依召南齊風大雅周禮掌皮四疏訂正革與鞹二字轉注皮與革二字對文則分別如秋斂皮冬斂革是也散文則通用如司裘之皮車卽革路詩羔羊傳革猶皮也是也　革更也　二字雙聲治去其毛是更改之義故引伸爲凡更新之用襍卦傳曰革去故也鄭注易曰革改也公羊傳革取淸者何曰革更也管子輕重革築室房注革更也　象古文革之形　凡字有依倣古文製爲小篆非許言之猝不得其於六書居何等者如革曰象古文革之形弟曰從古文之象民曰從古文之象酉曰象古文酉之形是也易曰爲甘蓋省煩爲簡耳而或云從廿從口音韋口爲國邑廿年而法更此蓋楊承慶字統之肊說古覈切一部　凡革之屬皆從革

𩏊 古文革從卅上廿下十是三十也卅年爲一世而道更也據此則革之本訓更後以爲皮去毛之字臼聲臼居玉切在三部革在一部合音冣近

鞹 革也各本作去毛皮也今依載驅韓奕正義正大雅傳云鞹革也論語孔注云皮去毛曰鞹此恐人不省詳言之若說文革字下已注明何庸辭費論語曰虎豹之鞹顏淵篇文从革郭聲苦郭切五部

靬 靬此復舉字刪之未盡者乾革也乾古寒切武威有麗靬縣地理志張掖郡驪靬李奇曰音遲虔如淳曰靬音弓鞬郡國志驪靬亦屬張掖許系之武威未詳从革干聲苦旰切十四部

[革各] 生革可㠯爲縷束也小雅約之閣閣毛曰約束也閣閣猶歷歷也按閣讀如絡秦風五楘傳曰五束歷錄生革縷束曰[革各]者謂束之歷錄也从革各聲盧各切五部

鞄 柔革工也从革包聲蒲角切古音在二部讀若朴朴在三部合音冣近劉昌宗音僕周禮曰柔

皮之工鮑氏鮑卽鞄也鮑鞄字舊互譌今正考工記攻皮之工五函鮑韗韋裘先鄭云鮑讀如鮑魚之鮑書或爲鞄蒼頡篇有鞄甍又鮑人之事後鄭云鮑故書或作鞄許云鮑卽鞄者謂周禮之鮑卽蒼頡篇之鞄鞄正字鮑假借𠫓部云𠫓曰突如其來如不孝子突出不容於內也𠫓卽易突字也謂𠫓正字突假借文意正相似

韗攻皮治鼓工也考工記注先鄭云韗書或爲鞠臯陶鼓木也後鄭云鞠者以臯陶名官也鞠則陶字從革按先後鄭韗鞠兩存許從韗不從鞠也从革軍聲讀若運先鄭云讀如麻運之運王問切十三部

韗韗或從韋今周禮如此作釋文曰韗或作韗

鞣耎也耎同偄弱也从革柔柔亦聲耳由切

靼柔革也柔當作鞣上文云鞣皮之工謂治之使柔此云柔革謂革之柔耎者也从革旦聲旨熱切十五部旦聲在十四部合音也

𩎑古文靼从亶

鞼革繡也齊語管子曰輕罪贖以鞼盾一戟韋曰鞼盾綴革有文如繢也

後漢烏桓傳曰婦人能刺韋作文繡从革貴聲求位切十五部鞶革大帶也易曰或錫之鞶帶九訟上男子帶鞶婦人帶絲鞶革帶也故字從革內則曰男鞶革女鞶絲注云鞶小囊盛帨巾者男用韋女用繒有飾緣之則是鞶裂與詩云垂帶如厲紀子帛名裂繻字雖今異意實同按小雅垂帶而厲箋云而亦如也而厲如鞶厲也鞶必垂厲以爲飾厲字當作裂說與禮記注同而毛傳云厲帶之垂者左傳鞶厲服云鞶大帶也賈逵杜預說同虞翻注易亦云鞶帶大帶皆與鄭異葢鄭以大帶用素天子諸侯大夫同士用練皆不用革也大帶所以申束衣革帶以佩玉佩及事佩之等故喪服以要絰象大帶又有絞帶象革帶也內則云男鞶革女鞶絲則鞶非大帶明矣周禮巾車疏引易注云鞶帶佩鞶之帶此葢鄭注與詩禮注同而內則施鞶袠注云鞶小囊也鞶袠言施爲箴管線纊有之則鞶亦與鞶同類从革此鄭知非大帶也般聲薄官切十四部鞏㠯韋束也大雅藐藐昊天無不克鞏毛曰鞏固也此引伸之義也易曰

鞏用黃牛之革革初九辭王弼曰鞏固也按此與卦名之革相反而相成从革巩聲居竦切古音在三部見詩瞻卬

鞔履空也小徐曰履空猶履殼也按空腔古今字履腔如今人言鞵幫也逋旁切呂氏春秋曰南家工人也爲鞔者也高曰鞔履也作履之工也高不云履空者渾言之也三蒼鞔覆也考工記注飾車謂革鞔輿也此鞔引伸之義凡鞔皆如緻幫於底从革免聲母官切十四部

靸小兒履也急就篇有靸釋名曰靸韋履深頭者之名也从革及聲穌合切七部

䩕䩕角逗鞮屬方言禪者謂之鞮絲作之者謂之履麻作之者謂之不借麤者謂之屨東北朝鮮洌水之間謂之䩕角南楚江沔之間總謂之麤西南梁益之間或謂之屩或謂之𪎘履其通語也徐土邳圻之間大麤謂之䩕角按末句郭注今漆履有齒者顏注急就篇曰卬角形若今之木履而下有齒釋名則曰仰角屐上施履之名也當仰履角舉足乃行也从革卬聲五剛切十部

鞮革履也周禮釋文云許慎曰鞮屨也呂

𩌏曰鞮革履也與今本異徐堅元應引與今本同曲禮鞮屨注無絇之菲也周禮鞮鞻氏注鞮鞻四夷舞者所扉也王制西方曰狄鞮注鞮之爲言知也 胡人履連脛謂之絡鞮 各本無此九字韵會引有釋名曰鞾本胡服趙武靈王所服也 从革是聲 都兮切十六部

鞅 鞮鞅沙也 謂鞮之名鞅沙者也鞅角鞅沙皆漢人語廣雅之鞈䩖也鞈古匣切䩖音沙鞈䩖𩏂𩍦鞪履也集韵履與鞾同廣韵鞈䩖索𩍦胡履也釋名𩏂𩍦鞾之缺前壅者胡中所名也 从革夾聲 古洽切八部

鞢 鞮屬 从革徙聲 所綺切十六部

鞵 生革鞮也 生革各本作革生今正 从革奚聲 戶佳切十六部

靪 補履下也 原思納履則踵決故履下可補也今俗謂補綴曰打補靪當作此字 从革丁聲 當經切十一部

鞠 蹋鞠也 劉向別錄曰蹵鞠者傳言黃帝所作或曰起戰國之時蹋鞠兵勢也所以練武士知有材也皆因嬉戲而講練之漢藝文志兵技巧十三家有蹵鞠二十五篇郭樸注三蒼云毛丸可蹋

戲者曰鞠按鞠居六求六二切廣韵曰今通謂之毬子巨鳩切古今字也从革匊聲三部𩍐鞠或从𥷚籒或字鞀鞀遼也此複字刪之未盡者遼也此門聞也戶護也鼓郭也琴禁也之例以疊韵說其義也遼者謂遼遠必聞其音也周禮注曰鼗如鼓而小持其柄搖之旁耳還自擊从革召聲徒刀切二部鞉鞀或从兆聲鼗鞀或从鼓兆籒文鞀从殸召周禮以爲韶字鞔量物之鞔一曰抒井鞔小徐曰抒井今言淘井鞔取泥之器玉裁按依說文浚抒也則小徐說是依手部抒挹也則汲井亦可云抒井缶部曰罋汲缾也春秋傳言具綆缶周易言羸其缾是其物用缶久矣而其始用革也古㠯革謂此二者古皆用革故從革从革冤聲於袁切十四部䩩鞔或从宛宛者下也宛亦聲鞞刀室也刀部曰削鞞也削鞘古今字音肖小雅大雅毛傳不同說詳玉部从革卑聲并頂切古音當在十六部支清多合

韵故今音入迥韵

鞎 車革前曰鞎 釋器曰輿革前謂之鞎郭曰以韋鞔車軾按李巡云輿革前謂輿前以革爲車飾曰鞎不言軾依毛傳韋鞔軾自名鞃不名鞎疑李注是 从革艮聲 戸恩切十三部

鞃 車軾中把也 各本無中把二字韵會作中靶靶字誤今補正大雅傳曰鞹革也鞃軾中也此謂以去毛之皮鞔軾中人所凴處篇韵皆云軾中靶靶轡革不當以名軾蓋許本作把而俗譌從革軾中把者人把持之處也較毛多一字 从革宏聲 丘宏切六部 詩曰鞹鞃淺幭讀若穹 穹從穴弓聲弓古音讀如肱故鞃亦作䩨又作鞑

鞪 車軸束也 此與木部楘音同義近楘謂輈束鞪謂軸束分析易明而小戎音義曰楘本又作鞪玉篇亦曰鞪亦作楘曲轅束也疑本一字許書有楘無鞪後人補之又改輈爲軸 从革敄聲 莫卜切三部

䩛 車束也 考工記天子圭中必注必讀如鹿車縪之縪謂以組約其中央爲執之以備失隊方言曰車下鉄陳宋淮楚之閒謂之畢大者謂之綦郭注云鹿車也按

鄭郭云鹿車者非小車財容一鹿之謂方言曰維車趙魏之閒謂之轣轆車東齊海岱之閒謂之道軌廣雅維車謂之厤鹿道軌謂之鹿車本方言蓋厤鹿卽毛詩傳之歷錄鹿車卽周禮注之鹿車鹿車與歷鹿義同皆於其圍繞命名也糸部縪止也古畢必通用故必㪍縪同約圭與約車相類也 **從革必聲** 毗必切十二部

⿰革爨 車衡三束也 當作車句衡五束也秦風五楘梁輈毛曰小戎兵車也五五束也楘歷錄也梁輈輈上句衡也一輈五束束曰歷錄句衡謂轅也故下文言轅不言衡 **曲轅⿰革爨縛直轅暈縛** 曲轅謂兵車乘車田車皆小車也直轅謂牛車所謂大車也小車人所乘欲其安故暢轂梁輈大車任載而已故短轂直轅曲轅車盡飾⿰革爨之言纘也以革縛之凡五歷歷錄錄然大鄭云驪車之轅率尺所一縛是也直轅車無飾以革縛不必五也暈之言㬎也㬎約也 **从革爨聲** 借官反十四部 **讀若論語鑽燧之鑽** 見陽貨篇按火部無燧

⿰革贊 ⿰革爨或从革贊

⿰革旨 蓋杠系也 蓋杠考工記謂之桯桯讀如楹

段注以革縛之凡五
虎按曲輮恐其易斷故五縛而目以飾之

系各本作絲今正系係也係絜束也絜束者圍而束之鞧用革故字從革。从革旨聲。脂利切十五部

鞁，車駕具也。晉語吾兩鞁將絕吾能止之韋曰鞁靷也按韋以左傳作靷故以靷釋之其實鞁所包者多靷其大者一封禪書言雍五時路車各一乘駕被具西時畦時禺車各一乘禺馬四匹駕被具被即鞁字也鞁與系部紖緉各物。从革皮聲。平祕切按當依廣韵平義切古音在十七部

鞥，轡鞥。轡鞥蓋古語轡亦名鞥也。从革弇聲。烏合切七部。讀若譍。此蒸登與侵覃合韵之理。一曰䪁頭繞者。䪁各本作龍玉篇作籠而玉篇有部䪁下曰馬䪁頭吳都賦云騎䪁則䪁頭為長籠近之龍非也䪁頭即羈也繞纏也者當作也鞥之言罨也

靶，轡革也。王褒傳王良執靶音義或曰靶音霸謂轡也吳都賦迴靶乎行邪睨劉曰靶轡革也按云轡革者毛傳云革轡首也。从革巴聲。必駕切古音在五部

䪖，箸亦鞥也。亦鉉本作掖非其物也鍇作腋俗字也今正亦人之臂亦也箸亦鞥謂箸於馬兩亦

之革也箸亦謂直者當膺謂横者鞥當作靼左傳釋文正義引皆作皮作鞥非也史記禮書鮫韅徐曰韅者當馬腋之革若釋名云横經腹下杜注左云在背曰韅皆異說也**从革顯聲**呼典切十四部按古假顯爲之檀弓子顯公子縶也盧氏植云古者名字相配顯當作韅

韅　當膺也左傳曰吾從子如驂之有靳杜曰靳車中馬也言己從書如驂馬之隨靳也正義曰驂馬之首當服馬之胸胸上有靳故云我從子如驂當服之靳按左傳晉車七百乘韅靷鞅靽杜曰在胸曰靷此正在胸曰靳之說以秦風傳靳環或作靷環證之其誤正同矣游環在服馬背上驂馬外轡貫之以止驂之出故謂之靳環靳者驂馬止而不過之處故引伸之義爲靳固左傳宋公靳之吝其寵也**从革斤聲**居近切十三部

靷　驂具也上二文當是服馬鞁具此云驂具互文見義也**从革蚩聲**丑郢切十一部**讀若騁蜃**按虫部蚩讀若騁則此蚩聲讀騁宜矣不知何以多蜃字騁蜃連文不可通疑當爲又讀引若蜃也廣韵卅八獮有蚩鍿䩯三字

靷　所㠯引軸者也

所以者字依楊倞注荀卿補凡許書所以字淺人往往刪之秦風毛傳曰靷所以引也毛不言軸許云軸以著明之轅載於軸兩靷亦係於軸左傳兩靷將絕吾能止之駕而乘材兩靷皆絕此可見靷之任力幾與轅等靷在輿下而見於軓前乃設環以續靷而係諸衡故詩云陰靷沃續孔沖逵云靷繫於陰版之上令驂馬引之此非是驂在服外而後於服與靷不正相當且軓非能任力不當係於軓也許云所以引軸說不可易**从革引聲**余忍切十二部

𩌏　籒文靷

輨　車鞁具也从革官聲古滿切十四部

⿰革豆　車鞁具也从革豆聲田候切四部

⿰革亏　輨內環靼也輨各本譌輨今依玉篇環靼者環之以靼**从革亏聲**羽俱切五部

⿰革尃　車下索也釋名縛在車下與輿相連縛也當作轉在車下**从革尃聲**補各切五部

⿰革奄　車具也从革奄聲烏合切八部

⿰革叕　車具也从革叕聲陟劣切十五部

鞌　馬鞁具也此爲跨馬設也左傳

趙旃以良馬二濟其兄與叔父左師展將以公乘馬而歸三代時非無跨馬者矣春秋經有鞌字**从革安聲**烏寒切十四部

䩞　鞌毳飾也毳獸細毛也**从革茸聲**而隴切九部元應曰三蒼而用切

鞊　鞌飾篇韵皆曰鞌鞊**从革占聲**他叶切七部

鞈　防汗也此當作所以防捍也轉寫奪誤巾部曰幘馬纏鑣扇汗也與此無涉篇韵皆曰防捍是相傳古本捍亦作扞故譌汗荀卿曰犀兕鮫革鞈如金石管子輕罪入蘭盾鞈革二戟注曰鞈革重革當心著之可以禦矢鼂錯曰匈奴之革笥木薦弗能支孟康曰革笥以皮作如鎧者被之木薦以木版作如楯一曰革笥若楯木薦之以當人心也此皆防捍之說鍇曰今胡人扞胥也知鍇本故作扞**从革合聲**當云从革合合亦聲古洽切七部按鼓部鞈古文磬而此作小篆訓防扞與上文鞌䩞鞊下文勒皆爲馬具者不相貫鍇本篆體作鞈獨從古文革則恐好事者增之仍从鼓部偏旁耳

勒　馬頭落銜也落絡古今字糸部繯下云落也知許之不作絡矣釋名勒絡也絡其

頭而引之按网部䍐馬落頭也金部銜馬勒口中此云落銜者謂落其頭而銜其口可控制也引伸之爲抑勒之義又爲物勒工名之義廣韵云石虎諱勒呼馬勒爲轡此名之不正也爾雅轡首謂之革革卽勒之省馬絡頭者轡所係也故曰轡首毛詩鞗革皆當依古金石作攸勒鋚勒毛傳曰攸轡首飾也革轡首也自來上句奪首飾二字而莫得其解**从革力聲**盧則切一部

鞙　大車縛軛靼大車牛車也縛軛者苞注論語云輗者轅端橫木以縛枙者也皇曰古作牛車先取一橫木縛著兩轅頭又別取曲木爲枙縛著橫木以駕牛脰也然則軛縛於橫木橫木縛於轅縛於轅者輗也軛縛於輗用靼鞙亦作[illegible]釋名[illegible]縣也所以縣縛軛也**从革肙聲**狂沇切十四部

䩌　勒靼也謂馬勒之靼也勒在馬面故从面**从革面聲**此以形聲包會意彌沇切十四部

靲　鞮也鞮革履也玉篇靲下云靲鞻也周禮鞮鞻氏音義吕忱云鞮者革屨也鞻者靲鞻按鞮鞻走部作趧婁故革部無鞻字林有鞻釋之曰靲鞻則靲字亦字林始有之說文靲字殆後

人所增不與鞮鞻等爲伍靲从革今聲巨今切七部士喪禮繫用靲注靲竹𥯨也陸云其闇反按鄭以爲紟字紟者係也禹與重但當以竹𥯨係之因謂𥯨爲紟鞬所吕戢弓矢左傳左執鞭弭右屬櫜鞬杜曰櫜以受箭鞬以受弓方言弓謂之鞬釋名受矢之器馬上曰鞬鞬建也言弓矢並建立其中也廣韵曰馬上藏弓矢器从革建聲居言切十四部韇弓矢韇也方言弓謂之鞬或謂之韇丸左傳服注云冰櫝丸蓋也後書南匈奴傳引方言藏弓爲鞬藏箭爲韇丸廣雅鞬弓藏也韇㢮矢藏也皆與今方言異按彖呼之曰韇丸單呼之曰韇士冠禮筮人執筴抽上韇注韇藏筴之器今時藏弓矢者謂之韇丸也亦疑說文本有丸淺人刪之从革賣聲徒谷切三部韉綏也疊韵糸部曰綏系冠纓也引伸凡垂者謂之綏廣雅韉謂之鞘鞘音梢玉篇云韉邊帶是也从革巂聲山垂切十六部鞷急也雙聲此亦鼓郭琴禁之例廣韵鞷皮鞭皃按鞷鞭二字相屬疑本作鞭急也轉寫奪鞭从革亟聲紀力切一

部鞭 敺也 敺各本作驅淺人改也今正敺上仍當有所以二字尙書鞭作官刑周禮條狼氏掌執鞭而趨辟凡誓執鞭以趨於前且命之司市凡市入則胥執鞭度守門左傳誅屨於徒人費弗得鞭之見血又公怒鞭師曹三百皆謂鞭所以敺人之物以之敺人亦曰鞭經典之鞭皆施於人不謂施於馬曲禮乘路馬載鞭策左傳左執鞭弭馬不出者助之鞭之皆是假借施人之用爲施馬之偁非若今人竟謂以杖馬之物杖人也葢馬箠曰策所以擊馬曰箠以箠擊馬曰敇本皆有正名不曰鞭也擊馬之箠用竹敺人之鞭用革故其字亦從竹從革不同自唐以下敺變爲毆與驅同音謂鞭爲捶馬之物因改此敺爲驅不知絕非字義敺捶擊物也驅馬馳也 从革便聲 卑連切十四部 𠓷 古文鞭 從亼攴

鞅 頸靼也 釋名鞅嬰也喉下稱嬰言嬰絡之也按劉與許合杜云在腹曰鞅恐未然也小雅鞅掌毛曰失容也 从革央聲 於兩切十部

韄 佩刀系也 系各本作絲今正此葢系部所謂縌也廣韵云佩刀飾莊子音義引三蒼云韄佩刀靶韋也莊

子外韇內韇引伸之義也李云縛也从革𡨄聲乙白切古音在五部䩞馬尾韇也方言車紂自關而東周雒汝潁而東謂之緻或謂之曲綯或謂之曲綸自關而西謂之紂糸部曰緧馬紂也紂馬緧也考工記必緧其牛後鄭云關東謂紂爲緧按韇鞧語相似韇䪅鞧之轉語从革它聲徒何切十七部今之般緧四字疑後人沾注鞙繫牛脛也繫當作系从革見聲按篇韵皆呼結切於見聲爲近古音在十四部鉉本作己彳切

文五十九宋本九作七　重十一

鬲鼎屬也釋器曰鼎款足者謂之鬲實五觳考工記陶人爲鬲實五觳厚半寸脣寸斗二升曰觳大鄭云觳受三豆後鄭云觳受斗二升按瓬人職云豆實三而成觳大鄭本之今俗本譌爲觳受三斗誤甚許必言觳所受者角部觳下無此義也魏三體石經以鬲爲大誥嗣無疆大歷服之歷同在十六部也

象腹交文三足上象其口乂象腹交文下象三足也考工記圖曰款足按款足郭云曲腳漢郊祀志則云鼎空足曰鬲釋款爲空郎激切十六部凡鬲之屬皆从鬲𤮼鬲或从瓦楚世家楚武公曰居三代之傳器登三翮六翼以高世主小司馬曰翮亦作甂同音歷三翮六翼謂九鼎空足曰翮翼即耳事見爾雅按翮者甂之假借字翼者鈛之假借九鼎款足者三附耳於外者六也爾雅曰鼎款足謂之鬲附耳外謂之鈛⿸厤瓦漢令鬲从瓦厤聲謂載於令甲令乙之鬲字也樂浪挈令織作紩

鬹三足鍑也鍑如釜而大口廣雅鬹鬴也一曰滰米器也滰米猶淅米淅之以得其泔也从鬲支聲魚綺切十六部

鬹三足鬴也廣雅鬹鬲鬴也有柄喙有柄可持有喙可寫物此其別於鬷者也讀若嬀嬀漢人已讀如規矣从鬲規聲居隨切十六部

鬷鬴屬廣雅鍑鬲鬷也陳風越以鬷邁商頌鬷假無言毛曰鬷數也又曰鬷總也數讀如數罟之數數

鬷　案此即釆蘋維錡及釜之錡彼釋文云錡三足釜也方言鍑江淮陳楚之間謂之錡注錡三腳釜也知鬷即錡之異文

罟幽風作緵罟魚麗作總罟然則二傳皆謂[illegible]者總之假借字也从鬲㚇聲子紅切九部

䰛秦名土鬴曰䰛今俗作鍋土釜者出於䰛也从鬲干聲夂部干兮步也讀若過古禾切十七部

鬵大鬴也檜風誰能亨魚溉之釜鬵毛曰鬵釜屬按下文別一義一曰鼎大上小下若甑曰鬵釋器鼎絕大謂之鼐圜弇上謂之鼒附耳外謂之釴款足者謂之鬲䰝謂之鬵鬵鉹也按此六句皆說鼎故許以鼎大上小下若甑發明甑謂之鬵金部云鉹鬵鼎亦所以發明鬵鉹也釋爾雅者毖通此矣从鬲兓聲讀若岑才林切七部

鬵籀文鬵從㣇

䰝鬵屬从鬲曾聲按此篆淺人妄增也瓦部甑甗也甗甑也一穿䰝者甑之或體耳爾雅音義云䰝本或作甑篇韵皆云甑䰝同字可知古本說文不分入鬲瓦二部至集韵乃據徐鉉之書截然爲二字矣

鬴鍑屬也升四曰豆豆四曰區區四曰鬴从鬲甫聲扶雨切五部

釜鬴或从金父

聲今經典多作釜惟周禮作鬴

鬳鬲屬鬲鼎屬也从鬲虍聲牛建切十四部按戴氏侗引唐本虞省聲似是然獻尊即犧尊車轙亦作钀歌元古通魚歌古又通虍聲即魚歌之合也

融炊气上出也釋詁毛傳方言皆曰融長也此其引伸之義也通作彤思完賦展泄泄以彤彤廣成頌豐彤薱蔚从鬲蟲省聲以戎切九部

融籒文融不省

䰡炊气皃㗊部曰嚻聲也气出頭上從㗊頁炊气亦上出故從嚻从鬲嚻聲舉形聲包會意許嬌切二部

鬺䰞也鬺亦作鬺亦作䰞韓詩于以鬺之惟錡及釜封禪書禹收九牧之金鑄九鼎皆嘗亨鬺上帝鬼神郊祀志作鬺亨亨許兩切謂煮而獻之上帝鬼神也毛詩假湘爲之毛曰湘亨也从鬲羊聲式羊切十部

䰬涫也水部曰涫灊也今俗字涫作滾灊作沸非也上林賦曰湁潗鼎灊嚴夫子哀時命曰氣涫灊其若波从鬲沸聲芳未切十五部按此當云从水鬲弗聲非从沸字也

文十三 按䰜宜删　重五

𩰫 歷也 二字淺人妄增此云古文亦鬲字卽介籒文大改古文之例何取以漢令鬲爲訓釋乎 古文亦鬲字 鬲䰜皆古文也 象孰飪五味气上出也 謂𩰫也鬲䰜本一字鬲專象器形故其屬多謂器䰜兼象孰飪之气故其屬皆謂孰飪 凡䰜之屬皆从䰜

𩱍 鬻也 从䰜侃聲 諸延切十四部按此當去虔切䰜或作飦猶䜤作𢍜也淺人謂卽饘字不分故同切諸延耳

餰 𩱍或从食衍聲 荀卿書酒醴餰鬻內則曰取稻米舉糔溲之小切狼臅膏以與稻米爲酏注此周禮酏食也此酏當從餰周禮醢人酏食注曰酏餰也引內則取稻米云云正作餰字按襍問志曰內則餰次糝周禮酏次糝酏在六飲中不合在豆且內則有餰無酏周禮有酏無餰明酏餰是一也故破酏從餰也據此則內則本作餰字注中此酏當從餰謂周禮此酏字當從內則作餰字言此酏者以別於六飲之酏也今本內則作酏淺

入所改 飦 鬻或从食干聲 孟子曰飦粥之食趙曰飦饘粥也饘同糜 餰 鬻或从食建聲 韵會引左傳注餰於是鬻於是今未詳所據 鬻 餰也从䰜米 會意之六切三部按一音余六切是以賣鬻字作此賣之假借也鉉本作米聲武悲切此因誤衍聲字而爲之切音非眞唐韵有武悲切也爾雅猶如麃之猶舍人本作鬻異文同部是可以定其非形聲矣廣韵集韵篆韵謚脂韵內皆無鬻玉篇云說文又音糜廣韵云說文本音糜者乃陳彭年輩誤用鉉本也玉篇糜字又糜之誤類篇怭皮切之誤本此鬻作粥者俗字也作鬻者樂記假鬻爲育而轉寫致譌也 鬻 餰也 釋言餬饘也當作此字今江蘇俗粉米麥爲粥曰餬 从䰜古聲 戶吳切五部 鬻 五味盉鬻也 皿部曰盉調味也內則注曰凡羹齊宜五味之和米屑之糝晏子曰和如羹焉水火醯醢鹽梅以亨魚肉宰夫和之齊之以味濟其不及以泄其過凡魚肉必用菜菜謂之芼儀禮鉶芼牛藿羊苦豕薇芼及醯醢鹽梅是之謂五味之和也實於鉶謂之鉶羹肉

鬻當依前後諸字例作鬻

汁不和五味謂之大羹 从鬻从羔 會意凡從羔者羔猶美也古行切古音在十部 詩曰亦有和羹 商頌文鍇本鬻作羹 𩱍 鬻或省 䰢 或从美鬻省 羔下從美今各本作兩羔非也 羹 小篆从羔从美 此是小篆則知上三字古文籀文也不先小篆者此亦上部之例

𩱙 鼎實惟葦及蒲 此有奪當云鼎實也詩云其鬻維何維筍及蒲或曰筍作葦者三家詩也爾雅其萌蘿今蘆筍可食者也按詩其殽維何炰鼈鮮魚此謂鼎中肉也其蔌維何維筍及蒲此謂鼎中菜也菜謂之芼釋器曰肉謂之羹菜謂之蔌毛曰蔌菜殽也菜殽對肉殽而言凡禮經之藿苦薇昏義之蘋藻二南之荇皆是周易覆公餗鄭曰餗菜也凡肉謂之醢菜謂之菹皆主謂生物實於豆者肉謂之羹菜謂之芼皆主謂孰物實於鼎者說詳戴先生毛鄭詩考正 陳畱謂鍵爲鬻 周易馬注餗鍵也按鼎中有肉有菜有米以米和羹曰糜糜者鍵之類故古訓或舉菜爲言或舉米爲言正考父鼎銘饘於是鬻於是以餬余口亦單舉米言也許

不以陳留語爲別一義鬻至鬻共七文皆謂鬻也分別之則有米和肉菜之鬻有不和肉菜之鬻从䰜速聲桑谷切三部餗鬻或从食束聲鬻也疊韵从䰜毓聲余六切三部按此切余六鬻切之六本分別不同後人以鬻之切爲鬻之切而混誤日甚鬻或省从米涼州謂鬻爲鬻按此鬻鍇本作糜爲長糜鬻雙聲故也从䰜機聲莫結切十五部粖鬻或省从末粉餅也周禮糗餌粉餈食部曰餈稻餅也此曰鬻粉餅也蓋謂餈者不粉之稻米爲餅餌者稻米粉之爲餅文互相足經云糗餌者謂以熬米麥傳於餌粉餈者謂以他穀粉傳於餈此許意與先後鄭說異小徐云許說最精又內則注餌筋腱也又莊子以五十犗爲餌餌鈞啗魚者从䰜耳聲仍吏切一部餌鬻或从食耳聲熬也爾雅音義引三蒼熬也說文火乾物也與今本異元應再引與今本同方言熬焣煎僔鞏火乾也秦晉之間或謂之焣按焣即鬻字

或作𩱛玄應曰崔寔四民月令作炒古文奇字作𤆍从䰜芻聲尺沼切廣韵初爪切古音在四部

䰞内肉及菜湯中薄出之内今之納字薄音搏迫也納肉及菜於鬻湯中而迫出之今俗所謂煠也玄應曰江東謂瀹爲煠煠音助甲切䰞今字作瀹亦作汋通俗文曰以湯煮物曰瀹廣雅曰瀹湯也孫炎說夏礿之義曰新菜可汋之从䰜翟聲以勺切古音在二部

䰞亯也亯普庚切鬺鬻也鬻下當云鬺也經傳用亯用烹乃鬺之假借字耳亯部曰獻也不訓鬻从䰜者聲章與切五部按惟周禮作鬻

𩰲鬻或从火　𩰳鬻或从水水在鬲中會意

䰞炊釜鬻溢也炊各本作吹今從類篇釜灊溢各本作釜溢宋本作聲沸今參合定爲釜灊溢今江蘇俗謂火盛水灊溢出爲鋪出灊之轉語也正當作灊字从䰜孛聲蒲沒切十五部

文十三　重十二

爪 丮也丮持也覆手曰爪仰手曰掌覆手曰爪今人以此爲叉甲字非是叉甲字見又部虫部蝨字下云叉古爪字非許語也象形側狡切二部凡爪之屬皆从爪

孚 卵卽孚也卽字依元應書補通俗文卵化曰孚音方赴反廣雅孚生也謂子出於卵也方言雞卵伏而未孚於此可得孚之解矣卵因伏而孚學者因卽呼伏爲孚凡伏卵曰抱房奥反亦曰菢央富反从爪子鍇曰鳥裒恒以爪反覆其卵也按反覆其卵者恐煦嫗之不均芳無切古音在三部一曰信也此卽卵卽孚引伸之義也雞卵之必爲雞鼉卵之必爲鼉人言之信如是矣𤔿古文孚从禾禾古文保保亦聲古音孚保同在三部

爲 母猴也左傳魯昭公子公爲亦稱公叔務人檀弓作公叔禺人由部曰禺母猴屬也然則名爲字禺所謂名字相應也假借爲作爲之字凡有所變化曰爲其爲禽好爪內部曰禽者走獸總名好爪故其字從爪也此下各本有爪母猴象也五字衍文下腹爲母猴

形腹當作復上既從爪矣其下又形全象母猴頭目身足之形也王育曰爪象形也此博異說爪衍文王說全字象母猴形也蘁支切古音在十七部古文爲象兩母猴相對形左傳仲子生有文在其手曰爲魯夫人手文形必非若小篆爲魯蓋作忠容或相似也亦丮也亦者亦上篆此亦持也从反爪對覆手言闕謂闕其音也其義其形皆可知而其讀不傳故曰闕後人肊爲說曰諸兩切蓋以覆手反之卽是掌也楊雄河東賦河靈矍踢爪華蹈襄蘇林曰掌據之足蹈之也云掌據之正合丮持之訓而小顔云丮古掌字酈注水經河水篇李注西京賦皆引賦作掌則自蘇林巳後皆讀掌也許曰其於所不知蓋闕如也何必許所闕而強爲之辭乎爪之變爲仉見廣韵

文四　重二

持也持握也象手有所丮據也外象拳握形凡丮之屬皆从

丮讀若戟几劇切按毛詩戟與擇作韵丮古音當在五部　埶種也齊風毛傳曰蓺猶樹也樹種義同　从丮坴會意土部曰坴土塊坴坴也丮字今補　丮持種之說從丮之意魚祭切十五部唐人樹埶字作蓺六埶字作藝說見經典釋文然蓺藝字皆不見於說文周時六藝字蓋亦作埶儒者之於禮樂射御書數猶農者之樹埶也又說文無勢字蓋古用埶爲之如禮運在埶者去是也　詩曰我埶黍稷小雅文

孰食飪也飪大孰也可食之物大孰則丮持食之　从丮𦎫亯部曰𦎫孰也此會意各本衍聲字非也殊六切三部孰與誰雙聲故一曰誰也後人乃分別孰爲生孰孰爲誰孰矣曹憲曰顧野王玉篇始有孰字　易曰孰飪鼎彖傳曰以木巽火亯飪也許所據作孰飪

䬹設飪也飪宋本作食玉篇同廣雅釋言曰䬹設也又釋詁四曰飢詞也錢氏大昕定飢爲䬹字之誤古用爲發語之載也如石鼓詩載作䬹　从丮食才聲讀若載作代切一部

巩褱也手部曰挐擁也擁褱也

从丮工聲居竦切九部 巩 巩或加手又見手部 谻 相踦谻也踦當作掎谻玉篇作卻 从丮谷聲其虐切五部 𢦏 擊踝也 从丮戈疑奪聲字 讀若踝胡瓦切古音在十七部 𠃨 亦持也 从反丮此亦謂ナ又手之別 闕亦謂音讀不傳也後人讀居玉切此因毛傳云拮据戟挶也丮讀如戟故反丮讀如挶手部云挶戟持也不云𠃨挶同字然則寧從蓋闕

文八　重一

鬥 兩士相對兵杖在後象鬥之形按此非許語也許之分部次弟自云據形系聯丮𠃨在前部故受之以鬥然則當云爭也兩丮相對象形謂兩人手持相對也乃云兩士相對兵杖在後與前部說自相戾且文從兩手非兩士也此必他家異說淺人取而竄改許書雖孝經音義引之未可信也都豆切四部

凡鬥之屬皆從鬥

鬭　遇也　疊韵凡今人云鬭接者是遇之理也周語穀雒鬭將毀王宮謂二水本異道而忽相接合爲一也古凡鬭接用鬭字鬥爭用鬥字俗皆用鬭爲爭競而鬥廢矣　从鬥斲聲　都豆切四部

鬨　鬥也　舊作鬭今正　从鬥共聲　下降切張鎰胡弄切九部　孟子曰鄒與魯鬨　梁惠王篇文趙曰鬨鬭聲也猶構兵而鬭也劉熙曰鬨構也構兵以鬭也按趙注長呂覽崔杼之子相與私鬨高曰鬨鬭也鬨讀近鴻緩氣言之

⿵鬥翏　經繆殺也　手部曰摎縛殺也按縛殺若今以一繩勒死經繆殺若今絞罪以二繩絞死故從鬥　从鬥翏聲　力求切玉篇吉了力求二切三部按廣此恐卽摎之或體俗增之上下文皆言鬥中梗非其次也

鬮　鬥取也　舊作鬭今正廣韵作鬮取按力取是此字本義今人以爲拈鬮字殆古藏彄之譌荆楚歲時記注曰藏彄之戲辛氏三秦記以爲鉤弋夫人所起周處成公綏竝作彄字藝經庾闡則作鉤字其事同也　从鬥龜聲讀若三合繩糾　糾見ㄐ部古

⿵鬥賓當作闠

矦切廣韵居求居黝二切三部按龜古音如姬漢人多讀如鳩合音最近也

⿵鬥爾 智少力劣也 莊子茶然疲役而不知其所歸郭云疲困茶然釋文乃結反按茶者⿵鬥爾之變也諸韵書皆於薺韵作⿵鬥爾屑怗韵作茶是不知爲一字矣 从鬥爾聲 奴禮切十五十六部

⿵鬥賓 ⿵鬥賓⿵鬥燹 逗 鬥連結繽紛相牽也 舊作鬭今正繽各本作闠今按許云讀若繽則許時非無繽字也離騷時繽紛其變易王曰繽紛亂也 从鬥賓省聲讀若繽 繽大徐作賓淺人以系部所無改之也匹賓切十二部

⿵鬥燹 ⿵鬥賓⿵鬥燹也从鬥燹聲 按此下當有讀若紛三字撫文切十三部繽紛⿵鬥賓⿵鬥燹皆合二部疊韵各本譌舛今依全書通例正之

鬩 恆訟也 恆常也故以小兒善訟會意 詩曰兄弟鬩于牆 小雅文釋言毛傳皆曰鬩很也孫炎云相很戾也李巡本作恨非鄭注曲禮韋注國語可證 从鬥兒 會意兒亦聲許激切十六部 兒 逗 善訟者也 說從兒之意

⿵鬥式 試力士錘也 當錘

鬩謂嫌隙之微者若小兒相鬥故从兒會意

作縋以繩有所縣鎭也下文云讀若縣知正當作縋鍾非其義葢轉寫失之呂氏春秋云硾之以石硾鎭也然則作鍾亦可左傳曰主人縣布堇父登之及堞而絕之隊則又縣之蘇而復上者三又曰子占使師夜縋而登登者六十人縋絕 **从冂从戈或从戠省** 當作或曰從戠省聲六字 **讀若縣** 胡畎切十四部

文十

𠬤 手也象形 此即今之右字不言又手者本兼ナ又而言以屮別之而又專謂右猶有古文尙書而後有今文尙書之名有後漢書而後有前漢書之名有下曲禮而後有上曲禮之名也又作右而又爲更然之詞穀梁傳曰又有繼之辭也 **三指者** 三岐三指象 **手之列多略不過三也** 以指記數者或全用或用三略者言其大略于救切古音在一部 **凡又之屬皆从又**

𠮢 助也 李燾本及集韵如是今二徐本皆作手口相助也 **从又口** 按又下曰厷曰叉曰叉自臂指言之以又下象

又　三指者手之列多略不過三也　案ナ又二字略象手形耳拘於三指則泥而不通

措當作指

臂上象指也不當早廁從口之字口部有此字云助也從口又主謂以口助手不當入此謂手助口宜刪

厷 臂上也 臂手上也古假弓爲厷二字古音同也傳易者江東馯臂子弓馯姓臂名子弓字名臂故字厷左穀梁郏黑肱公羊作黑弓鄭公孫黑肱字伯張則肱卽弓也 从又从古文厷 古文厷小篆以ㄙ太古故加又古薨切六部

ㄙ 古文厷象形 象曲肱

肱 左或从肉 今皆作此

叉 手措相錯也 謂手指與物相錯也凡布指錯物閒而取之曰叉因之凡岐頭皆曰叉是以首笄曰叉今字作釵魚部鰸下云大如叉股譙周異物志曰涪陵多大龜其甲可以卜其緣中叉似瑇瑁俗名曰靈叉劉逵注蜀都賦常璩述華陽國志郭樸注爾雅皆用其語緣中叉謂緣可爲釵也今爾雅注譌作緣中文似瑇瑁俗呼爲靈龜自賈公彥周禮疏所引巳然矣 从又一 此字今補象指閒有物也 象叉之形 初牙切古音在十六部

叉 手足甲也 叉爪古今字古作叉今用爪禮經假借作蚤士喪禮蚤揃如他日士虞禮浴沐櫛搔

搯搔或爲蚤曲禮大夫士去國不蚤鬋蚤皆叚叉字也鄭注皆云蚤讀爲爪讀爲者易其字也不易爲叉而易爲爪於此可見漢人固以爪爲手足甲之字矣釋名曰爪紹也筋極爲爪紹續指端也亦不作叉**从又象叉形**側狡切古音在三部

父　巨也以疊韵釋之**家長率教者**率同達先導也經傳亦借父爲甫**从又舉杖**學記曰夏楚二物收其威也故從又舉杖扶雨切五部

叜　老也疊韵方言曰傻艾長老也東齊魯衛之閒凡尊老謂之傻或謂之艾**从又灾**鉉本作從又從灾闕按此有義有音則闕者謂從又灾之意不傳也玄應曰叉音手手灾者衰惡也言脈之大候在於寸口老人寸口脈衰故從又從灾也此說葢有所受之韵會引說文從又灾灾者衰惡也葢古有此五字而學者釋之穌后切三部今字作叟亦未聞其說

𡰪　籒文从寸

傁　叜或从人今左傳如此作

燮　和也見釋詁**从言又**會意也言與手皆所以和之**炎聲**依小徐有聲字穌叶切八部**讀若溼**與今切音

許列叜字於父下當是从父非从又以不立父部故附於此
从灾之義不可攷矣　廣雅傻父也孟子趙注同
耳部耿字說解云耳著頰也葢以火象人頰　疑此从火赤象光
者頰垂形从宀者家所尊也

不同而燮籀文燮从羊羊音飪籀文燮如此作按此重文也舊不分別出之殊誤炎部雙聲有燮字云大孰也從炎從又持辛辛者物孰味也廣韵謂此爲曹憲文字指歸之說然則炎部𤆍本無燮字俗用𤆍字指歸說增之因羊辛相似羊音同飪飪義訓孰遂依又部之籀文加炎部之小篆亦爲典要

曼引也魯頌毛傳曰曼長也从又冒聲此以雙聲爲聲也無販切十四部

𦥑伸也依宋本从又昌聲失人切十二部昌古文申按申部曰𦥑古文申昌籀文申然則此古當作籀

夬分決也易彖傳曰夬決也剛決柔也从又中象決形鍇曰ㄐ物也丨所以決之古賣切十五部

尹治也伊下曰尹治天下廣韵曰正也進也誠也从又丿句握事者也又爲握丿爲事余準切十三部

𠇱古文尹各本乖異今姑從大徐

𠭘又卑也各本作又取今依類篇作又宋本作卑正又卑者用手自高取下也今俗語讀如渣若手部云䜺者以鉏物刺而取之也方言

担攎取也南楚之閒凡取物溝泥中謂之担或謂之攎亦此字引伸之義从又虘聲側加切古音在五部

𣪊引也从又𠦬聲里之切一部

㕟飾也飾各本作拭今依五經文字正巾部曰飾㕟也彼此互訓手部無拭字彡下云毛飾畫文也𦘔下云𦘔飾也皆卽今之拭字獨於㕟下改拭與全書矛盾矣按拭圭雖見聘禮然必系俗或古者拂拭字只用飾以巾去其塵故二字皆從巾去塵而得光明故引伸爲文飾之義司尊彝涚酌大鄭云涚拭勺而酌也拭釋文作飾㕟亦通用刷刀部云禮有刷巾卽㕟巾也从又持巾在尸下屋字下云尸象屋形所劣切十五部

及逮也辵部逮及也从又人及前人也巨立切七部

乁古文及句秦刻石及如此今載史記者瑯邪臺刻石云澤及牛馬碣石刻石云惠論功勞賞及牛馬按李斯作小篆而刻石仍不廢古文也

㇂亦古文及按凡字從此

𨘢亦古文及左從辵右蓋從筆

秉禾束也小雅彼有遺秉毛云

秉把也。聘禮記：四秉曰筥。注：此秉謂刈禾盈手之秉也。左傳或取一秉秆焉。按經傳假秉爲柄字。从又持禾。兵永切。古音在十部。

反　覆也。覆𠥓也。从又厂。必有覆之者。各本作厂反形，未允。韵會無反形字，然則當云厂聲而奪也。厂呼旱切。反府遠切。十四部。

反　古文。

𠬝　治也。从又卪。卪，事之節也。手持節以治之。說从卪之意。房六切。古音在一部。

叏　滑也。詩云：叏兮達兮。今鄭風挑兮達兮。毛云：挑達，往來相見皃。按往來相見卽滑泰之意。達同泰。水部泰，滑也。从又屮。土刀切。古音蕜在三部。按從屮未詳其意。蕜從又肯省聲。肯，幬帳之象，從冃，㞢其飾也。叏從肯省，而弢鼓字從之，云皆取垂飾意，則從叏亦卽從肯也。叏弢皆以肯爲聲，則謂肯苦江切者非也。一曰取也。別一義。

㪔　楚人謂卜問吉凶曰㪔。與祝雙聲。从又持祟。讀若贅。之芮切。十五部。

叔　拾也。豳風：九月叔苴。毛曰：叔，拾也。按釋名：仲父之弟曰叔父。叔，少也。於其雙聲疊韵假借之假借既久而叔之本義鮮知之者惟見於毛詩而已 从又尗聲 於此知拾爲本義也 式竹切三部 汝南名收芌爲叔 言此者著商周故言猶存於漢之汝南也

叔 叔或从寸 又寸皆手也故多互用

⿱回又 入水有所取也从又在回下 莫勃切十五部 回古文回回淵水也讀若沬 沬各本作沬沬荒內切凡未聲近於十三部凡末聲近於十四部叟之平音在十三部故知必讀若沬也檀弓瓦不成味鄭曰味當作沬沬靧也此沬亦荒內切洒面也恐人不了故又以古今字釋之云沬卽今內則之靧字謂瓦器之光澤如洒面然今俗所謂釉也釋文作沬亡葛反與此沬作沬同誤

取 捕取也 幸部曰執捕罪人也 从又耳 七庾切四部 周禮獲者取左耳 大司馬職 司馬法曰載獻聝聝者耳也 偁周禮又偁司馬法釋之以說從耳之意

彗 埽竹也从又持甡 甡衆生竝立之皃從甡者取排比之意 祥歲切十五部

習　段云未詳　虎按易君子以朋友講習志同術行同方故从習一其所習也

[seal]彗或从竹凡帚柔者用莿施於淨處剛者用竹施於藏處[seal]古文彗从竹習益七部十五部合韵[seal]借也人部假云非真也此叚云借也然則凡云假借當作此字古多借叚爲叚晉士文伯名匄字伯瑕楚陽匄鄭駟乞皆字子瑕古名字相應則瑕卽叚也禮記公肩假古今人表作公肩瑕左傳瑕嘉平戎於王周禮注作叚嘉皆同音叚借闕謂闕其形也其從叉可知其餘則未解故曰闕古雅切古音在五部[seal]古文叚[seal]譚長說叚如此[seal]同志爲友周禮注曰同師曰朋同志曰友从二又相交二又二人也善兄弟曰友亦取二人而如左右手也云久切三部[seal]古文友[seal]亦古文友未詳[seal]法制也論語曰謹權量審法度中庸曰非天子不制度今天下車同軌古者五度分寸尺丈引謂之制周禮出其淳制天子巡守禮制幣丈八尺純三咫純謂幅廣从又周制寸尺咫尋常仞皆以人之體爲法寸法人手之寸口咫法中婦人手長八寸仞

法伸臂一尋皆於手取法故從又度省聲徒故切五部

文二十八　重十六今別出燮字則十七

ナ左手也鉉本作ナ手也非左今之佐字左部曰左ナ手相左也是也又手得ナ手則不孤故曰左助之手象形反又爲ナ故相戾曰ナ臧可切十七部俗以左右爲ナ又字乃以佐佑爲左右字凡ナ之屬皆从ナ

卑賤也執事者从ナ甲古者尊又而卑ナ故從ナ在甲下甲象人頭補移切十六部

文二

史記事者也玉藻動則左史書之言則右史書之不云記言者以記事包之也从又持中中正也君舉必書良史書法不隱疏士切一部凡史之屬皆从史

事職

卑　虎按从ナ亦取左助之義段説未然

攲

虎按攲去奇切玉篇攲今作不正之攲段云借为攲字恐是形相涉而譌也今人謂箸曰快轉入祭泰部之去聲

通俗文以箸取物曰攲

也疊韵職記微也古假借爲士字鄭風曰子不我思豈無他事毛曰事士也今本依傳改經又依經改傳而此傳不可通矣从史㞢省聲鉏史切一部𠭖古文事鍇曰此則之不省

文二　重一

𡳿去竹之枝也从手持半竹此於字形得其義也章移切十六部凡支之屬皆从支𢻫古文支上下各分竹之半手在其中攲持去也支有持義故持去之攲從支宗廟宥座之器曰攲器按此攲當作攲危部曰攲敧隔也竹部箸訓飯攲此攲亦當作攲箸必邪用之故曰飯攲廣韵攲不正也玉篇曰攲今作不正之攲从支奇聲去奇切按廣韵曰說文居宜切此本音隱蓋後人借爲攲字從危讀去奇切也攲奇聲古在十七部攲支聲古在十六部

文二　重一

𦘒　手之疌巧也从又持巾　尼輒切八部　凡𦘒之屬皆从𦘒

肄　習也从𦘒𢑚聲　羊至切十五部　𦘒　籒文肄　此依小徐右從𦘒左從籒文𢑚也　𦘒　篆文肄　按此條先以古文亦上部之例也必先古文者古文從𦘒篆不從𦘒也各本篆文右從𦘒則何不以篆文居首哉肆從隶而隸作肆肄亦同也類篇不誤今正矣古文矢字㠯疑二字從之此亦從㠯聲也

肅　持事振敬也　廣韵恭也敬也戒也進也疾也按訓進者羞之假借訓疾者速之假借皆見禮　从𦘒在𣶒上　會意戰戰兢兢也　引詩說從𣶒之意也息逐切三部　𢺕　古文肅从心卪　聖逢節次守節下失節故從卪

文三　重三

聿　所以書也　以用也聿者所用書之物也凡言所以者視此　楚謂之聿吳謂之

書好爲𦘒 从彡象其文飾 段流津之説 不然

不律燕謂之弗一語而聲字各異也釋器曰不律謂之筆郭云蜀人呼筆爲不律也語之變轉按郭云蜀語與許異郭注爾雅方言皆不偁說文弗同拂拭之拂从聿一各本作一聲今正此從聿而象所書之牘也余律切十五部凡聿之屬皆从聿

筆秦謂之筆从聿竹鄙密切古音在十五部

𦘒聿飾也飾今之拭字㕞下許之矣彡下曰毛飾畫文也象形謂以毛拭畫成文彡象其文形也聿者筆之所拭文成彡形故從聿從彡楚金以妝飾解之繆矣從聿从彡會意俗語以書好爲𦘒此別一義今人所謂律律亹亹者蓋出此歎羨其好則口流盡液音義皆與盡通讀若津也將鄰切十二部

書箸也此琴禁鼓郭之例以疊韵釋之也敘目曰箸於竹帛謂之書書者如也箸於竹帛非筆末由矣从聿者聲商魚切五部

文四

畫 介也 介各本作畍此不識字義者所改今正八部曰介畫也從八從人人各有介 从聿 二字今補 象田四介 田之外橫者二直者二今篆體省一橫非也 聿所吕畫之 說從聿之意引伸爲繪畫之字胡麥切十六部 凡畫之屬皆从畫 畫 古文畫 古文從聿田此依鍇本 畫 亦古文畫 依鍇本按刀部有劃字

晝 日之出入與夜爲介 从畫省从日 按今篆體葢亦少一橫陟救切四部 晝 籀文晝 按省下一橫者至夜則日在下未嘗息也

文二　重三

隶 及也 此與辵部逮音義皆同逮專行而隶廢矣 从又尾省又持尾者從後及之也 徒耐切古音在十五部 凡隶之屬皆从隶 隸 及也 釋言毛傳方言

皆曰迨及也此與歺部殆音義皆同殆危也危猶及也从隶枲聲徒耐切一部詩曰隸天之未陰雨豳風文今詩作迨俗字也隸附箸也附當是本作坿淺人改也周禮注隸給勞辱之役者漢始置司隸亦使將徒治道溝渠之役後稍尊之使主官府及近郊左傳人有十等輿臣隸按隸與僕義同皆訓坿箸故從隶从隶柰聲郎計切十五部𨽻篆文隸从古文之體按此云篆文則上古文也先古後篆亦上部之例但先古後篆必古從隶篆不從隶乃合各本隸𨽻俱從隶則何取爾有以知篆文必非從隶矣九經字樣云隸字故從又持米從柰聲又象人手經典相承作隸已久不可改正元應書曰字從米𣪊聲𣪊从又從祟音之絹切考楊君石門頌王純碑作隸與字樣合魯峻碑作隸與元應合二人所謂蓋皆謂說文而右旁皆作柰元應說似近是蓋即說文之篆文也說文因小篆作隸故不得先舉篆而系以古文以其形與古文略相似也故依革弟民酉之例云從古文之體至元應乃說之曰從米𣪊聲𣪊之芮切從米則唐元度說以

周禮曰奴男子入于罪隸女子入于舂稾

文三　重一

臤　堅也从又臣聲謂握之固也故從又凡臤之屬皆从臤讀若鏗鏗謂讀同鏗也鏗從堅聲堅從臤聲古音在十二部今音鏗在耕韵非也臤今音苦閑切古文以爲賢字凡言古文以爲者皆言古文之假借也例見中部漢校官碑親臤寶智又師臤作朋國三老袁良碑優臤之寵按漢魏人用優賢字皆本今文般庚優賢揚歷句蓋今文般庚固以臤爲賢也

緊　纏絲急也緊急雙聲此字別作緊玉篇引成公四年鄭伯緊卒古兩古千二切考左作堅公作臤穀作賢則別本作緊必矣臣聲與臤聲一也而顧書譌作緊釋名云緝緊也其絲緊厚而疏也是其譌久矣集韵養韵作緊舉兩切先韵作緊緊也經堅同經天切是宋時故有緊字特丁度等不能用正緊之譌又不知卽是緊字耳春秋鄭伯緊釋文不

臣象屈服之形
集臣象屈身對君之形

載考經字者所當知从臤絲省糾忍切十二部
堅土剛也土字今補周禮草人騂剛用牛九章筭術穿地四爲壤五爲堅三引伸爲凡物之剛如云臤堅也是也
从臤土按緊堅不入糸土部者說見句丩部下古賢切十二部
豎堅立也堅立謂堅固立之也豎與封音義同而豎從臤故知爲堅立周禮內豎鄭云豎未冠者之官名蓋未冠者才能自立故名之豎因以爲官名豎之言孺也
从臤豆聲臣庾切古音在四部
𡮡籀文豎从殳

文四　重一

臣牽也以疊韵釋之春秋說廣雅皆曰臣堅也白虎通曰臣者繵也屬志自堅固也
事君者各本作也今正
象屈服之形植鄰切十二部按論語音義恧植鄰切古臣字陸時武后字未出也武后𢘑恧二字見戰國策六朝俗字也
凡臣之屬皆从臣
𦣞乖也从二臣

相違讀若誑居況切十部按介部槩以爲聲 臧 善也 釋詁毛傳同按子郎才郎二反本無二字凡物善者必隱於內也以從艸之藏爲臧匿字始於漢末改易經典不可從也又贓私字古亦用臧 从臣 戕聲 則郎切十部 𢧵 籒文 按宋本及集韵類篇皆從二今本下從土非

文三　重一

殳 㠯杖殊人也 杖各本作杸依太平御覽正云杖者殳用積竹而無刃毛傳殳長丈二而無刃是也殊斷也以杖殊人者謂以杖隔遠之釋名殳殊也有所撞挃於車上使殊離也殳殊同音故謂之殳猶以近窮遠謂之弓也 周禮 周字今補下文所說皆出於周禮也 殳㠯積竹 以積竹者用積竹爲之漢書昌邑王道買積竹杖文穎曰合竹作杖也竹部曰篕積竹矛戟矜也木部曰欑積竹杖也柲欑也考工記注曰廬謂矛戟柄竹欑柲凡戈矛柄皆積竹而殳無金刃故專積竹杖之名廬人爲之 八觚 考工記注云凡矜八觚此無刃

亦八觚也**長丈二尺建於兵車**考工記曰廬人爲廬器殳長尋有四尺車有六等之數車軫四尺戈崇於軫四尺人崇於戈四尺殳崇於人四尺車戟崇於殳四尺酋矛崇於戟四尺注云此所謂兵車也殳戟矛皆插車輢**旅賁㠯先驅**周禮旅賁氏掌執戈盾夾王車而趨葢亦執殳矣詩曰伯也執殳爲王前驅**从又几聲**市朱切古音在四部**凡殳之屬皆从殳**

祋殳也見毛傳**从殳示聲**丁外切十五部**或說城郭市里高縣羊皮有不當入而欲入者暫下㠯驚牛馬曰祋**此別一義祋與咄義同**詩曰何戈與祋**曹風文此證前一義

杸軍中士所持殳也軍中士所持殳不必皆用積竹故字從木**从木殳**市朱切古音在四部**司馬法曰執羽從杸**從字依廣韵

毄相擊中也考工記毄兵同強兼戈戟殳言之和弓毄摩注毄拂也手部曰拂過擊也惟記文用此字本義若司門祭祀之牛牲

轂焉校人三皁爲毄毄一馭夫六毄爲廄廄一僕夫皆假借爲系字今之繫也易毄辭釋文作此字故云系也字從毄若直作毄下系者音口奚反非此謂繫乃說文繫䌜字毄辭不當作繫也漢書景帝詔農桑毄畜注食養之畜**如車相擊故从殳从軎也**擊本從手今正擊車轄相擊也轄亦牽字車軸耑鍵也軎車軸耑也殳可用擊之物故從殳軎取意於車相擊也古歷反十六部

㱿　從上擊下也從上擊下正中其物確然有聲**从殳青聲**苦角切三部凡㲉㲉𣪊字以爲聲大小徐皆云青口江切今廣韵四江無㱿在三部則青古音亦在三部可知音轉讀如䈞土刀切**一曰素也**素謂物之質如土坏也今人用腔字說文多作空空與㱿義同俗作㱿或作㲉哭會聞音哭夘外堅也

殺　下擊上也廣雅四曰㲄禁也謂禁上使不得下也**从殳尣聲**知朕切八部

𣪠　繇擊也繇說文作䌛隨從也說文無遙字此卽其遙字繇擊者遠而擊之如良與客狙擊秦皇帝博浪沙中也**从殳豆聲**度侯切四部・古

文投如此投各本譌作祋今正投殳聲𣪘豆聲殳豆同在古音四部也此五字葢後人所註記語假令果是古文投則許之例當入手部投下重文矣投下云擿也此云遙擊則義固別

縣物𣪘擊也此與手部擣音義同擣手椎也从殳𠷎聲市流切三部

椎毄物也謂用椎擊中物與攴部豥木部椓音義略同从殳豖聲各毒切廣韵竹角切三部

捶毄物也捶以杖擊也因謂杖爲捶捶毄物者謂用杖擊中人物也按此字卽今經典之毆字廣韵曰俗作毆是也唐石經周禮射鳥氏以弓矢毆鳥鳶方相氏索室毆疫入壙以戈擊四隅毆方良冥氏以靈鼓毆之庶氏凡毆蠱則令之比之壺涿氏以炮土之鼓毆之今版本皆作毆唐刻獨不誤張參五經文字殳部毆一口反攴部無毆殳部毆字正爲經典而出特未嘗箸之曰又起俱反俗作毆耳毆訓捶毄物故以弓矢以戈以靈鼓以炮土之鼓皆捶擊意也區聲古音在四部讀一口反音轉入五部釋文讀起俱丑于反淺人乃分析一口爲毆打之字起俱丑于爲驅逐之字誤矣又

三篇下

云毆是馬部驅之古文夫毆在馬部爲古文驅在殳部爲俗毆字無庸牽合驅訓馬馳毆訓捶毄試思爲淵毆魚爲叢毆爵之類可改爲驅魚驅爵乎鄭注周禮曰凡言馭者所以毆之納之於善豈可改爲驅之納之於善乎卽古閒有假借通用唐石經固不可易也。又按此部自殸而下言擊者八言毄者二不應錯出不倫葢擊字皆本作毄淺人改之而未盡擊攴也攴小毄也與毄字義異**从殳區聲**烏后切四部

𣪊擊頭也淮南書曰以年之少爲閒丈人說事救敵不給何道之能明也高注老人敵其頭自救不暇按敵當作毃呂氏春秋曰死而操金椎以葬曰下見六王五伯將毃其頭矣按毃今本譌穀**从殳高聲**口卓切二部

殿擊聲也此字本義未見假借爲宮殿字燕禮注人君爲殿屋疏云漢時殿屋四向流水廣雅曰堂堭殿也爾雅無室曰榭郭注卽今堂堭然則無室謂之殿矣又假借爲軍後曰殿**从殳㞙聲**堂練切古音在十三部

殹擊中聲也此字本義亦未見酉部醫從殹王育說殹惡姿也一曰殹病聲也此與毄中聲義近

殿

棠華山廟碑壂曰序僊壂周公礼殿祀脩舊築周公禮壂堯廟碑敘脩宗壂繕飭壂廡皆从土玉篇壂堂也廣韻壂堂基是宫殿字古本作壂许书於殿下但训擊也疑當别有壂字在土部而今本失之

秦人借爲語詞詛楚文禮使介老將之以自救殹薛尚功所見秦權銘其於久遠殹石鼓文汧殹沔沔權銘殹字琅邪臺刻石及他秦權秦斤皆作也然則周秦人以殹爲也可信詩之兮字偁詩者或用也爲之三字通用也从殳医聲於計切十五部

段椎物也用椎曰椎考工記段氏爲鎛器徐丁亂反劉徒亂反徐音是也鎛欲其段之堅故官曰段氏函人職曰凡甲鍛不摯則不堅鍛亦當作段金部曰鍛小冶也小冶小鑄之竈也後人以鍛爲段字以段爲分段字讀徒亂切分段字自應作斷葢古今字之不同如此大雅取厲取鍛毛曰鍛段石也鄭曰段石所以爲段質也古本當如是石部碫段石也從石段春秋傳鄭公孫段字子石古本當如是段石與厲石各物說文訓詁多宗毛傳从殳耑省聲徒玩切十四部

⿰宮殳擊空聲也从殳宮聲徒冬切又火宮切九部按亦作殼枯公切

殽相襍錯也食貨志鑄錢之情非殽襍爲巧則不可得贏按殽謂襍以鉛鐵也董仲舒傳取攬之賢不肖混殽經典借爲肴字禮記借爲效字从殳之意

肴聲胡茅切二部

毅　妄怒也（圭下曰妄生也凡氣盛曰妄）一曰毅有決也（中庸曰發強剛毅左傳曰殺敵爲果致果爲毅苞注論語曰毅強而能決斷也）从殳（取用武之意）豙聲（按豙從辛五經文字曰從辛省非也豩省從辛省耳魚旣切十五部）

𣪊　揉屈也（說文有煣無揉煣屈申木也煣屈謂柔而屈之廣韵曰強擊正與柔屈相反）从殳𠀠（殳者有力之物用有力之物而精謹也𠀠小謹也居又切三部）𠀠古叀字（當云古文叀斤部云𠀠古文叀字是也）廏字从此

役　戍也（依韵會訂戍守邊也司馬法曰弓矢圍殳矛守戈戟助凡五兵長以衛短短以救長按圍古禦字今周禮注作圍誤殳所以守也故其字從殳引伸之義凡事勞皆曰役又生民詩禾役穟穟役者穎之假借禾部穎引詩皆作禾穎）从殳彳（彳取巡行之意營隻切十六部）

伇　古文役从人（與戍從人持戈同意）

毅　毅改（逗）大剛卯也㠯逐精鬽（鬽各本作鬼今正王莽傳剛卯金刀之利皆不

得行服虔晉灼注司馬彪輿服志言其制詳矣按殺從殳者謂其可擊鬼也　**从殳亥聲**　古哀切　廣韵音開一部

文二十　重一

殺　戮也　戈部曰戮殺也　**从殳杀聲**　鉉等曰說文無杀字相傳音察按張參曰杀古殺字張說似近是此如本作术或加杀爲秫所八切十五部　**凡殺之屬皆从殺**

𢽍　古文殺　按鉉本宋刻無此字李燾本同

𢼛　古文殺

𣏂　古文殺　此按此蓋郎杀字轉寫譌變耳加殳爲小篆之殺此類甚多古文四聲韵𣏂爲崔希裕纂古𣏂爲說文則夏氏所據說文爲善本正與張參說合首字下當云從殳從杀或譌爲杀聲也

𢿡　籒文殺　按鉉本宋刻無此字李燾本同類篇云史文殺作殺臣光曰說文失收故集韵今不載然則司馬公所據鉉本無殺信矣今版本依鍇本增之

耳考工記䋣字不識何以從閔今據殳部古文役殺部籀文殺殳皆作叟求之知叟譌爲閔頓釋此疑學者觸類而長之可也

弒 **臣殺君也** 經傳殺弒二字轉寫既多譌亂音家又或拘泥中無定見多有殺讀弒者按述其實則曰殺君正其名則曰弒君春秋正名之書也故言弒不言殺三傳述實以釋經之書也故或言殺或言弒不必傳無殺君字也許釋弒曰臣殺君此可以證矣殺在古音十五部弒在一部本不相通也弒漢石經公羊作試二字同式聲也白虎通引春秋讖曰弒者試也欲言臣子殺其君父不敢卒候閒司事可稍稍試之釋名曰弒伺也說同皆本文言傳之意 **易曰臣弒其君** 文言傳文 **从殺省式聲** 式吏切一部

文二 **重五** 宋刻作重四寶重三李燾作重三錯本作重四寶重五

几 **鳥之短羽飛几几也象形凡几之屬皆从几讀若殊** 市朱切按以殳從几聲求之古音在四部

𠘧 **新生羽而飛** 此與彡部㐱音同形似而義殊 **从**

鳧不入鳥部而入九部亦自亂其例

九从彡從九而象其形也之忍切十三部

鳧舒鳧逗鶩也釋鳥曰舒鴈鵝舒鳧鶩內則注同舍人李巡云野曰鴈家曰鵝野曰鳧家曰鶩按野曰鴈鳧而畜於家者曰舒鴈舒鳧是爲鵝鶩舒者謂其行舒遲不畏人也詩弋鳧與鴈以及他言鴻鴈鳧鷖皆謂野鳥非舒鳧舒鴈也大雅傳曰鳧水鳥也鷖鳧屬也然則說文於鳧下舉舒鳧蓋謂統言可不別但云舒鳧則固析言之矣尋許意不以鳧入鳥部而入九部此句ㄐ二部之例鳧之羽短不能飛故其字從九豈知野鳧亦短羽而能飛乎从九鳥九亦聲各本作從鳥九聲今補正房無切古音蓋在四部

文三

寸十分也度別於分忖於寸禾部曰十髮爲程一程爲分十分爲寸人手卻一寸動𧖴謂之寸口从又一卻猶退也距手十分動𧖴之𧖴謂之寸口故字從又一會意也周禮注云

亦傎乎　將字下醬　省聲不

脈之大候要在陽明寸口倉困切十三部　凡寸之屬皆从寸

寺　廷也　𡭊部曰廷朝中也漢書注曰凡府庭所在皆謂之寺釋名寺嗣也治事者相嗣續於其內廣韵寺者司也官之所止有九寺按經典假寺爲侍詩瞻卬傳曰寺近也周禮注曰寺之言侍也凡禮詩左傳言寺人皆同若漢西域白馬駝經來初止於鴻臚寺遂取寺名初置白馬寺此名之不正者也　有法度者也从寸　考工記曰市朝一夫注云方各百步知天子三朝各方百步其諸侯大夫之制未詳步必積寸爲之言法度字多從寸又部曰度法制也　㞢聲　祥吏切一部

將　帥也　帥當作衛行部曰衛將也二字互訓儀禮周禮古文衛多作率今文多作帥毛詩率時農夫韓詩作帥說詳周禮漢讀考帥者佩巾漢人假爲率字率亦衛之假也許造說文當是本作將衛也以自伸其說經轉寫改竄而非舊矣後人謂將帥二字去聲與平聲之將入聲之帥別者古無是說也毛詩將字故訓特多大也送也行也養也齊也側也願也請也此等或見爾雅或不見皆各依文爲義亦皆就疊韵雙聲得之如願

將當爲將之異文變手爲寸寸即肘也从寸爿聲宜𢍰手部將字下醬字从將得聲乃反以將爲从醬省聲不亦傎乎

請是一義將讀七羊反故釋爲請也將讀卽羊反故皇矣傳釋爲側釋言及楚茨傳釋爲齊齊徐仙民周禮音將細反皆雙聲也釋言將齊也郭云謂分齊也引詩或肆或將此甚明晝或肆蒙或剥言剥之乃陳於互也或將蒙或亯言亯之必劑量其水火及五味之宜故云齊其肉也如是乃以祝祭于祊詩爾雅疏皆不了故箸之**从寸**有必法度而後可以主之先之故從寸**醬省聲**卽諒切十部

㝷繹理也謂抽繹而治之凡治亂必得其緒而後設法治之引伸之義爲長方言曰尋長也海岱大野之閒曰尋自關而西秦晉梁益之閒凡物長謂之尋周官之法度廣爲尋古文禮假尋爲燅有司徹乃燅尸俎注燅溫也古文燅皆作尋記或作尋春秋傳若可尋也亦可寒也案左傳服注尋之言重也溫也論語何注溫尋也互相發明俗本禮注作燖誤**从工口从又寸工口亂也又寸分理之也彡聲**徐林切七部**此與𤔔同意**說見𤔔下**度人之兩臂爲尋八尺也**此別一義亦因从寸及之考工記曰澮廣二尋

專六寸簿也說文無簿有薄蓋後入易艸爲竹以分別其字耳六寸薄蓋笏也曰部云㫚佩也無笏字釋名曰笏忽也君有命則書其上備忽忘也或曰薄可以簿疏物也徐廣車服儀制曰古者貴賤皆執笏卽今手版也杜注左傳珽玉笏也若今吏之持簿蜀志秦宓見廣漢太守以簿擊頰裴松之曰簿手版也六寸未聞疑上奪二尺字玉藻曰笏度二尺有六寸此法度也故其字從寸**从寸叀聲**職緣切十四部**一曰專紡專**小雅乃生女子載弄之瓦毛曰瓦紡專也糸部紡網絲也網絲者以專爲錘廣韵曰鏄紡錘是也今專之俗字作甎塼以專爲塼壹之塼廣韵曰擅也單也政也誠也獨也自是也

尃布也祭義溥之而橫乎四海釋文溥本或作尃同芳于反今刻云或作敷繆也集韵韵會可證說卦傳震爲尃鄭虞姚皆同王肅干寶作尃于云花之通名爲鋪花皃謂之藪漢書上林賦布結縷史記布作尃徐廣曰尃古布字按尃訓布也非一字**从寸**凡敷敗必有法度而後行故从寸**甫聲**芳無切五部

導導此複舉字未刪者**引也**經傳

皮　象皮裂之形从又會意許謂从爲省者恐未敢信

多假道爲導義本通也　从寸引之必以法度　道聲徒晧切廣韵徒到切古音在三部

文七

剝取獸革者謂之皮剝裂也謂使革與肉分裂也云革者析言則去毛曰革統言則不別也云者者謂其人也取獸革者謂之皮皮被也析也見木部因之所取謂之皮矣引伸凡物之表皆曰皮凡去物之表亦皆曰皮戰國策言皮面抉眼王褱僮約言落桑皮樱釋名言皮銔以爲蓄皆是　从又又手也所以剝取也　爲省聲符羈切古音爲皮皆在十七部　凡皮之屬皆从皮　古文皮从竹者蓋用竹以離之

籀文皮

面生气也玉篇作面皮生氣也元應書一作面生熱氣也淮南潰小皰而發痤疽高曰皰面氣也元應引作靤　从皮包聲旁教切古音在三部

面黑气也列子曰燋然肌色皯黣　从皮干聲古旱切十四部

文三　重二

𤿑柔韋也柔者治之使鞣也韋可用之皮也考工記注曰蒼頡篇有鞄𤿑从北鉉曰從北者反覆柔治之也从皮省謂𠬝也非耳非瓦今鞣下皆作瓦矣夐省聲各本無聲今補夐古音在十四部此省其上下取四爲聲也而兖切十四部凡𤿑之屬皆从𤿑讀若耎一曰若儁儁同俊人部有俊無儁

𤿑古文𤿑从皮省从人治之

𤿑籒文𤿑从夐省下從皮省上從夐省

𤿕羽獵韋絝羽獵見高唐賦楊雄傳服虔曰士卒負羽也从𤿑省柔韋爲絝𢍏聲按火𠆢二部無弁字而此部有𦋞人部有倂舟部有胼皆從弁聲然則今本說文奪弁字無疑其義未聞其音則倂胼滕騰媵塍滕皆在六部𦋞本音葢在六部轉入九部也而隴切

𤿗虞書曰虞書當作唐書鳥獸𤿗毛堯典文今尚書作氄毛部作毴云盛毛也此作𤿗豈彼古文此今文之異

攴　从又从卜蓋有求問之義　訓為小擊　擊猶扣也　扣亦有問義　凡从攴之字多有求問義

與

从𦩍从衣　小徐本如是而注之曰此亦[illegible]字大徐因倒之云或從衣從朕虞書曰鳥獸㲯毛今依小徐者仍舊也闕疑也朕聲古在六部轉入九部

文二　鉉作文三　重三　鉉作重二

攴　小擊也　手部曰擊攴也此云小擊也同義而微有別按此字從又卜聲又者手也經典隸變作扑凡尚書三禮鞭扑字皆作扑又變為手卜聲不改葢漢石經之體此手部無扑之原也唐石經初刻作朴從木者唐元度覆按正之從手是也豳風八月剝棗假剝為攴毛曰擊也音義曰普卜反　从又卜聲　普木切三部

凡攴之屬皆从攴

啟　教也　从攴启聲　康禮切十五部　論語曰不憤不啟　述而篇文

徹　通也　孟子曰徹者徹也鄭注論語曰徹通也為天下通法也按詩徹彼桑土傳曰裂也徹我牆屋曰毀也天命不徹曰道也徹我疆土曰治也各隨文解之而通字可以隱栝古有徹無轍

从彳从攴从育葢合三字會意攴之而養育之而行之則無不通矣毛傳所謂治也丑列切十五部一曰相臣疑有譌鉉本無此四字[seal]古文徹中從鬲[seal]疾也釋詁毛傳同从攴每聲眉殞切古音在一部生民詩履帝武敏釋訓敏拇也謂敏爲拇之假借拇足大指也古作母[seal]彊也釋詁昬暋強也按說文暋作敯冒也則許所據爾雅作敃強也昬字從氏省不從民聲自俗寫殽譌音韵亦亂玉篇謂敃敯同字是也从攴民聲眉殞切十二部[seal]彊也从攴矛聲亡遇切古音在三部[seal]迮也迮起也敀者起之从攴白聲博陌切古音在五部周書曰常敀常任立政篇文按漢人所用皆作常伯今尚書作伯許所據絕異者壁中古文多假借字也以敀爲伯如洪範以玫爲好顧命以莫爲蔑牧誓以狟爲桓皆壁中古文假借今尚書作伯好蔑桓者孔安國以今文字讀古文而易之而漢世言古文尚書者因之如杜子春鄭司農讀周禮故書往往易其

𢿢

當從古文作𢼸从鬲鬲陽也通也通之反也又鼎足中空者爲鬲亦有通義小篆變爲育失義

字而許叔重鄭康成多因之其理一也杜子春巳改之周禮其故書古字猶存於鄭注孔安國巳改之尚書其壁中古文之字猶存於說文

整　齊也　齊者禾麥吐𥝢上平也引伸爲凡齊之偁　**从攴从束正正亦聲**　之郢切十一部

效　象也　象當作像人部曰像似也毛詩君子是則是傚又民胥傚矣皆效法字之或體左傳引詩民胥效矣是也彼行之而此效之故俗云報效云效力云效驗廣韵云俗字作効今俗分別效力作効效法效驗作效尤爲鄙俚效法之字亦作爻殽解爻法之謂坤是亦作斆禮運斆以降命是亦作詨儀禮注引詩君子是則是詨是皆假借也　**从攴交聲**　胡教切二部

故　使爲之也　今俗云原故是也凡爲之必有使之者使之而爲之則成故事矣引伸之爲故舊故曰古故也墨子經上曰故所得而後成也許本之　**从攴**　取使之之意　**古聲**　古慕切五部

政　正也　論語孔子曰政者正也　**从攴正正亦聲**　之盛切十一部

𢻫　敷也　今字作施施行而𢻫廢矣施旗旖施也經傳多

假借从攴也聲讀與施同式支切古音在十七部

𢼄 𢻫也此與寸部尃音義同从攴尃聲芳無切五部俗作敷古寸與方多通用周書曰用敷遺後人文顧命

敟 主也廣韵典字下曰主也常也法也經也按凡典法典守字皆當作敟經傳多作典典行而敟廢矣从攴典聲多殄切十二部

𢿢 數也大雅其麗不億毛曰麗數也方言作𢿢亦云數也葢𢿢是正字麗是假借字從麗者麗网也网网而數之也从攴麗聲力米切古音在十六部曹憲引說文李衣反葢本音隱

數 計也六藝六曰九數今九章筭術是也今人謂在物者去聲在人者上聲昔人不盡然又引伸之義分析之音甚多大約速與密二義可包之从攴婁聲所矩切古音在四部

𢿵 𢿵鐵也張協七命乃鍊乃鑠萬辟千灌李注辟謂疊之灌謂鑄之引典論魏太子丕造百辟寶劒又引王粲刀銘灌辟以數質象以呈按辟者襞之假借也𢿵者段也𢿵鐵也从攴段也簡取精鐵不計數摺疊段之因名爲辟

湅從攴者取段意湅者瀕也從湅取簡擇之意湅亦聲郎電切十四部

孜 孜孜二字今補汲汲也廣雅孜孜汲汲劇也按汲汲與彶彶同急行也从攴子聲子之切一部周書曰孜孜無怠大誓篇文見詩文王正義引又見史記周本紀字作孳孳按伏生二十八篇本無大誓民閒後得大誓博士習而讀之合二十八篇爲二十九篇司馬遷史記董仲舒對策劉向說苑及終軍班伯谷永匡衡平當奏對多用之此今文大誓也孔安國得壁中古文有大誓三篇古文家馬鄭王皆作注與今文字或異如流爲雕馬曰雕鷙鳥此古文大誓作雕之證尙書大傳鄭所引禮說周本紀董仲舒傳皆作烏此今文大誓作烏之證鄭注云雕當爲雅雅烏也此據今文正古文也說文此及掐下涘下所引皆古文大誓也許作孜史記作孳蓋亦古文今文之異也唐孔穎達賈公彥謂校顚本三篇爲眞古文則不得不謂馬鄭王所注爲今文大誓詳見古文尙書撰異

攽 分也从攴分聲此形聲包會意周書曰乃惟孺子攽雒誥文今尙書作頒蓋孔

安國以今文字易之周禮亦作頒當是放爲正字頒爲假借字鄭司農云頒讀爲班布之班據許所偁古文則當云頒當爲放不爾者漢時放字不行也馬注尚書頒猶分也云猶者頒訓大大則必分非可徑訓分也故云猶分讀與彪同分聲彬聲本皆在十三部徐仙民於周禮頒音墳於書音甫云反是也音轉入十四部布還切

敋 止也 敋扞古今字扞行而敋廢矣毛詩傳曰干扞也謂干爲扞之假借實則干爲敋之假借也手部曰扞忮也 从攴旱聲 侯旰切十四部 周書曰敋我于艱 文侯之命篇文今作扞

敳 有所治也 左傳八凱有隤敳 从攴豈聲讀若豤 此十五部十三部合音也今音五來切非是豤鍇本作墾

敞 平治高土可㠯遠望也 惟平治故字從攴後人乃謂高土可以遠望爲敞而味其本始矣 从攴尚聲 昌兩切十部

敒 理也從攴伸聲 直刃切十二部按直刃乃誤同陳音耳東京賦振天維衍地絡衍謂申布也玉篇余忍切衍當是敒之或體

改　更也雙聲从攴已聲或無聲誤古亥切一部　變　更也从攴䜌聲祕戀切十四部　㪅　改也更訓改亦訓繼不改爲繼改之亦爲繼故小雅毛傳曰庚續也用部庸下曰庚更事也列子云五年之後心庚念是非口庚言利害七年之後從心之所念庚無是非從口之所言庚無利害皆假庚爲更今人分別平去二音非古也从攴丙聲古孟切又古行切古音在十部　敕　誡也言部曰誡敕也二字互訓小雅毛傳曰敕固也此謂敕卽飭之假借飭致堅也後人用勑爲敕力部勑勞也洛代切又或從力作勑一曰二字今補臿地曰敕此別一義凡植物地中謂之菑或作傳事剸鍤側吏初吏二切敕與初吏一切正同部雙聲也臿者今之插字漢人祇作臿从攴束各本有聲誤今刪攴而收束之二義皆於此會意非束聲也恥力切一部　⿰耳攴　使也从攴耴省聲而涉切八部　斂　收也从攴僉聲良冉切七部　敹　擇也柴誓某氏注言當善簡汝甲胄與許說合鄭注敹謂

穿徹之从攴㝮各本有聲誤今刪㝮或罙字冒也從攴㝮者轂其冒味而擇之洛蕭切依今音在二部

周書曰敹乃甲冑𢿱繫連也繫當作系柴誓某氏注云施汝盾紛王云敿盾當有紛繫持之鄭云敿猶繫也按鄭云猶者鄭意敿是繑拂之係繑之而後繫之非一事也敿不訓繫故云猶許云繫連者謂繫而連之秦風龍盾之合毛云合而載之左傳齊子淵捷從泄聲子射之中盾瓦繇朐汏輈匕入者三寸詳傳文盾正蔽車前必聯合之以爲車蔽故云繫連凡字有專釋經者敹敿是也从攴喬聲周書曰敿乃干讀若繑居夭切二部

敆合會也見釋詁今俗云敆縫从攴合合亦聲古沓切七部

敶列也韓詩信彼南山惟禹敶之爾雅郊外謂之田李巡云田敶也謂敶列種穀之處敶者敶之省素問注云敶古陳字是也此本敶列字後人假借陳爲之陳行而敶廢矣亦本軍敶字而下云讀若軍敶之敶是也後人別製無理之陣字陣行而敶又廢矣从攴陳聲直刃切廣韵十七眞曰敶

斁 解也 解即今懈字 解即厭也 引申之爲終 厭 代禍告 終之意 段以解爲釋未然

者陳之古文古文當作古字十二部

敵 **仇也** 仇讎也左傳曰怨耦曰仇仇者兼好惡之詞相等爲敵因之相角爲敵古多假借適爲敵襍記計於適者史記適人開戶適不及拒荀卿子天子四海之內無客禮告無適也文子曰一也者無敵之道也按後人取文子注論語曰敬者主一無適之謂適讀如字夫主一則有適矣乃云無適乎敬者持事振敬非謂主一也淮南書曰一也者萬物之本也無適之道也與文子同正作敵 **从攴啻聲** 徒歷切十六部

救 **止也** 論語子謂冉有曰女弗能救與馬曰救猶止也馬意救與止稍別許謂凡止皆謂之救 **从攴求聲** 居又切三部

敓 **彊取也** 此是爭敓正字後人假奪爲敓奪行而敓廢矣 **周書曰敓攘矯虔** 呂刑篇文今尚書作奪此唐天寶衞包所改凡尚書之字有古文家改壁中相沿巳久者有衞包肊改者皆可分別考而知之詳見古文尚書撰異唐人尚用敓字陸宣公集有敓斆是也 **从攴兌聲** 徒活切十五部

斁 **解也** 此與釋音義同後人區別之 **从攴睪聲** 羊益

三篇下

切古音在五部詩曰服之無斁周南文斁厭也見釋詁毛傳按此三字釋所引詩之斁以別於上文解訓此全書之一例也厭同猒飽也經典亦假射爲斁一曰終也此別一義𢾿置也网部曰置赦也二字互訓赦與捨音義同非專謂赦罪也後捨行而赦廢赦專爲赦罪矣从攴赤聲始夜切古音在五部𢼊赦或从亦亦聲古在五部攸行水也戴侗曰唐本作水行攸攸也其中從巛按當作行水攸攸也行水順其性則安流攸攸而入於海衛風傳滺滺流皃是也作滺者俗變也左傳說火曰鬱攸從之蒙葺公屋火之行如水之行故曰鬱攸大雅曰爲韓姞相攸釋言攸所也水之安行爲攸故凡可安爲攸又借爲逌字逌气行皃水行之攸气行之逌皆主和緩故或用攸或用逌从攴从人攴取引導之意人謂引導者水省以周切三部汥秦刻石嶧山句石文攸字如此人省水不省嶧山石文史記不載其文曰登于繹山羣臣從者咸思攸長今作脩者傳刻失眞也又史記

載會稽石文曰皇帝休烈平一海內德惠脩長小司馬云王劭按張徵所錄會稽南山秦始皇碑文脩作攸蓋其字亦作滺也用此知小雅大雅毛傳皆云脩長也經文脩字皆攸之假借本作攸後改耳釋詁永悠迥違遐也悠當作攸

⿰亡攴 撫也从攴亡聲讀與撫同亡在九部撫在五部古借亡爲無故改讀如撫也芳武切

敉 撫也見釋言从攴米聲周書曰亦未克敉公功雒誥文讀若弭緜婢切十六部按米聲十五弭十六此合音也

侎 敉或从人

敡 侮也此與人部傷義略同从攴从易易亦聲以豉切十六部

⿰韋攴 戾也王注離騷曰緯繣乖戾也廣雅釋訓曰緯繣乖剌也廣韵廿一麥曰徽繣乖違也說文無繣緯徽皆⿰韋攴之假借也从攴韋聲羽非切十五部

敦 怒也詆也一曰誰何也皆責問之意邶風王事敦我毛曰敦厚也按心部惇厚也然則凡云敦厚者皆假敦爲惇此字本義訓責問故從攴誰何見言部从攴𦎫聲

都昆切十三部⿰羣攴朋侵也从羣攴羣朋也攴侵也羣亦聲渠云切十三部敗毁也从攴貝會意貝亦聲薄邁切十五部賊敗皆从貝二字同意古者貨貝故從貝會意攴部云賊從戈則聲與此不合𣀀籒文敗从䞣從二貝也老子曰多藏必厚亡⿰𤔔攴煩也煩熱頭痛也引伸爲煩亂按⿰𤔔攴與𠬪部𤔔乙部亂言部䜌音義皆同煩曰⿰𤔔攴治其煩亦曰亂也从攴𤔔聲郎段切十四部⿰完攴暴也暴當是夲部之㬥暴疾之字引伸爲暴亂也从攴完此與敗賊同意苦候切四部⿰蚩攴刺也刺各本作刺今按數與撥雙聲定作刺七迹切从攴蚩聲豬几切按几當作已古音在一部⿰度攴閉也杜門字當作此杜行而⿰度攴廢矣丹部引周書惟其⿰度攴丹雘此假⿰度攴爲塗也从攴度聲讀若杜徒古切五部⿰度刂⿰度攴或从刀按刀部剫判也則此當刪敜塞也粊誓某氏注云窒敜之按士喪禮隸人涅廁注涅塞也蓋敜其本字涅其假借字也

異部雙聲相假借故敜亦音乃結反从攴念聲奴叶切七部周書曰敜乃穽𢾊

𢾊此複舉字之僅存者盡也事畢之字當作此畢行而𢾊廢矣畢田网也从攴畢聲卑吉切十二部

收捕也手部曰捕取也从攴丩聲式州切三部

鼓擊鼓也从攴壴壴者鼓之省攴者擊壴亦聲壴古音在四部矦韵尤矦之入聲爲屋沃燭讀若屬鉉本無此三字非也屬之欲切故鼓讀如豥與擊雙聲大徐以其形似鼓讀公戶切刪此三字其誤葢久矣玉篇云之錄切擊也此顧氏原文云又公戶切此孫強所增也佩觿云鼓之錄工五二切浴孫之繆至廣韵乃姥韵有鼓而燭韵無鼓至集韵類篇乃以朱欲殊玉二切歸之從豈聲之鼓字而不知二切皆本說文鼓讀如屬鼓安得有此二切也皆由沿襲徐鉉遂舛誤至此至乎南宋毛晃又云鼓舞字從攴與鐘鼓字不同岳珂刊九經三傳凡鼓瑟鼓琴鼓鐘于宮弗鼓弗考鼓之舞之皆分別作鼓經典釋文五經文字九經字樣開成石經皆無此例也周禮小師掌教鼓鼗柷敔

塤簫管弦歌注云出音曰鼓按鼓郭也故凡出其音皆曰鼓若鼓訓擊也鼗柷敔可云鼓塤簫管弦歌可云鼓乎亦由鼓切公戸寖成異說滅裂經字以至於此

攷敂也唐風子有鐘鼓弗擊弗考毛曰考亦擊也攷引伸之義爲攷課周禮多作攷他經攷擊攷課皆作考假借也攷敂疊韵**从攴丂聲**苦浩切古音在三部

敂擊也周禮凡四方之賓客敂關宋書山居賦敂弦卽江賦之敂舷也舟底曲如弓故其上曰弦自扣叩行而敂廢矣手部扣牽馬也無叩字**从攴句聲讀若扣**苦候切四部

攻擊也考工記攻木攻皮攻金注曰攻猶治也此引伸之義**从攴工聲**古洪切九部

敲橫擿也擿今之擲字橫擿橫投之也左傳奪之杖以敲之釋文曰說文作毃此謂左字當作毃也橫投不必以杖又按公羊傳以斗摮而殺之何云摮猶擊也摮謂旁擊頭項摮卽敲字摮卽毃字其字義異故云猶擿或作樀誤**从攴高聲**口交切二部

⿰豖攴擊也此與木部椓音義皆同**从攴豖聲**竹角切三部

⿰㞷攴　放也　放部曰逐也廣韵曰數曲侵　从攴㞷聲　迂往切十部

𠩺　坼也　从攴　攴可剖物故從攴　从厂　厂之性坼　坼山石之厓巖多坼裂故從厂　果孰有味亦坼故从未　各本故謂之𠩺从未聲衍四字此說從未之意非說形聲未與𠩺不爲聲也未下曰味也六月滋味也刺下曰從刀從未未物成有滋味可裁斷也未郎味此云果孰有味亦坼故從未正同果坼者如左思賦云㩼栗罅發石榴𧯂裂也此合三字會意許其切一部

斀　去陰之刑也　斀斲也大雅昏椓靡共鄭云昏椓皆奄人也昏其官名也椓毁陰者也此假椓爲斀也　从攴蜀聲　竹角切三部　周書曰刖劓斀黥　呂刑篇文刖當作刵尚書正義曰賈馬鄭古文尚書劓刵剠大小夏侯歐陽尚書作臏宮劓割頭庶剠按賈馬鄭皆作刵許必同釋文及正義卷二皆云劓刵本篇正義作刵劓唐初本固不同耳斀黥據正義賈馬鄭作劓刵劓同斀剠同黥衞包因正義云劓椓人陰乃易爲椓字而不知斀椓字義之不同椓擊也去陰不可

穿鑿甚矣疑从米象坼裂之形猶戔从二戈以形為義　篆形此例甚多　非从未也

𠩺

案既从厂之性坼復从果孰之坼不太雜乎且果孰有味亦不可以當坼

云敯冒也今本爾雅昏敯强也般庚不昏作勞鄭注昏讀爲敯勉也似鄭所據爾雅與今本亦不同康誥敯不畏死孟子作閔立政其在受德敯心部作忞昏聲文聲同部从攴昏聲眉殞切十三部按昏從氐省不從民凡昏旁作昏者誤詳日部周書曰敯不畏死

敔禁也與圉禦音同釋言禦圉禁也說文禦訓祀圉訓囹圄所以拘罪人則敔爲禁禦本字禦行而敔廢矣古假借作御作圉一曰樂器椌楬也形如木虎按此十一字後人妄增也樂記椌楬注謂柷敔也椌謂柷楬謂敔柷形如桼桶敔狀如伏虎不得併二爲一木部椌云柷樂也楬下不云敔樂者敔取義於遏楬爲遏之假借耳敔者所以止樂故以敔名上云禁也已包此物無庸別舉用此知凡言一曰者或經淺人增竄从攴吾聲魚舉切五部

敤研治也从攴果聲苦果切十七部舜女弟名敤首古今人表上下等敤手舜妹顔云流俗本作擊者合敤手二字譌爲一字也按列女傳云舜之女弟繫則叉擊之譌矣首手古

同音通用　鈙　持也　雙聲此與捦義略同　从攴金聲讀若琴　巨今切七部　𢿱　棄也　鄭風毛傳曰𢿱棄也許本毛也鄭乃讀爲醜　从攴𠷎聲　𠷎口部作𠷎誤市流切三部　周書以爲討　此言假借也今尚書周書中無討字惟虞書咎繇謨云天討有罪疑周當作虞討古音在三部　詩曰無我𢿱兮　釋文曰𢿱本亦作𣪧　畋　平田也　齊風無田甫田上田即畋字　从攴田　田亦聲待年切十二部　周書曰畋尒田　多方篇文　改　毅改大剛卯已逐鬼鬽也　見殳部　从攴巳聲讀若巳　余止切一部古亥非一部巳小徐作己　敘　次弟也　咎繇謨曰天敘有典釋詁曰舒業順敘緒也古或假序爲之　从攴余聲　徐呂切五部　⿰卑攴　毀也从攴卑聲　辟米切十六部　⿰𢿈攴　敗也　按敗下當云敗𢿈毀也此全書之例多爲淺人亂之篇韵从皆連舉敗𢿈字知爲疊韵無疑廣韵云敗𢿈擊聲也

攴兒聲五計切當依篇韵五禮切十六部 牧 養牛人也左傳曰馬有圉牛有牧引伸爲牧民之牧 从攴牛會意莫卜切古音在一部 詩曰牧人乃夢小雅文 敇 擊馬也所以擊馬者曰箠亦曰策以策擊馬曰敇策專行而敇廢矣 从攴朿聲楚革切十六部 𣀔 小舂也曰部言舂者三字此云小舂謂稍舂之廣雅言舂者十一字有𥶚字𥶚亦作䉶 从攴算聲初絭切十四部 敼 [illegible]田也元應書卷六曰三蒼敼散相擊也卷十三曰敲頡訓詁作敼同苦交切下擊也說文橫檛也擊頭也據此則說文本無敼字後人增之其訓益本作擊也擊者旁擊也一譌爲[illegible]再譌又行田莫能通矣李仁甫本尚無田字篇韵皆云敼擊也 从攴堯聲牽遙切廣韵苦幺切二部

文七十八宋本作七十七按古無肇𢼄二字𢼄者土部壞之籀文肇者戈部肇之俗字玉篇云肇俗肇字五經文字云肇作肇譌可證也經典釋文開成石經肇皆從戈近經典皆改從攵妄人竄人說

教从攴尚書扑作教刑

文甚矣此書攷正之不可緩也今刪二字以還古實七十六字　重六

教　上所施下所效也　教效曡韵　从攴孝　孝見子部效也上施故從攴下效故從孝　古孝切二部　凡教之屬皆从教　𢽽　古文教　右从古文言　𤕝　亦古文教　從攴從爻

斆　覺悟也　教覺曡韵學記曰學然後知不足知不足然後能自反也按知不足所謂覺悟也記又曰教然後知困知困然後能自強也故曰教學相長也兌命曰學學半其此之謂乎按兌命上學字謂教言教人乃益己之學半教人謂之學者學所以自覺下之效也教人人所以覺人上之施也故古統謂之學也枚頤僞尚書說命上字作斆下字作學乃巳下同玉篇之分別矣　从教冂　會意　冂　逗　尚矇也　冂下曰覆也尚童矇故教而覺之此說從冂之意詳古之製字作斆從教主於覺人秦以來去攴作學主於自覺學記之文學教分列巳與兌命統名爲學者殊矣　𦥑聲　斆胡覺切三部後人分別斆胡孝反學胡覺反

學

篆文斆省此爲篆文則斆古文也亦上部之例

文二　重三鉉本作二誤

卜灼剥龜也火部灼灸也刀部剥裂也灼剥者謂灸而裂之灼雙聲剥疊韵象灸龜之形直者象龜横者象楚焞之灼龜一曰象龜兆之縱衡也字形之別說也博木切三部

凡卜之屬皆从卜

𠁽古文卜

𠧞所㠯籌也所以二字各本刪之今補从卜圭聲古壞切按當從廣韵古賣切十六部

𠮦卜㠯問疑也左傳曰卜以決疑不疑何卜問疑故從口俗作乩从口卜當作卜口卜而以口問也凡若此等未能盡正學者於此例之可以三隅反矣讀與稽同古兮切十六部按小徐曰尚書曰明用叶疑今文借稽字徐語肊說耳尚書無作叶疑者卽有之亦陸氏所謂穿鑿之徒務欲立異者也大徐乃於同下沾書云叶疑四字疑惑後生其亦妄矣

貞卜問也大卜凡國大貞大鄭云貞問也國有大疑問於蓍龜後鄭云貞之爲問問於正者必先正之乃從問焉引易師貞丈人吉从卜貝會意貝逗此字今補以爲贄說從貝之意一曰鼎省聲京房所說一說是鼎省聲非貝字也許說從貝故鼎下曰貞省聲京說古文以貝爲鼎故云從卜鼎聲也陟盈切十一部

𠧩易卦之上體也今尚書左傳皆作悔疑𠧩是壁中古文作孔安國以今文讀之易爲悔也或曰據許則小篆𠧩字玉裁謂不然許書以先小篆後古文爲正例以先古文後小篆爲變例易爲先古文也於其所從系之也如斅者古文學者小篆斅從教則必先之斅然也然則𠧩本古文非小篆因其從卜則系之卜部亦斅然也不曰篆文作悔亦不於心部悔下列𠧩云古文悔者本非一字也小篆無𠧩而壁中古文有𠧩不可以不存之於卜部凡其存尚書古文之例如此鄭注尚書云悔之言晦晦猶終也商書曰曰字今補曰貞曰𠧩謂洪範也按左傳三引洪範說文五引皆云商書馬鄭本皆不如是葢今文尚

書說與許謂堯典唐書咎繇謨虞書禹貢夏書皆今文說也而三引微子兩云周書一云商書疑商系周誤葢今文家以微子系周書以洪範系商書豈微子歸周故周之箕子不臣故商之與春秋時卿大夫所習洪範皆商書則今文家說乃古說也**从卜每聲**荒內切古音在一部

占　視兆問也周禮占人注曰占著龜之卦兆吉凶又占人掌占龜注曰占人亦占箸言掌占龜者箸短龜長主於長者此云視兆問亦專謂龜卜**从卜口**職廉切七部按上文叶字疑占之變體後人所竄入

卟　卜問也疑此即後人杯校字後人所增**从卜召聲**市沼切廣韻又音照二部

𠧞　灼龜坼也周禮注曰兆者灼龜發於火其形可占者其象似玉瓦原之璺罅是用名之焉按凡曰朕兆者朕者如舟之縫兆者如龜之坼皆引伸假借也**从卜兆象形**治少切二部

兆　古文𠧞省按古文祇爲象形之字小篆加卜非古文減卜也廣韻曰兆灼龜坼出文字指歸兆治小切引說文分也分也之訓見八部𠔁下兆出說文則不得云出文字指歸

葢古本説文卜部無𠧞兆字八部𠔁字卽龜兆字今𠔁音兵列切卜部𠧞中多一筆以殊於𠔁皆非古也玉篇卜部之外别爲兆部云兆事先見也形也𠧞同上假令顧氏所據説文早同今本何爲作此紛更乎是必説文無兆而增此一部曉然據篇韵以正説文可無疑矣尋此字之原委葢由虞翻讀尚書分𠂢三苗爲𠔁云𠔁古别字由是信之者讀説文八部之𠔁爲兵列切又增𠘫八亦聲於説解中而説文乃無龜兆字矣説文無龜兆字梁顧氏作玉篇乃增兆部於卜部之後隋曹憲作文字指歸乃又收𠧞爲龜兆字而改𠘫説文者乃於卜部增𠧞爲篆文兆爲古文又恐其形之溷於八部也乃加增一筆以殊之紕繆之由歷歷可見前注八部未能了然後之學者依此説而刪定可也。又按集韵類篇皆引説文𠧞古省或作𠔁臣光曰按𠔁兵列切重八也𠧞古當作𠔁是則勉强區分葢由司馬公始徐鍇徐鉉丁度等皆作𠔁司馬公所襲者夏竦輩之書也

文八　重二

用

用　可施行也。从卜中。衞宏說。卜中則可施行，故取以會意。余訟切。九部。凡用之屬皆从用。𤰈　古文用。

甫　男子之美偁也。春秋公及邾儀父盟于蔑。穀梁傳曰：儀，字也。父猶傅也，男子之美稱也。士冠禮字辭曰：伯某甫，仲叔季惟其所當。注：伯仲叔季，長幼之稱。甫是丈夫之美稱。按甫者，男子美偁。某甫者，若言尼甫、嘉甫、孔甫，謂之且字。且者，薦也。五十以伯仲，乃謂之字；以下一字爲伯仲叔季之薦，故曰且字也。甫則非字。凡男子皆得偁之。以男子始冠之偁，引伸爲始也。又引伸爲大也。从用父，可爲人父也。父亦聲。鍇本無。方矩切。五部。士冠禮甫作父，他經某甫之甫亦通用父。同音假借也。

庸　用也。疊韵。从用庚。會意。余封切。九部。庚，更事也。庚更同音。說從庚之意。易曰：先庚三日。巽九五爻辭。先庚三日者，先事而圖更也。引以證用庚爲庸，與麤亹引易同意。說見艸部麤下。

葡　具也。具，供置也。人部曰：備，愼也。然則防備字當作備，全具字當作葡，義同而略有區。

用

業中無作用者，疑當作从卜才。才，木之始生也，亦通作材。材所以用也。从川象材才之旁達，从外者當求之義。又用与由形相近，聲相轉。今說文佚由字而有甹，甹即甹不之甹，艸木萌芽之義，与才字意亦相近。玉篇由字列用部，臣用也。詩士不戴、左傳、論語、孟子、荀子、呂覽、淮南、楚詞諸傳注及廣雅釋詁俱有……則二字義通，古音各與幽二部陰陽相配。疑用即由之倒也，甬即甹之倒。甹未出地，甬已出地，可爲用也。

甫从父，有長義。惟有才者可以長人，亦惟長則能施用也。故冠而字則偁某甫，其字从用从父是也。

別今則專用備而葡廢矣从用苟省苟己力切自急敕也敕誡也此會意平祕切古音在一部苟亦聲也

甯所願也此與丂部寧音義皆同許意寧爲願詞甯爲所願略區別耳二字古皆平聲故公孫寧儀行父公羊作公孫甯也漢郊祀歌穰穰復正直往甯師古曰言獲福旣多歸於正道克當往日所願也甯音寧从用寧省聲此不云寍省聲云寧省聲者以形聲包會意也乃定切十一部隸變作寗非

文五　重一

爻交也疊韵毄辭曰爻也者效天下之動者也象易六爻頭交也胡茅切二部凡爻之屬皆从爻

㸚藩也艸部曰藩屛也按齊風折柳樊圃毛曰樊藩也㸚者棥之假借藩今人謂之籬笆籬說文作杝通俗文曰柴垣曰欐木垣曰柵字作欐六朝人謂之援謝靈運云激流植援是也从爻林會意附袁切十四部詩曰營營青蠅止于棥小雅文營營言部引作營

營棥今詩作樊毛曰樊藩也三章曰榛所以爲藩也

文二

㸚 二爻也 二爻者交之廣也以形爲義故下不云從二爻珏㚟𤕛疑皆此例無庸補從二玉從二余也玉篇力爾切廣韵力紙切云㸚尒布明白象形也此附合爾之同韵爲音大徐力几切 凡㸚之屬皆从㸚

爾 麗爾 逗 猶靡麗也 麗爾古語靡麗漢人語以今語釋古語故云猶毛傳云糾糾猶繚繚也摻摻猶纖纖也是此例也後人以其與汝雙聲假爲爾汝字又凡訓如此訓此者皆當作尒乃皆用爾爾行而尒廢矣 从冂㸚 句 㸚其孔㸚㸚 其外也㸚㸚猶歷歷也 从尒聲 兒氏切周時在十五部漢時在十六部 此與爽同意 爽之從大猶爾之從冂惟爽不諧聲耳

爽 明也 爽本訓明明之至而差生焉故引伸訓差也朝旦之昧半昧半明故謂之早昧爽日部曰

昧爽旦明也昧之字三蒼作曶云曶爽早朝也司馬相如傳云疏逖不閑曶爽得耀乎光明今本多闇昧二字乃用注家語詿之耳 从㸚大 其孔㸚㸚明之露者盛也疏兩切十部 𤕜 篆文爽 此字淺人竄補當刪爽之作爽奭之作奭皆隸書改篆取其可觀耳淺人補入說文云此爲小篆从㸚既同何不先篆後古籀乎凡若此等不可不辨

文三　重一 當刪

五十三部　文六百三十七 宋本無七　重百四十三

宋本三作五　凡八千六百八十四字 此第三篇都數

三篇下

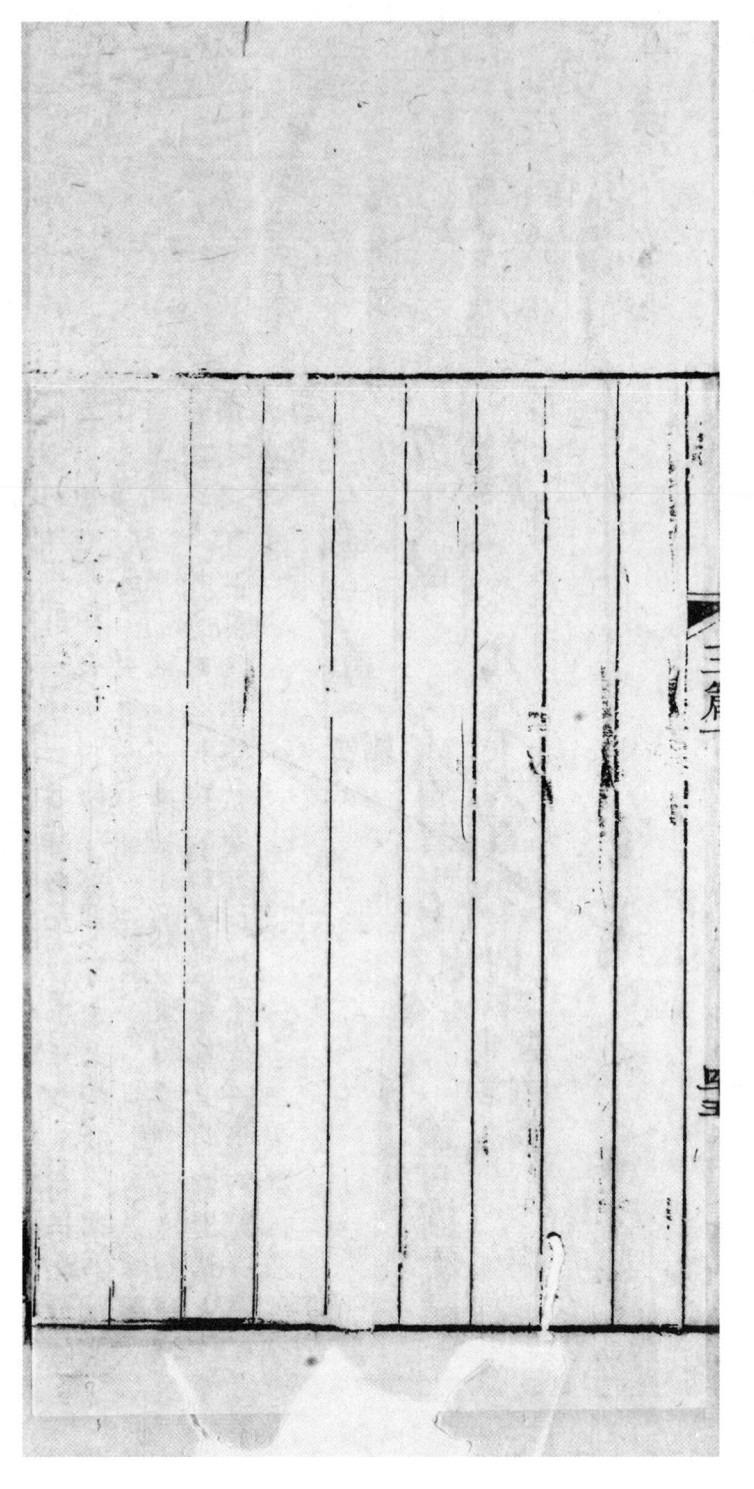